OpenOffice für Kids

Für Julia, Janne, Katrin und Daniel

Hans-Georg Schumann

OpenOffice für Kids

Bibliografische Information Der Deutschen Bibliothek
Die Deutsche Bibliothek verzeichnet diese Publikation in
der Deutschen Nationalbibliografie; detaillierte bibliografische
Daten sind im Internet über <http://dnb.d-nb.de> abrufbar.

Bei der Herstellung des Werkes haben wir uns zukunftsbewusst für
umweltverträgliche und wiederverwertbare Materialien entschieden.
Der Inhalt ist auf elementar chlorfreiem Papier gedruckt.

ISBN: 978-3-8266-7576-8
1. Auflage 2013

www.mitp.de
E-Mail: kundenservice@hjr-verlag.de

Telefon: +49 6221 / 489 -555
Telefax: +49 6221 / 489 -410

© 2013 mitp, eine Marke der Verlagsgruppe Hüthig Jehle Rehm GmbH
Heidelberg, München, Landsberg, Frechen, Hamburg.

Dieses Werk, einschließlich aller seiner Teile, ist urheberrechtlich geschützt.
Jede Verwertung außerhalb der engen Grenzen des Urheberrechtsgesetzes ist
ohne Zustimmung des Verlages unzulässig und strafbar. Dies gilt insbesondere
für Vervielfältigungen, Übersetzungen, Mikroverfilmungen und die
Einspeicherung und Verarbeitung in elektronischen Systemen.

Die Wiedergabe von Gebrauchsnamen, Handelsnamen, Warenbezeichnungen usw.
in diesem Werk berechtigt auch ohne besondere Kennzeichnung nicht zu der Annahme,
dass solche Namen im Sinne der Warenzeichen- und Markenschutz-Gesetzgebung als
frei zu betrachten wären und daher von jedermann benutzt werden dürften.

Lektorat: Katja Völpel
Sprachkorrektorat: Petra Heubach-Erdmann
Covergestaltung: Christian Kalkert, www.kalkert.de
Satz: Johann-Christian Hanke
Druck: Westermann Druck Zwickau GmbH

Inhaltsverzeichnis

Vorwort   9

Einleitung   10

Wie arbeitest du mit diesem Buch?   10

Was brauchst du für dieses Buch?   11

Wie gut kennst du deinen PC?   12

1   Starten und umschauen   13

OpenOffice installieren   14

OpenOffice starten   18

Die Tastatur   21

OpenOffice beenden   29

Zusammenfassung   31

Fragen und Aufgaben   31

Teil I: Textketten mit OpenOffice Writer   33

2   Der erste Text: ein Brief   33

Text schreiben und bearbeiten   34

Textdokumente verwalten   40

Ausschneiden und Einfügen   49

Zusammenfassung   57

Fragen und Aufgaben   57

3   Das passende Layout   59

Ich will den Job   60

Hiermit bewerbe ich mich   63

Das war mein Leben   70

Einpacken und abschicken?   81

Zusammenfassung   83

Fragen und Aufgaben   84

4 Ein Referat mit Format 85
Thema und Titel 86
Formatvorlagen 89
Eine neue Vorlage 102
Aufzählungen 106
Zusammenfassung 111
Fragen und Aufgaben 112

5 Textgestaltung 113
Wanderung durchs Referat 114
Fußnoten und Endnoten 120
Kopf- und Fußzeilen 126
Inhaltsverzeichnis erstellen 129
Stichwörter sammeln 135
Suchen und Ersetzen 139
Zusammenfassung 142
Fragen und Aufgaben 143

Teil II: Zahlenteppiche mit OpenOffice Calc 145

6 Zellen mit Zahlen 145
Die erste Tabelle 146
Zensurenbild 155
Einnehmen und Ausgeben 159
Zusammenfassung 171
Fragen und Aufgaben 172

7 Prozent und Zins 173
Geldvermehrung 174
Zinseszins 180
Zusammenfassung 195
Fragen und Aufgaben 195

8   Tabellen und Diagramme   197

Ich will mehr Geld   198

Sparplan-Variationen   208

Diagramme   217

Sortieren und Suchen   222

Zusammenfassung   227

Fragen und Aufgaben   227

Teil III: Datensätze mit OpenOffice Base   229

9   Felder und Formulare   229

Eintritt in die Bank   230

Formulare   239

Daten bearbeiten und anschauen   248

Abfrage oder Bericht?   256

Zusammenfassung   261

Fragen und Aufgaben   262

Teil IV: Linienmuster mit OpenOffice Draw   263

10   Zeichnen und Gestalten   263

Pixel oder Vektor   264

Eckig und rund   266

Ein kleines Projekt   276

Zusammenfassung   295

Fragen und Aufgaben   295

Teil V: Folienstapel mit OpenOffice Impress   297

11   Präsentationen   297

Kleiner Zeichenkurs   298

Es wird gebaut   312

Text-Bild-Allerlei   318

Zusammenfassung   323

Fragen und Aufgaben   324

Schluss   324

Anhang A   325

Für Eltern ...   325

... und für Lehrer   326

Anhang B   328

Kleine Hilfe bei der OO-Orientierung   328

Stichwortverzeichnis   331

Vorwort

Möglicherweise würdest du jetzt gern vor einem spannenden Rollenspiel oder einem packenden Rennspiel sitzen. Mit einem Joystick oder einem anderen Lenksystem steuerst du dein Gefährt durch Landschaften und Städte. Du bist der Held oder Fahrer, du allein entscheidest, wo's langgeht.

Doch mit etwas Fantasie kannst du das auch hier haben: Du tauschst den Joystick gegen Maus und Tastatur ein, nimmst in der Steuerzentrale von OpenOffice Platz und regierst von dort aus über Texte, Tabellen, Bilder und andere Daten. Das wären dann deine Landschaften und Städte. Natürlich nicht so spannend, dafür aber umso nützlicher.

Was ist ein Office? Auf Deutsch heißt es so viel wie Büro. Da erledigt man alle Arbeiten, die im Laufe des Tages erledigt werden müssen. Damit hat unser Paket namens OpenOffice auch zu tun: Es ist eine Ansammlung von Anwendungen, mit denen man mindestens das anfangen kann:

- Texte schreiben und bearbeiten mit OpenOffice *Writer*,
- Tabellen erstellen, berechnen und grafisch auswerten mit OpenOffice *Calc*,
- Bilder bearbeiten oder neu zeichnen mit OpenOffice *Draw*,
- Daten sammeln und verwalten mit OpenOffice *Base*,
- Daten aufbereiten und präsentieren mit OpenOffice *Impress*.

Mit all diesen Modulen werden wir uns hier beschäftigen. Mehr Überblick verschaffst du dir im Inhaltsverzeichnis.

Einleitung

Wie arbeitest du mit diesem Buch?

Du findest in diesem Buch eine Menge Praxis, aber auch ein bisschen Theorie. Auf jeden Fall gibt es für dich einiges zu tun. Dabei sollen dir einige Symbole behilflich sein:

Arbeitsschritte

≫ Wenn du dieses Zeichen siehst, dann gibt es etwas am Computer zu tun. Schritt für Schritt lernst du auch mit Dingen umzugehen, die dir anfangs kompliziert erscheinen.

Fragen und Aufgaben

Am Ende eines Kapitels wirst du jeweils eine Reihe von Fragen und Aufgaben entdecken. Diese Übungen sind nicht immer ganz einfach, aber sie helfen dir, noch besser mit dem jeweiligen OpenOffice-Modul umzugehen. Lösungen dazu findest du ebenso wie die Beispiel-Dateien auf der CD zum Buch. Du kannst sie direkt im Editor von Windows oder auch in OpenOffice Writer anschauen. Oder du lässt sie dir ausdrucken und hast sie dann schwarz auf weiß, um sie neben den PC zu legen.

Wenn eine aktuelle Aufgabe die Änderung eines Projekts betrifft, steht direkt dahinter in Klammern mit einem Pfeil (→) versehen der Name der Datei, in der das geänderte Programmprojekt zu finden ist (→ BRIEF1.ODT).

Notfälle

Manchmal hast du irgendetwas falsch gemacht. Oder du hast vergessen, wie etwas funktioniert. Oder es wird gerade brenzlig. Dann findest du hoffentlich bei diesem Symbol eine Lösungsmöglichkeit.

Wichtige Stellen im Buch

Hin und wieder siehst du ein solch dickes Ausrufezeichen im Buch. Dann ist das eine Stelle, an der etwas besonders Wichtiges steht.

Wenn es um eine ausführlichere Erläuterung geht, tritt Buffi in Erscheinung und schnuppert in seiner Kiste mit Tipps & Tricks.

Was brauchst du für dieses Buch?

Die CD zum Buch

Du findest *OpenOffice* als Komplettpaket für Windows auf der beiliegenden CD. Außerdem gibt es dort eine vereinfachte Version mit dem Namen *OOo4Kids*. Beide lassen sich direkt auspacken und installieren.

Die Beispielprogramme in diesem Buch sind ebenfalls auf dieser CD gespeichert, falls du mal nicht weiterkommst (→ *Projekte*). Auch die Lösungen zu den Fragen und Aufgaben sind dort untergebracht.

Betriebssystem

Das Betriebssystem sorgt dafür, dass der Betrieb deines Computers möglichst reibungslos ablaufen kann. Es übernimmt u. a. die Verwaltung des Arbeitsspeichers und der Geräte, die mit dem Computer verbunden sind: von Monitor und Tastatur bis zu Festplatten und anderen Laufwerken.

Fast jeder Computer arbeitet heute mit dem Betriebssystem *Windows*. Das gibt es in mehreren Versionen. OpenOffice funktioniert unter den Windows-Versionen XP, Vista sowie 7 und 8. Und es gibt auch Versionen für das freie Betriebssystem Linux und OS X, das Betriebssystem von Apple.

Speichermedien

Auf jeden Fall ist ein USB-Stick sinnvoll, auch wenn du deine Programme auf der Festplatte unterbringen willst. Denn auf diesem Speicher-Stick sind deine Projekte zusätzlich sicher aufgehoben.

Anhang

Wenn nötig, bitte deine Eltern oder Lehrer um Hilfe. Für die ist der *Anhang A* gedacht. Und in *Anhang B* findest du in Kurzfassung die wichtigsten Optionen, die OpenOffice bietet.

Einleitung

Wie gut kennst du deinen PC?

Du musst dich mit deinem PC nicht perfekt auskennen, um mit OpenOffice arbeiten zu können. Es ist aber gut zu wissen, wie man dieses Paket startet und beendet. Das erfährst du gleich im ersten Kapitel.

> Wenn du noch arge Schwierigkeiten mit dem PC hast, ist es besser, sich erst mal ein grundlegendes Buch anzuschauen, beispielsweise *Computer für Kids*.

Kennst du dich aber schon gut mit Computern und mit Windows aus, dann lass uns beginnen!

1
Starten und umschauen

In diesem Kapitel bleiben wir noch gemütlich. Nachdem wir OpenOffice installiert und gestartet haben, machen wir einen kleinen Spaziergang durch unser »Büro«, dabei erfährst du ein bisschen über die Module. Intensiver beschäftigen wir uns mit dem Gerät, das wir für OpenOffice am dringendsten brauchen: die Tastatur.

In diesem Kapitel lernst du

- ◎ wie man OpenOffice installiert,
- ◎ wie man OpenOffice startet,
- ◎ alle Hauptmodule des Office kurz kennen,
- ◎ wo welche besonderen Tasten zu finden sind,
- ◎ etwas über das Hilfesystem von OpenOffice,
- ◎ wie man OpenOffice beendet.

Kapitel Starten und umschauen

1

OpenOffice installieren

Die Installation von OpenOffice sollte für dich auch als Anfänger kein Problem sein. Das Programm, das wir dazu benötigen, heißt *OpenOffice.exe*.

Zuerst musst du diese Datei von der CD auf deinen PC kopieren. Falls es inzwischen eine neuere Version gibt, kannst du diese auch direkt über die passende Seite von OpenOffice herunterladen. Aktuell ist diese Adresse: *http://www.openoffice.org/download/index.html*. Hier siehst du gleich links oben eine große Schaltfläche für den *Download*.

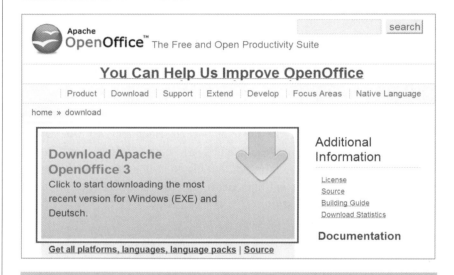

Zusätzlich kannst du auch die Kids-Version von OpenOffice ausprobieren. Auch die ist auf der CD zum Buch zu finden und heißt dort *OOo4Kids.exe*.

≫ Und nun doppelklicke mit der Maus in dem Ordner, in den du das Programm heruntergeladen hast, auf das entsprechende Symbol.

≫ Einen Moment später begrüßt dich ein Dialogfeld. Dort klickst du einfach auf WEITER.

OpenOffice installieren

Im nächsten Fenster wirst du darüber informiert, dass die benötigten Dateien erst mal entpackt werden.

➢ Wenn du mit dem angebotenen Ordner einverstanden bist (er liegt auf dem Desktop und kann später gelöscht werden), klicke auf ENTPACKEN.

➢ Im nächsten Fenster klickst du einfach nur auf WEITER.

Kapitel 1 — Starten und umschauen

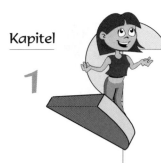

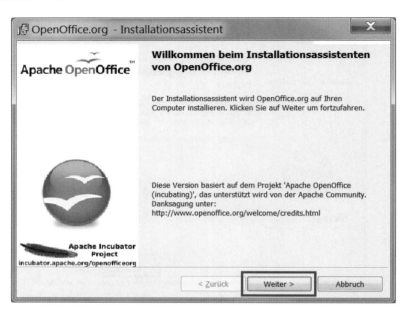

➤ Im folgenden Fenster gibt es etwas einzutippen. Gib deinen Benutzernamen ein und dann geht es zum nächsten Fenster mit einem Klick auf WEITER.

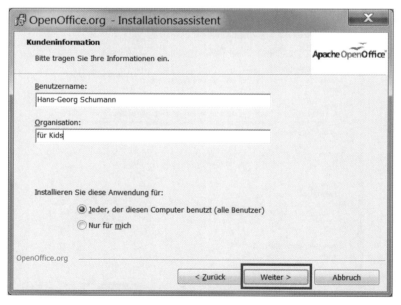

Dort kannst du nun zwischen TYPISCH und ANGEPASST wählen (auch ich empfehle TYPISCH). Anschließend klicke auf WEITER.

OpenOffice installieren

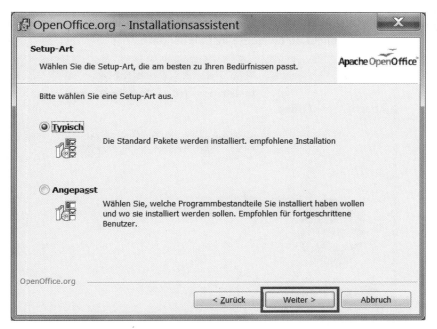

Im folgenden Fenster wird dir eine Verknüpfung auf dem Desktop empfohlen. Willst du die nicht, kannst du das Häkchen vor dem Eintrag entfernen. Den letzten Schritt (die eigentliche Installation von OpenOffice) startest du mit einem Klick auf INSTALLIEREN.

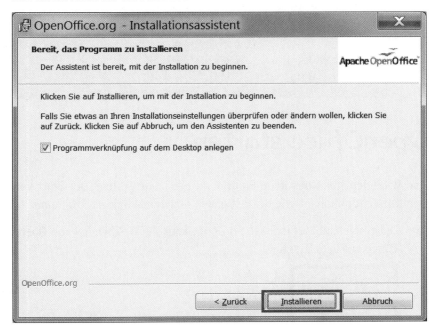

Im nächsten Dialogfeld wird nun der Fortschritt der Installation angezeigt.

Kapitel 1  Starten und umschauen

> Zum Schluss erscheint ein letztes Dialogfeld und mit einem Klick auf BEENDEN schließt du die ganze Installation ab.

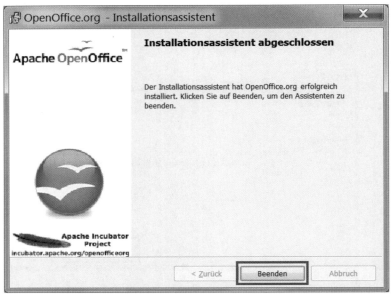

> Vergiss nicht, den Ordner mit den Installationsdateien wieder zu löschen.

OpenOffice starten

Und wie kriegt man das neue Programm jetzt zum Laufen? Der Start von OpenOffice funktioniert wie bei fast jedem anderen Windows-Programm:

> Die einfachste Methode ist ein Doppelklick auf das Symbol von OpenOffice auf dem Desktop.

OpenOffice starten

Hast du das nicht angelegt, dann musst du das Programm suchen. Dabei kommt es darauf an, welche Windows-Version du hast:

➤ Gibt es einen START-Knopf (links unten in der Taskleiste), dann klickst du mit der Maus darauf und dann auf ALLE PROGRAMME.

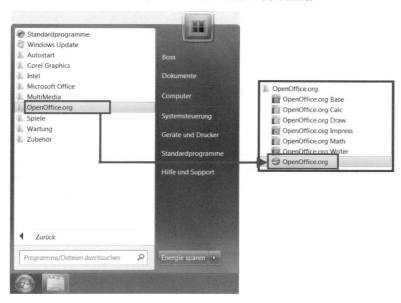

Ansonsten musst du von der Desktop-Ansicht in die Kachel-Ansicht wechseln und dort auf ALLE APPS klicken.

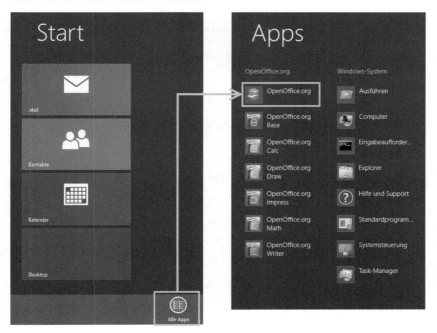

Kapitel 1

Starten und umschauen

≫ Nun suchst du den Eintrag OPENOFFICE und klickst darauf.

Nach einer kurzen Aufwärmphase macht sich das Fenster von OpenOffice auf dem Desktop breit.

Das Menü

Ganz oben findest du eine Menüleiste, zu der ich das Wichtigste mal kurz zusammenfasse:

- ◆ Über die DATEI-Gruppe lassen sich deine Projekte öffnen und speichern.
- ◆ Über BEARBEITEN lassen sich Teile eines Dokuments ausschneiden, einfügen und kopieren.
- ◆ Über EXTRAS kannst du dein »Büro« an deine Bedürfnisse anpassen.
- ◆ Und HILFE findest du über das gleichnamige Menü.

Die Module

Die große Fläche unter der Menüleiste bietet dir Zugang zu den Modulen von OpenOffice:

- ◆ Textdokumente verfassen kannst du mit dem Modul *Writer*. Das sind Briefe, Anschreiben an Firmen und Behörden, Geschichten, Aufsätze, Romane (oder so was wie dieses Buch hier).
- ◆ Tabellen lassen sich mit dem Modul *Calc* bearbeiten. Die können aus einfachen Zahlen bestehen, aber es lassen sich auch die kompliziertesten Formeln verwenden. Hier kannst du z.B. alle Ein- und Ausgaben verwalten, die du hast und haben wirst.

Die Tastatur

- Präsentationen stellst du mit dem Modul *Impress* zusammen. Die sind nützlich, wenn du z. B. Referate halten und diese mit Bildern veranschaulichen willst.

- Zeichnungen kannst du mit dem Modul *Draw* erstellen. Auch Fotos und andere Bilder lassen sich hier nachbearbeiten.

- Daten wie Adressen oder Musiksammlungen verwaltest du mit dem Modul *Base*. Natürlich kannst du diese Daten auch sortieren und gezielt durchsuchen lassen.

- Und dann gibt es da noch einen Formeleditor im Modul *Math*. Damit lassen sich dann selbst widerspenstige mathematische Formeln erstellen. (Darauf wird aber in diesem Buch nicht weiter eingegangen.)

Wenn du ungeduldig bist, klick doch einfach alles einmal an und schau dir an, was da geboten wird. Ansonsten kannst du auch warten, bis die einzelnen Module ausführlich vorgestellt werden.

Die Tastatur

Ohne die Tastatur wärst du in den Modulen von OpenOffice an vielen Stellen hilflos. Aber muss denn dieses Meer von Tasten sein, hätten denn nicht die mit den Buchstaben und Zahlen genügt? Wofür sind die vielen anderen Tasten mit den komischen Symbolen nützlich? Oder die mit Zungenbrechern wie »Einfg« oder »Entf«?

> Wenn du dich mit der Tastatur ausreichend auskennst, kannst du den Rest des Kapitels überspringen und gleich im nächsten mit deinem ersten Text beginnen.

Alle Tasten zusammen, auf denen du Buchstaben (A bis Z), Ziffern (0 bis 9) oder Satzzeichen (z. B. Punkt oder Komma) siehst, werden Schreibmaschinentasten genannt. Die sind nicht nur bei der Bearbeitung von Texten wichtig.

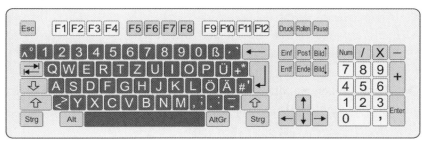

Kapitel 1

Starten und umschauen

Zusätzlich gibt es noch eine Taste, mit der du einen Zwischenraum zwischen zwei Wörtern erzeugen kannst: die *Leertaste*. Sie ist die längste Taste und du erkennst sie auch daran, dass nichts draufsteht, sie also leer ist.

Tasten suchen und testen

Damit du gleich die Wirkung der Tasten ausprobieren kannst, ist es am besten, du startest eines der Module, und zwar das für die Textverarbeitung.

➤ Klicke mit der Maus auf TEXTDOKUMENT.

Kurz darauf landest du in einem neuen Fenster mit dem Titel OPENOFFICE.ORG WRITER. Da wir uns später genauer mit dem »Writer« beschäftigen, konzentrieren wir uns jetzt nur auf die große weiße Fläche unter dem Menü und den vielen Symbolen, die Schreibfläche.

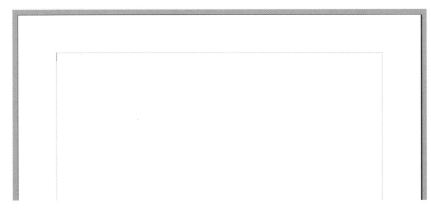

➤ Tippe einfach mal drauflos, irgendeinen Satz. Falls dir keiner einfällt, nimm diesen:

abc die katze tritt die treppe krumm

Die Tastatur

Die Tasten zum Umschalten

Auf den Tasten stehen die Buchstaben großgeschrieben, im Textfeld aber erscheinen sie klein. Echte Großbuchstaben bekommt man mit einer der beiden ⇧-Tasten auf den Bildschirm. Sie gehören eigentlich auch zu den Schreibmaschinentasten. Denn auf einer Schreibmaschine gibt es natürlich die Möglichkeit, mal groß- und mal kleinzuschreiben.

Wenn du eine dieser beiden Tasten drückst und festhältst, dann erscheinen alle Buchstaben groß, die du jetzt eintippst.

Lässt du die ⇧-Taste wieder los, dann werden die nachfolgenden Buchstaben wieder klein. Klingt also logisch, wenn man zu dieser Taste auch *Umschalttaste* sagt.

Unser Satz könnte dann auch so aussehen:

`ABC die Katze tritt die Treppe krumm`

Willst du mal nur Großbuchstaben schreiben, dann ist das dauernde Festhalten einer ⇧-Taste lästig. Die Taste ⇩ liegt direkt über der linken ⇧-Taste. Wenn man die drückt, erscheinen alle Buchstaben großgeschrieben auf dem Bildschirm. Man nennt diese Taste auch die *Feststelltaste*. Zum Zurückschalten genügt ein erneuter Druck auf die ⇩-Taste.

> Die ⇧-Taste ist nicht nur zum Umschalten von Klein- auf Großschreibung da. Du kannst damit auch zusätzliche Zeichen eintippen: Auf einer ganzen Menge Tasten stehen nämlich zwei Zeichen, z.B. Komma (,) und Semikolon (;) oder Punkt (.) und Doppelpunkt (:).
>
> Du bekommst ein Semikolon, wenn du die Tasten ⇧+, zusammen drückst. Und den Doppelpunkt erhältst du mit ⇧+. . Du solltest das gleich mal mit der ganzen Tastenreihe von 1 bis 0 ausprobieren!

Die Tasten zum Löschen

Schnell unterlaufen einem beim Eintippen Fehler. Mit Radiergummi, Tintenkiller oder Tipp-Ex ist hier nichts zu machen. Aber es gibt da gleich zwei Tasten, mit denen du Fehler löschen kannst.

Kapitel

Starten und umschauen

- ◇ Die ←-Taste löscht rückwärts. Wenn du darauf drückst, wird das Zeichen *links* vom Textcursor gelöscht. Der Textcursor wandert nach links.

- ◇ Die Taste Entf löscht auf der Stelle. Wenn du darauf drückst, wird das Zeichen *rechts* vom Textcursor gelöscht. Der nachfolgende Text rückt dann automatisch nach.

≫ Probiere unbedingt beide Möglichkeiten mehrmals aus, um den Unterschied kennen zu lernen.

Nachdem du etwas gelöscht hast, kannst du die neuen Zeichen einfach einfügen. Sobald du lostippst, rutscht der Text beim Textcursor automatisch nach rechts und macht damit Platz für neue Eingaben.

Die Eingabetaste und die Enter-Taste

Die ↵- oder Enter-Taste ist eine sehr wichtige Taste. Sie ist bei großen Tastaturen gleich zweimal vorhanden (und sieht da verschieden aus).

Und sie kann viele Namen haben. Weil sie auch dazu dient, etwas zu bestätigen, sagen manche dazu OK-Taste. Oder Bestätigungstaste. Man nennt die ↵-Taste aber auch *Eingabetaste*, weil man damit eine Eingabe abschließen kann.

Die Tastatur

Die Pfeiltasten

Bei längeren mehrzeiligen Texten sind die *Pfeiltasten* nützlich. Damit kannst du in allen Richtungen durch einen Text wandern.

Weil sich mit den Pfeiltasten der Textcursor (auch Textmarke genannt) bewegen lässt, werden diese Tasten auch *Cursortasten* genannt.

Die Wirkung dieser und einiger weiterer Tasten kannst du ausprobieren, wenn du in ein anderes Modul von OpenOffice wechselst.

➢ Dazu klickst du zuerst im *Writer* auf DATEI und dann auf SCHLIESSEN.

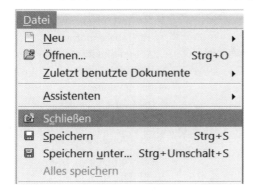

➢ Beantworte die Frage im Dialogfeld mit Klick auf VERWERFEN.

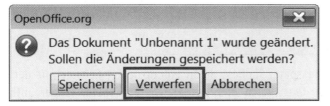

➢ Anschließend klicke mit der Maus auf TABELLENDOKUMENT.

Kapitel

1

Starten und umschauen

» Oder du wählst den Weg über das Menü mit Klick auf DATEI und NEU und dann auf TABELLENDOKUMENT.

Und nur wenig später landest du in einem neuen Fenster mit dem Titel OPENOFFICE.ORG CALC. Auch hier werden wir uns später länger aufhalten, deshalb konzentrieren wir uns jetzt nur auf die große gitterartige Fläche unter dem Menü und den Symbolen, das Tabellenblatt.

Die Tastatur

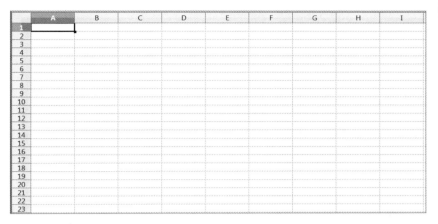

Markiert ist die erste Zelle links oben in der Ecke der Tabelle. Wenn du eine der Tasten → oder ↓ drückst, wandert diese Markierung nach rechts oder nach unten. Und mit den übrigen Pfeiltasten wieder zurück.

> Tippe eine Zahl oder ein Wort ein. Dann drücke die ↵ -Taste. Damit wird die Eingabe bestätigt (und die Markierung wandert weiter).

Die »Hüpftaste«

Der Vollständigkeit halber will ich hier noch die ⇆ -Taste erwähnen. Man nennt sie auch Tabulator-Taste. In einer Tabelle gelangst du mit der ⇆ - Taste von Zelle zu Zelle. Nimmst du die ⇧ -Taste dazu, geht das Ganze auch rückwärts. In einem Text lassen sich damit Zeilen einrücken. Und in einem Dialogfeld kannst du damit herumspringen, wenn du keine Lust hast, die Maus zu bedienen.

Die Taste zum Abbrechen

Sozusagen das Gegenteil von Bestätigen erzeugt man mit der Taste Esc . Hast du zum Beispiel mit der Maus mal danebengeklickt und versehentlich ein Menü geöffnet, dann kannst du es mit der Taste Esc wieder schließen. (Das ist die Abkürzung für »Escape«, auf Deutsch so viel wie »Entkommen«.)

Kapitel

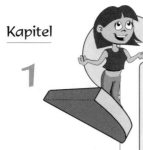

Starten und umschauen

Auch sonst lässt sich damit einiges abbrechen, wenn du dir etwas anders überlegt hast.

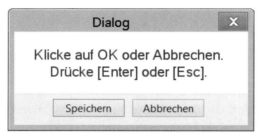

In vielen Dialogfeldern hast du die Auswahl, etwas zu bestätigen (meistens mit OK). Oder du klickst auf ABBRECHEN, wenn du alles beim Alten belassen willst.

So lässt sich das Pärchen aus ⏎ - und Esc -Taste in Dialogen sozusagen zum Ja- oder Nein-Sagen benutzen:

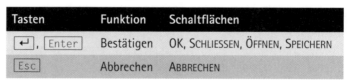

Tasten	Funktion	Schaltflächen
⏎ , Enter	Bestätigen	OK, SCHLIESSEN, ÖFFNEN, SPEICHERN
Esc	Abbrechen	ABBRECHEN

Die Hilfetaste

Wenn du in einem Programm nicht mehr weiterweißt, kannst du sicher Hilfe brauchen. Drücke dazu einfach mal die Taste F1 .

Einen kleinen Moment Geduld bitte: Und schon öffnet sich ein Hilfefenster, in dem du dir aussuchen kannst, welche Informationen du willst.

OpenOffice beenden

Zum einen gibt es den INHALT, hier bekommst du einen Überblick über die Themen, die die OpenOffice-Macher für die wichtigsten halten. Über INDEX kannst du gezielt das Stichwortverzeichnis von OpenOffice durchsuchen. Und genügt dir das nicht, kannst du über SUCHEN noch etwas genauer nachforschen.

OpenOffice beenden

Nachdem du nun ein bisschen in OpenOffice herumgeschnuppert hast, erfährst du hier nur, wie man ein Modul bzw. das ganze Paket wieder »zumacht«. Hier bietet Windows dir verschiedene Wege an.

Die hausbackene Methode ist die über das DATEI-Menü:

➢ Willst du ein Modul (und damit das Dokument, an dem du arbeitest) beenden, dann klickst du auf DATEI und dann auf SCHLIESSEN.

➢ Um OpenOffice ganz zu beenden, klicke auf DATEI und dann auf BEENDEN. Oder du drückst die Tastenkombination [Strg]+[Q].

Kapitel 1 — Starten und umschauen

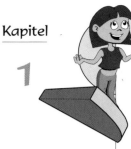

Hast du in deinem Text noch irgendetwas geändert, dies aber noch nicht gespeichert, dann erscheint noch mal eine Meldung.

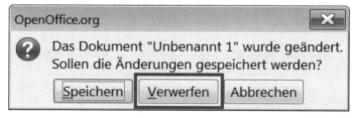

Wenn du auf SPEICHERN klickst, wird das gespeichert, was du gerade in Arbeit hattest. Klickst du auf VERWERFEN, dann eben nicht.

Dass OpenOffice beendet wurde, siehst du daran, dass das Fenster komplett vom Desktop verschwunden ist.

Und das ist die direkte Methode: Klicke (oder tippe) einfach auf das kleine X ganz oben in der Fensterecke:

Damit schließt du das Fenster und das Programm wird automatisch beendet.

# Zusammenfassung

Mehr als ein kleiner Blick auf OpenOffice und eine kleine Wanderung über die Tastatur ist hier noch nicht herausgekommen. Dabei kennst du die wichtigsten Tasten nicht nur zur Eingabe von Text und Zahlen, sondern auch zum Bearbeiten, Korrigieren und Steuern von Befehlen. Viel über die Arbeit mit den Modulen weißt du noch nicht, aber immerhin dieses:

Etwas Neues anfangen	Klicke auf DATEI/NEU.
Ein Modul bzw. Dokument schließen	Klicke auf DATEI/SCHLIESSEN.
OpenOffice beenden	Klicke auf DATEI/BEENDEN.

Du kennst auch die wichtigsten Tasten:

←, Entf	Zeichen in einem Text löschen
↵, Enter	Einen neuen Absatz in einem Text beginnen, eine Menüauswahl oder einen Dialog bestätigen
←, →, ↑, ↓	Durch einen Text wandern
⇧	Auf Großschreibung umschalten
Esc	Eine Menüauswahl oder einen Dialog abbrechen
F1	Um Hilfe rufen

Im nächsten Kapitel geht es dann endlich richtig los. Es wird gearbeitet: Wir erstellen unser erstes Projekt.

Fragen und Aufgaben

1. Welche Module hat OpenOffice zu bieten?
2. Zähle die Tasten auf, die dir am wichtigsten sind.

Teil 1: Textketten mit OpenOffice Writer

2
Der erste Text: ein Brief

Einen Brief von Hand schreiben hat schon was Romantisches. Aber heute schickt man meistens eine SMS oder E-Mail. Oder man schreibt doch lieber einen richtigen Brief, aber mit dem Computer. Dazu hat OpenOffice mit Writer das richtige Angebot.

Ist auch viel bequemer, zumal man ja später die dargestellte Schrift noch vor dem Ausdrucken auf Handschrift umstellen kann. Außerdem muss man keine Angst davor haben, wenn man sich dabei verschreibt. Denn hat man da etwas zu verbessern, lässt es sich nicht nur leicht entfernen und ersetzen, sondern man kann ganze Textblöcke ausschneiden und woanders wieder einfügen.

In diesem Kapitel lernst du

◎ wie du Text eingibst und korrigierst,

◎ wie du Text markierst,

◎ wie du die Schrift änderst,

◎ wie du Text ausschneidest und einfügst,

◎ wie du Text speicherst,

◎ wie du gespeicherten Text wieder lädst,

◎ wie du Text ausdruckst.

Kapitel 2

Der erste Text: ein Brief

Text schreiben und bearbeiten

Nachdem du OpenOffice gestartet hast, suchst du dir im Auswahlfeld den Eintrag TEXTDOKUMENT aus und klickst darauf.

Kurze Zeit später landest du im Fenster von *OpenOffice Writer*.

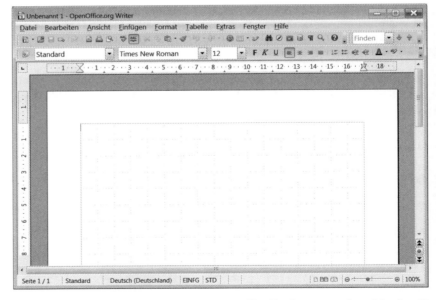

So, und nun bist du dran. Die schöne weiße Fläche unter dem Menü will schließlich mit etwas gefüllt werden. Schreibe also einen Brief an jemanden, die/den du besonders magst oder der/dem du etwas mitteilen willst.

Text schreiben und bearbeiten

Wenn dir kein passender Text einfällt, kannst du auch diesen Brief von Tim an Nele abtippen (→ BRIEF1.ODT):

Liebe Nele,

leider schreibe ich dir erst jetzt mal wieder. Aber ich sitze so oft vor meinem Computer, dass ich einfach zu nichts anderem mehr Lust habe.

Früher wusste ich mit diesen Dingern nicht viel anzufangen. Aber dann habe ich mich so viel damit beschäftigt, dass ich gar nicht mehr davon loskomme.

Vielleicht bis demnächst, dein Tim

Der kleine blinkende Strich an der Stelle, an der du gerade Text eintippst, ist der *Textcursor*. Normalerweise wandert er einfach mit deiner Eingabe mit. Aber du kannst den Textcursor auch mit den *Pfeiltasten* steuern. Oder du setzt ihn irgendwohin in einen Text, indem du einfach mit der Maus dort hinklickst.

Wenn du die Maus über das Textfeld bewegst, siehst du ein Symbol. Sieht aus wie irgendwas mit Flügeln, ist aber kein Fliegendreck, sondern zeigt die Position des Mauszeigers an. Sonst ist das ein Pfeil.

Außer den Tasten für die Buchstaben und Satzzeichen wirst du auch hier schon ein paar weitere Hilfstasten brauchen:

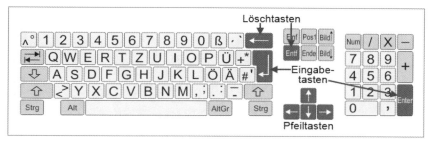

Kapitel 2

Der erste Text: ein Brief

Eingeben und korrigieren

Beim Tippen passieren dir wahrscheinlich einige Fehler. Die löschst du mit den Löschtasten ⌫ oder Entf. Dann fügst du die richtigen Buchstaben einfach ein. Und weiter geht's.

Was ist der Unterschied zwischen den beiden Löschtasten? Manche sagen: die ⌫-Taste löscht rückwärts und die Entf-Taste vorwärts. Da ist was dran, aber schauen wir uns das doch genauer an einem Beispiel an, das du so, wie es hier steht, eintippen kannst:

Das ist ein Sats mit Vehlern.

Der Satz hat zwei Fehler, die du gleich korrigieren solltest. Dazu setzt du den Textcursor zuerst *direkt vor* das »V« des fehlerhaften Wortes »Vehler«.

Das ist ein Sats mit |Vehlern.

Dann drückst du einmal die Entf-Taste.

Das ist ein Sats mit |ehlern.   Entf

Sieht aus wie ein Wisch von links nach rechts, also quasi *vorwärts*.

Der nachfolgende Text rutscht eine Stelle nach links, um die entstandene Lücke zu füllen. Sobald du den Buchstaben »F« eintippst, verschiebt sich der vorhandene Text wieder nach rechts, um dem neuen Zeichen Platz zu machen.

Das ist ein Sats mit Fehlern.

Kommen wir zum zweiten Fehler. Hier setzt du den Textcursor *direkt hinter* das »s« des fehlerhaften Wortes »Sats«.

Text schreiben und bearbeiten

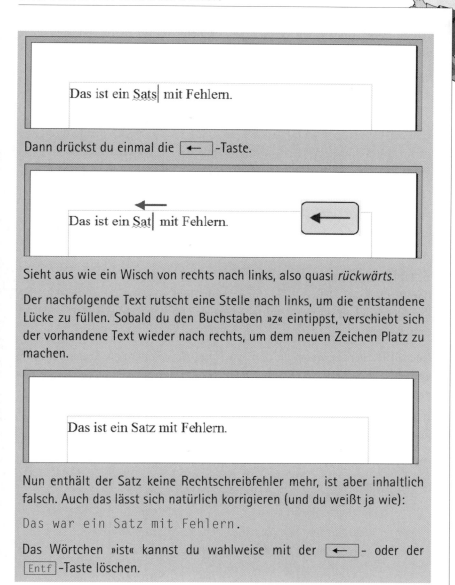

Dann drückst du einmal die ⟨←⟩-Taste.

Sieht aus wie ein Wisch von rechts nach links, also quasi *rückwärts*.

Der nachfolgende Text rutscht eine Stelle nach links, um die entstandene Lücke zu füllen. Sobald du den Buchstaben »z« eintippst, verschiebt sich der vorhandene Text wieder nach rechts, um dem neuen Zeichen Platz zu machen.

Nun enthält der Satz keine Rechtschreibfehler mehr, ist aber inhaltlich falsch. Auch das lässt sich natürlich korrigieren (und du weißt ja wie):

Das war ein Satz mit Fehlern.

Das Wörtchen »ist« kannst du wahlweise mit der ⟨←⟩- oder der ⟨Entf⟩-Taste löschen.

Es kann sein, dass hin und wieder rote Kringel unter einem Wort erscheinen. Das ist in der Regel ein Hinweis auf einen Rechtschreibfehler, muss es aber nicht immer sein. Denn zunächst einmal heißt es, dass OpenOffice dieses Wort nicht kennt. Du musst also selbst entscheiden, ob du ein so gekennzeichnetes Wort veränderst oder die Kringel einfach stehen lässt. Mehr zu diesem Thema erfährst du im nächsten Kapitel.

Beim Eintippen wird so ein Text (wie unser Brief) immer länger, und schon bald passt nicht mehr alles in eine Zeile. Was geschieht, wenn man ganz rechts am Rand des Textfeldes angelangt ist? Dann ist die Zeile ja eigentlich zu Ende. Tippe dann einfach weiter, denn Writer denkt mit, dein Text rutscht automatisch in die nächste Zeile.

Und erst, wenn du einen Absatz beenden und einen neuen anfangen willst, drückst du die ⏎ - oder die Enter -Taste.

Ein *Absatz* besteht meist aus mehreren Sätzen, die zusammengehören. In diesem Buch erkennst du ein Absatzende daran, dass der Zwischenraum zum nächsten Absatz immer etwas größer ist als zwischen einzelnen Zeilen.

In seinem Brief an Nele hat Tim genau viermal eine Eingabetaste gedrückt.

Schrift ändern

Damit ein Brief nicht wie ein gedruckter Text, sondern etwas mehr nach handgeschrieben aussieht, sollten wir uns nun nach einer anderen Schrift umschauen.

OpenOffice Writer bietet dir den Typ *Times New Roman* als Standardschrift an. Sieht ganz nett aus, ist aber mehr für Zeitungsartikel als für Briefe geeignet.

Damit dein Text in einer neuen Schrift erscheint, musst du ihn zuerst komplett *markieren*.

➢ Klicke im BEARBEITEN-Menü auf ALLES AUSWÄHLEN.

Bearbeiten	
↺ Rückgängig Eingabe:	Strg+Z
↻ Wiederherstellen unmöglich	Strg+Y
🔁 Wiederholen Eingabe:	Strg+Umschalt+Y
✂ Ausschneiden	Strg+X
📋 Kopieren	Strg+C
📋 Einfügen	Strg+V
Inhalte einfügen...	Strg+Umschalt+V
Text auswählen	Strg+Umschalt+I
Auswahlmodus	▶
📄 Alles auswählen	Strg+A

Text schreiben und bearbeiten

Nun sieht der gesamte Brieftext so (oder ähnlich) aus:

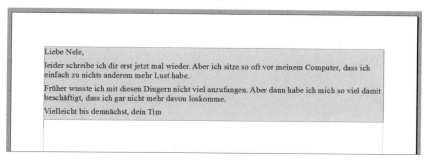

➤ Klicke direkt neben den Namen für die aktuelle Schriftart, damit öffnest du eine Liste (die kann bei dir natürlich auch etwas anders aussehen, wenn du auf deinem PC andere Schriftarten hast).

➤ Nun suchst du dir in der (langen) Liste eine Schrift aus, die deiner Handschrift möglichst nahekommt (wenn deine Schrift schön ist), oder du wählst eine andere Schrift, die fantasievoll aussieht.

Wenn du willst, kannst du auch gleich die Schriftgröße ändern. Neben dem Namen der Schriftart steht eine Zahl.

➤ Mit einem Klick direkt neben die Schriftgröße öffnest du eine schmale Liste mit Zahlen.

Kapitel 2 — Der erste Text: ein Brief

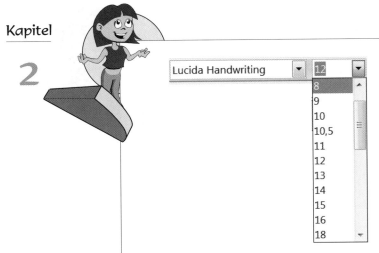

> Vielleicht wählst du eine große Zahl. Denn bei handgeschriebenen Briefen ist die Schrift deutlich größer als bei gedruckten.

Anschließend könnte dein Brief vielleicht so aussehen:

Liebe Nele,

leider schreibe ich dir erst jetzt mal wieder. Aber ich sitze so oft vor meinem Computer, dass ich einfach zu nichts anderem mehr Lust habe.

Früher wusste ich mit diesen Dingern nicht viel anzufangen. Aber dann habe ich mich so viel damit beschäftigt, dass ich gar nicht mehr davon loskomme.

Vielleicht bis demnächst, dein Tim

Textdokumente verwalten

Was nun? Dein Brief wartet geduldig, was mit ihm geschehen soll. Immerhin war es dein »erstes Mal« in Sachen PC-Brief. Und so was behält man doch gern in Erinnerung.

Bloß wohin damit? Ist der denn nicht automatisch im Computer gespeichert? Würde jetzt der Strom ausfallen, dann würdest du die bittere Erfahrung machen, dass dein Brief anschließend nach einem Neustart des Computers komplett verschwunden ist.

Textdokumente verwalten

Text speichern

Da hat er nämlich deinen Text vergessen, den du vorhin eingetippt hast. Und deshalb solltest du ihn lieber schnellstmöglich irgendwo sicher unterbringen. Und das geht so:

» Klicke mit der Maus auf DATEI und dann auf SPEICHERN.

Prompt öffnet sich ein Dialogfeld. Bevor OpenOffice deinen Text speichern kann, will es wissen, wo es ihn unterbringen soll und wie dein Brief heißt. Bis jetzt trägt er nur den nichtssagenden Namen »Unbenannt«.

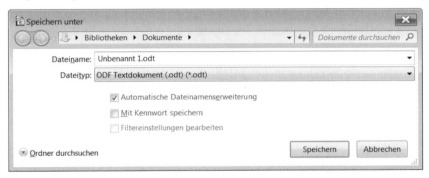

Die Kennung *ODT* steht für »Open Document Text«. Das ist das Format, in dem du deine Textdokumente abspeichern kannst. Du kannst aber hinter DATEITYP auch das Format der weit verbreiteten Textverarbeitung Microsoft Word wählen, womit dein Text dann im *DOC*-Format gespeichert wird.

» Klicke in das Eingabefeld hinter DATEINAME:

» Tippe als Namen ein: `Brief1` oder `Brief1.odt`.

Wenn du willst, kannst du auch einen anderen Namen eingeben.

Kapitel

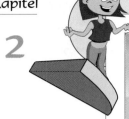

Der erste Text: ein Brief

Es gibt ein paar Regeln, die für Dateinamen gelten:

◇ Ein Name darf sehr lang sein (bis zu 255 Zeichen), muss es aber nicht.

◇ Man sollte schon am Namen erkennen, was da gespeichert wird.

◇ Du kannst fast alle Zeichen benutzen. Verboten sind auf jeden Fall: * ? < > / \ |.

Willst du deinen Text nicht nur irgendwo unterbringen, dann musst du jetzt noch kontrollieren, was in dem Anzeigefeld unter SPEICHERN UNTER steht.

Vielleicht ist es sinnvoll, den Brief auf einem USB-Stick zu speichern? Wenn du gerade keinen in Reichweite liegen hast, dann lege deine Datei ruhig in dem Ordner ab, der von OpenOffice angeboten wird. Du kannst dir aber auch auf der Festplatte einen anderen Platz suchen.

≫ Klicke unten im Dialogfeld auf den Eintrag ORDNER DURCHSUCHEN.

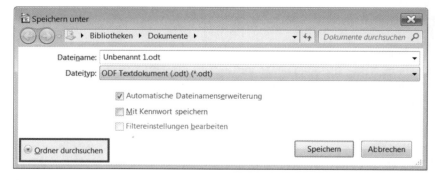

≫ Klicke dich in der nun größer gewordenen Dialogfeldfläche weiter über einen der Einträge links. (Du kannst aber auch versuchen, über eines der Felder ganz oben fündig zu werden.)

Textdokumente verwalten

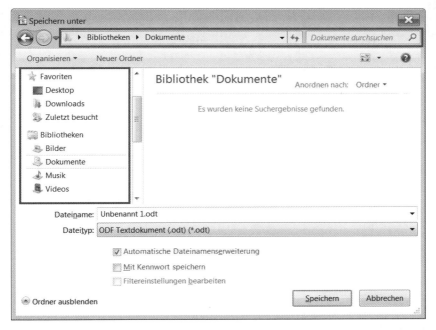

≫ Klicke zur Bestätigung auf SPEICHERN.

Damit hast du deinen Text auf einer Magnetplatte untergebracht, die im Computer eingebaut ist. Und könntest ihn dann herunterfahren und abschalten.

Wenn du deinen Brief noch mal überarbeitest und anschließend wieder speichern willst, erscheint kein Dialogfeld mehr, das dich nach einem Namen fragt: Dein Brief hat ja bereits einen Namen.

Willst du aber einen Text unter anderem Namen abspeichern, kannst du auch auf den Eintrag SPEICHERN UNTER im DATEI-Menü klicken. Dann wird immer das Dialogfeld SPEICHERN UNTER geöffnet. Und du hast die Möglichkeit, einen (neuen) Namen einzugeben.

Text ausdrucken

Einen schön geschriebenen Brief sollte man auch abschicken. Mit der Post. Vielleicht willst du deinen Brief deshalb auch mal ausdrucken?

Vorher kannst du dir schon einen ersten Eindruck verschaffen, wie dein Text nachher aussehen könnte. Das ist deshalb sinnvoll, weil ein ausgedrucktes Textdokument nicht unbedingt genauso aussieht wie das, was man gerade im Arbeitsfenster von OpenOffice vor sich hat.

≫ Klicke auf DATEI und dann auf SEITENANSICHT.

Kapitel

2

Der erste Text: ein Brief

Wie du sehen kannst, sieht dieser Brief auf einem normalen DIN-A4-Blatt ziemlich mickrig aus. Bei einem Brief macht es aber keinen Sinn, nur deshalb noch zwanghaft irgendetwas hinzuzufügen. Besser wäre also entweder, nur eine halbe Seite zu nutzen oder die Schrift (stark) zu vergrößern.

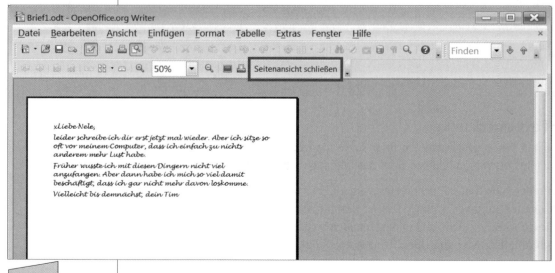

Textdokumente verwalten

Nachdem du den Brief so betrachtet hast, kannst du über die Schaltfläche SEITENANSICHT SCHLIESSEN wieder in das Bearbeitungsfenster zurückkehren.

Du willst den Brief immer noch ausdrucken? Und zwar so wie er ist? Dann geht das so:

>> Kontrolliere, ob der Drucker angeschaltet ist. Meistens leuchtet da ein Lämpchen, an dem »Online« oder »Power« oder etwas Ähnliches steht.

>> Klicke auf DATEI und dann auf DRUCKEN.

Möglicherweise erscheint ein Dialogfeld, in dem du einige Einstellungen vornehmen kannst, bevor gedruckt wird.

>> Klicke abschließend auf DRUCKEN.

Kapitel 2

Der erste Text: ein Brief

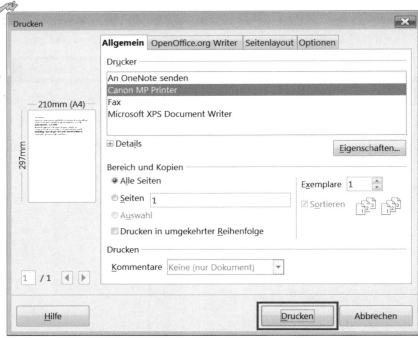

Je nachdem, wie lang dein Brief ist, kann es nun eine Weile dauern, bis der Drucker ihn annimmt und verarbeitet. Wenn alles geklappt hat, kannst du dir nach einiger Zeit deinen Brief schwarz auf weiß beim Drucker abholen.

Etwas Neues anfangen

Nachdem dein Brief sicher irgendwo auf einem Datenträger untergebracht ist, willst du vielleicht etwas Neues anfangen. In diesem Fall solltest du erst einmal das aktuelle Textdokument wieder schließen.

≫ Dazu klickst du auf DATEI und auf SCHLIESSEN.

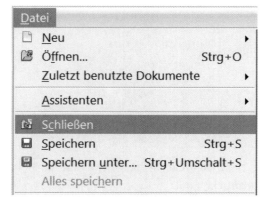

≫ Klicke anschließend auf DATEI und dann auf NEU. In der erweiterten Liste suchst du dir den Eintrag *Textdokument* aus.

Textdokumente verwalten

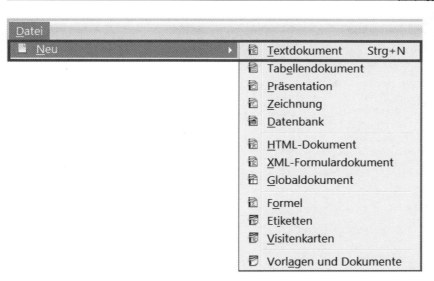

Und dann kannst du deinen nächsten Brief oder eine Geschichte oder einen Aufsatz tippen – ganz wie du willst.

Ein Dokument wieder öffnen

Doch eigentlich wolltest du noch ein bisschen an dem Brief feilen, den du gerade weggelegt hast? Dann weißt du ja, wie man das aktuelle Dokument schließt. (Falls du schon etwas getippt hast, wirst du nach dem Speichern gefragt. Die Entscheidung liegt bei dir, du kannst den Text speichern oder verwerfen.)

» Um deinen Brief zurückzubekommen, klicke mit der Maus auf DATEI und dann auf ÖFFNEN.

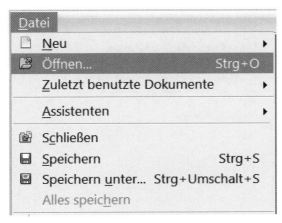

Das Dialogfeld für das Öffnen sieht dem zum Speichern ziemlich ähnlich:

Kapitel

2

Der erste Text: ein Brief

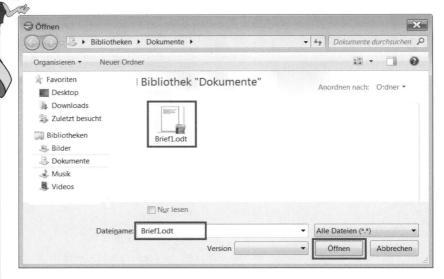

Normalerweise müsste der Name deines Textes im *Auswahlfeld* stehen. Das ist die große weiße Fläche rechts.

➤ Klicke im Auswahlfeld auf das Symbol mit dem Namen `Brief1` (oder den Namen, den du deiner Datei gegeben hast).

➤ Klicke zur Bestätigung auf ÖFFNEN.

Und schon bald ist auch der Text wieder da, so wie du ihn zuletzt gesehen hast.

Findest du deinen Namen nicht im Auswahlfeld? Dann musst du danach suchen! Oben links unter ÖFFNEN steht, wo der Computer gerade nach deinem Dokument gesucht hat.

◇ Klicke im linken Suchfeld auf einen der Einträge.

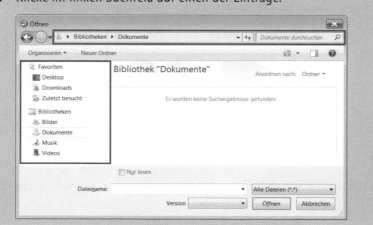

Ausschneiden und Einfügen

- Oder du forschst gezielt nach deiner Datei, indem du *oben* im rechten Feld den Namen eintippst und die Suche per Mausklick startest.

- Wenn du die Datei gefunden hast, die du suchst, klicke darauf und dann auf ÖFFNEN.

Ausschneiden und Einfügen

Vielleicht geht es dir auch so: Wenn ich mir einen Text ausdrucke und noch mal anschaue, dann kommt mir so manches Mal diese oder jene Verbesserungsidee in den Sinn.

Man könnte dort einen Satzteil herausnehmen und woanders wieder einfügen bzw. zwei Satzteile miteinander vertauschen.

In früheren Zeiten, als es noch keine Computer gab, hat man dann zur Schere gegriffen und einen Text in Stücke geschnitten. Dann hat man ihn anders wieder zusammengeklebt. Auf Englisch hieß das *Cut & Paste* (= Schneiden und Kleben).

Dieses Prinzip funktioniert unter OpenOffice, wenn du dort das BEARBEITEN-Menü benutzt.

Wie das geht, wollen wir an dem Brief von Tim an Nele ausprobieren. Die erste Fassung liegt ja vor uns. Schauen wir die noch mal genauer an:

Liebe Nele,

leider schreibe ich dir erst jetzt mal wieder. Aber ich sitze so oft vor meinem Computer, **dass ich einfach zu nichts anderem mehr Lust habe**.

Früher wusste ich mit diesen Dingern nicht viel anzufangen. Aber dann habe ich mich so viel damit beschäftigt, **dass ich gar nicht mehr davon loskomme**.

Vielleicht bis demnächst, dein Tim

Kapitel

Der erste Text: ein Brief

2

Nach einigem Überlegen würde ich den ganzen Text gern so ändern (→ BRIEF2.ODT):

Liebe Nele,

leider schreibe ich dir erst jetzt mal wieder. Aber ich sitze so oft vor meinem Computer, **dass ich gar nicht mehr davon loskomme**.

Früher wusste ich mit diesen Dingern nicht viel anzufangen. Aber dann habe ich mich so viel damit beschäftigt, **dass ich einfach zu nichts anderem mehr Lust habe**.

Vielleicht bis demnächst, dein Tim

Text markieren

Mal sehen, wie wir das hinkriegen. Damit etwas ausgeschnitten werden kann, muss es erst einmal *markiert* werden.

➤ Setze den Textcursor an den Anfang des Satzteils

dass ich einfach zu nichts anderem mehr Lust habe.

➤ Drücke die ⇧-Taste und halte sie fest.

➤ Nun drücke die →-Taste und halte sie so lange fest, bis dieser Textteil markiert ist. Dann lass beide Tasten wieder los.

Liebe Nele,

leider schreibe ich dir erst jetzt mal wieder. Aber ich sitze so oft vor meinem Computer, dass ich einfach zu nichts anderem mehr Lust habe.

Früher wusste ich mit diesen Dingern nicht viel anzufangen. Aber dann habe ich mich so viel damit beschäftigt, dass ich gar nicht mehr davon loskomme.

Vielleicht bis demnächst, dein Tim

Ausschneiden und Einfügen

Markierst du lieber mit der Maus? Das geht nämlich auch:

Zeige auf den Anfang des Textes, den du markieren willst. Dann klicke darauf und halte die Maustaste fest.

Ziehe die Maus ans Ende des Textes, den du markieren willst.

Wenn der gewünschte Textteil markiert ist, kannst du die Maustaste wieder loslassen.

Möglicherweise klappt das Markieren mit der Maus nicht sofort. Dann bleibe lieber bei ⇧ und den Pfeiltasten. Ich benutze die Maus am liebsten nur, wenn es darum geht, ganze Absätze zu markieren, und die Markierung nicht größer ist als das, was in ein Fenster passt.

Text ausschneiden

Nun lässt sich der markierte Text *ausschneiden*. Dazu kannst du das BEARBEITEN-Menü benutzen:

➢ Klicke auf BEARBEITEN und dann auf AUSSCHNEIDEN.

Bearbeiten	
↶ Rückgängig Eingabe:	Strg+Z
↷ Wiederherstellen unmöglich	Strg+Y
↻ Wiederholen Eingabe:	Strg+Umschalt+Y
✂ Ausschneiden	Strg+X
🗎 Kopieren	Strg+C
📋 Einfügen	Strg+V
Inhalte einfügen...	Strg+Umschalt+V
Text auswählen	Strg+Umschalt+I
Auswahlmodus	▶
🗎 Alles auswählen	Strg+A

Und schon ist der Text aus dem Brief verschwunden. Aber wohin? Keine Angst: Windows hebt das gute Stück in einem Zwischenspeicher auf. Man nennt das auch die *Zwischenablage*.

> *Liebe Nele,*
> *leider schreibe ich dir erst jetzt mal wieder. Aber ich sitze so oft vor meinem Computer,*
> *Früher wusste ich mit diesen Dingern nicht viel anzufangen. Aber dann habe ich mich so viel damit beschäftigt, dass ich gar nicht mehr davon loskomme.*
> *Vielleicht bis demnächst, dein Tim*

Kapitel 2 — Der erste Text: ein Brief

Von dort aus kann er wieder an derselben Stelle oder auch woanders eingefügt werden. Sogar das Einfügen in einem anderen Programm ist möglich.

Du hast aus Versehen den falschen Textteil markiert und ausgeschnitten?

Dann klicke schleunigst auf BEARBEITEN und RÜCKGÄNGIG. Damit machst du den Fehler rückgängig.

Mit dieser Option lassen sich auch mehrere Schritte rückgängig machen. Und über BEARBEITEN und WIEDERHOLEN kannst du eine Aktion auch erneut ausführen. Es gibt zwar auch die Möglichkeit der WIEDERHERSTELLUNG, die funktioniert aber nicht immer und überall.

Text einfügen

Zuerst muss nun der Textcursor an der Stelle sein, an der du den ausgeschnittenen Text *einfügen* willst. Denn eingefügt wird nur dort, wo der Textcursor gerade sitzt.

➤ Setze den Textcursor an den Anfang des Satzteils

dass ich gar nicht mehr davon loskomme.

➤ Klicke auf BEARBEITEN und dann auf EINFÜGEN.

Ausschneiden und Einfügen

Und da ist er wieder, unser verschwundener Satzteil. Zwar an der richtigen Stelle, aber jetzt bringt er den Satzbau durcheinander.

Liebe Nele,

leider schreibe ich dir erst jetzt mal wieder. Aber ich sitze so oft vor meinem Computer,

Früher wusste ich mit diesen Dingern nicht viel anzufangen. Aber dann habe ich mich so viel damit beschäftigt, | dass ich einfach zu nichts anderem mehr Lust habe. | dass ich gar nicht mehr davon loskomme.

Vielleicht bis demnächst, dein Tim

Noch mal Cut & Paste

Das ist aber wirklich unschön, mit dem zweimal »dass«! Deshalb wiederholen wir jetzt das ganze Spiel mit der Schere und dem Kleber. Der Textcursor sitzt ja schon an der richtigen Stelle. Diesmal ist es der Satzteil

`dass ich gar nicht mehr davon loskomme.`

der markiert, ausgeschnitten und woanders eingefügt werden soll. Traust du dir das jetzt selber zu?

Versuchen wir's zusammen:

➤ Markiere den Text mit ⇧ und einer Pfeiltaste.

Liebe Nele,

leider schreibe ich dir erst jetzt mal wieder. Aber ich sitze so oft vor meinem Computer,

Früher wusste ich mit diesen Dingern nicht viel anzufangen. Aber dann habe ich mich so viel damit beschäftigt, dass ich einfach zu nichts anderem mehr Lust habe. `dass ich gar nicht mehr davon loskomme.`

Vielleicht bis demnächst, dein Tim

➤ Klicke auf BEARBEITEN und dann auf AUSSCHNEIDEN.

Kapitel 2 Der erste Text: ein Brief

Liebe Nele,

leider schreibe ich dir erst jetzt mal wieder. Aber ich sitze so oft vor meinem Computer,

Früher wusste ich mit diesen Dingern nicht viel anzufangen. Aber dann habe ich mich so viel damit beschäftigt, dass ich einfach zu nichts anderem mehr Lust habe.|

Vielleicht bis demnächst, dein Tim

➤ Setze den Textcursor an die Stelle, an der du vorhin den anderen Text ausgeschnitten hast.

➤ Klicke auf BEARBEITEN und dann auf EINFÜGEN.

Und damit sind wir am Ziel.

Liebe Nele,

leider schreibe ich dir erst jetzt mal wieder. Aber ich sitze so oft vor meinem Computer, | dass ich gar nicht mehr davon loskomme.|

Früher wusste ich mit diesen Dingern nicht viel anzufangen. Aber dann habe ich mich so viel damit beschäftigt, dass ich einfach zu nichts anderem mehr Lust habe.

Vielleicht bis demnächst, dein Tim

Was ist mit Kopieren?

Wenn du etwas ausgeschnitten hast, lässt es sich übrigens nicht nur einmal, sondern so oft, wie du willst, wieder einfügen. Damit kannst du einen Text mehrmals kopieren.

Sicher ist dir aufgefallen, dass es einen Eintrag im BEARBEITEN-Menü gibt, über den ich noch nicht geschrieben habe. Der hat ausgerechnet den Namen KOPIEREN. Und du willst unbedingt wissen, wie der funktioniert? Wahrscheinlich nicht so, wie du jetzt erwartest:

➤ Markiere einen beliebigen Textausschnitt (vielleicht diesmal nur ein Wort, z. B. `leider`).

Ausschneiden und Einfügen

≫ Klicke auf BEARBEITEN und dann auf KOPIEREN.

Bearbeiten	
↶ Rückgängig Eingabe:	Strg+Z
↷ Wiederherstellen unmöglich	Strg+Y
⟳ Wiederholen Eingabe:	Strg+Umschalt+Y
✂ Ausschneiden	Strg+X
🗐 Kopieren	Strg+C
📋 Einfügen	Strg+V
Inhalte einfügen...	Strg+Umschalt+V
Text auswählen	Strg+Umschalt+I
Auswahlmodus	▶
🗎 Alles auswählen	Strg+A

Aber es geschieht offenbar nichts. Auch wenn du mehrmals auf KOPIEREN klickst, bleibt der markierte Textausschnitt hartnäckig da, wo er ist.

> *Liebe Nele,*
>
> *leider schreibe ich dir erst jetzt mal wieder. Aber ich sitze so oft vor meinem Computer, dass ich gar nicht mehr davon loskomme.*
>
> *Früher wusste ich mit diesen Dingern nicht viel anzufangen. Aber dann habe ich mich so viel damit beschäftigt, dass ich einfach zu nichts anderem mehr Lust habe.*
>
> *Vielleicht bis demnächst, dein Tim*

In Wirklichkeit ist natürlich schon etwas passiert: Der markierte Text wurde nicht ausgeschnitten, sondern in den Zwischenspeicher von Windows kopiert.

≫ Setze den Textcursor an das *Ende* deines Briefs.

≫ Klicke mehrmals auf BEARBEITEN und EINFÜGEN.

Kapitel 2 — Der erste Text: ein Brief

> Liebe Nele,
>
> leider schreibe ich dir erst jetzt mal wieder. Aber ich sitze so oft vor meinem Computer, dass ich gar nicht mehr davon loskomme.
>
> Früher wusste ich mit diesen Dingern nicht viel anzufangen. Aber dann habe ich mich so viel damit beschäftigt, dass ich einfach zu nichts anderem mehr Lust habe.
>
> Vielleicht bis demnächst, dein Tim
>
> leider leider leider |

Nun erscheint mehrmals der gleiche Text, den du zuvor in die Zwischenablage kopiert hast. Genannt wird das *Copy* & *Paste*.

Das ganze *Schneiden* und *Kleben* geht auch schneller mit ein paar Tastenkombinationen:

[Strg]+[X] = Markierten Text ausschneiden und in die Zwischenablage einfügen

[Strg]+[C] = Markierten Text in die Zwischenablage kopieren

[Strg]+[V] = Text aus Zwischenablage (wieder) einfügen

[Strg]+[Z] = Schritt rückgängig machen

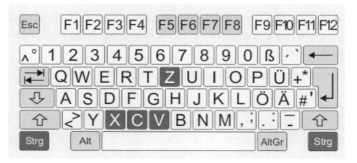

➢ Wenn der Brief so aussieht, wie du ihn gern abschicken würdest, dann speichere ihn noch mal. Dann kannst du das Dokument auch schließen.

Zusammenfassung

Zusammenfassung

Nun hast du deinen ersten Text verfasst, einen Brief. Und damit der nicht verloren geht, hast du ihn auf der Festplatte gespeichert (und wahrscheinlich auch mal wieder geladen).

Du weißt, wie man die Schriftart und die Schriftgröße ändert. Und du weißt, wie man Fehler entfernt und korrigiert.

Nach all dem Ausschneiden und Kleben von Textteilen hast du auch einiges von dem kennen gelernt, was sich mit OpenOffice Writer noch so anstellen lässt:

Etwas Neues anfangen	Klicke auf DATEI/NEU.
Ein Dokument speichern	Klicke auf DATEI/SPEICHERN.
Ein Dokument öffnen (laden)	Klicke auf DATEI/ÖFFNEN.
Gesamttext als Seiten ansehen	Klicke auf DATEI/SEITENANSICHT.
Ein Dokument drucken	Klicke auf DATEI/DRUCKEN.
Ein Dokument schließen	Klicke auf DATEI/SCHLIESSEN.
OpenOffice beenden	Klicke auf DATEI/BEENDEN.

Und du weißt, wie du einem Text mit Schere und Kleber zu Leibe rücken kannst:

Teile eines Textes markieren	Benutze ⇧ und die Pfeiltasten oder ziehe mit der Maus über den Text.
Den gesamten Text markieren	Klicke auf BEARBEITEN/ALLES MARKIEREN.
Text ausschneiden und in Zwischenablage übernehmen	Klicke auf BEARBEITEN/AUSSCHNEIDEN.
Text in Zwischenablage kopieren	Klicke auf BEARBEITEN/KOPIEREN.
Text aus Zwischenablage einfügen	Klicke auf BEARBEITEN/EINFÜGEN.
Bearbeitungsschritte rückgängig machen	Klicke auf BEARBEITEN/RÜCKGÄNGIG.

Im folgenden Kapitel machen wir mit einem etwas größeren Projekt weiter. Dort geht es u.a. auch um Briefe, aber nicht mehr um private.

Fragen und Aufgaben

1. Erläutere den Unterschied zwischen den beiden Löschtasten.
2. Erkläre die Prinzipien Cut & Paste und Copy & Paste
3. Wie kannst du die Schriftart und -größe eines Textes ändern?

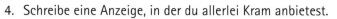

4. Schreibe eine Anzeige, in der du allerlei Kram anbietest.
5. Erstelle eine To-do-Liste, also schreib auf, was du alles demnächst zu erledigen hast. Gib jeder Aufgabe eine passende Schrift, je nach Wichtigkeit.

3
Das passende Layout

Nun wird es bürokratisch. Kann man das so sagen? Nicht unbedingt. Denn im Gegensatz zu einem privaten Brief kann man hier nicht schreiben, was man will, vor allem sind Gefühle hier fehl am Platz. Hier geht es vorwiegend um Sachlichkeit, wenn wir uns mit Bewerbungsschreiben und Lebensläufen befassen.

- In diesem Kapitel lernst du
- etwas über Textausrichtung,
- einiges über Rechtschreibung,
- wie man Tabulatoren und Tabellen einsetzen kann,
- etwas über Spaltenbreite und Zeilenhöhe,
- wie man den Seitenrand einstellen kann.

Kapitel Das passende Layout

Ich will den Job

Wenn du als Schüler ein Praktikum machen willst oder wenn du einen Nebenjob suchst, dann kann es sein, dass ein einfacher Anruf genügt. Man klärt das erst telefonisch, den Rest erledigt man, kurz bevor man mit dem neuen Job anfängt. Manchmal aber will derjenige, der dich einstellt, mehr: Dass du dich schriftlich bewirbst, vielleicht will er sogar dein letztes Zeugnis und einen Lebenslauf sehen.

Auf jeden Fall aber ist das alles erforderlich, wenn du dich um einen Ausbildungsplatz oder später um eine neue Stelle (als Vollzeitjob) bewirbst. Du brauchst in der Regel diese vier Dinge: Bewerbungsschreiben, Lebenslauf, Zeugnis und Foto.

Wie man ein toll aussehendes Zeugnis erstellt, werde ich dir hier nicht zeigen – obwohl auch das mit OpenOffice möglich wäre. Aber wir könnten zusammen eine Bewerbung schreiben. Dazu hast du sicher schon einige Stellen herausgesucht, die dich interessieren könnten. Ich nehme für die folgenden Beispiele den Beruf des Kaufmanns bzw. der Kauffrau, weil der von Jugendlichen am meisten gewählt wird.

Ein erster Versuch

Nun könntest du einfach loslegen und zum Beispiel Folgendes schreiben:

```
Hallo,

Sie haben doch Ausbildungsplätze frei. Im Moment gehe
ich noch in die Schule, aber dann will ich einen Job
bei Ihnen. Ich würde mich freuen, wenn es klappt.
Mit freundlichen Grüßen
Tim Müller
```

Möglicherweise findet sich eine Firma, die dich als Lehrling einstellt. Wahrscheinlich jedoch eher nicht. Denn zunächst gibt es bestimmte Regeln, die man bei einer schriftlichen Bewerbung einhalten muss. So gehören in ein Bewerbungsschreiben zuerst einmal die Adressdaten des Bewerbers und außerdem die der Firma, bei der man sich bewirbt. Zum Beispiel (→ BEWERBUNG1.ODT):

```
Tim Müller
Heiligenweg 33
12345 Berlin
tim.mueller@mitp.de
```

Ich will den Job

```
Tel.: 0151 / 12 34 56 78


Autohaus Renner
Parkplatz 1
12347 Berlin
```

Es folgen Ort und Datum und dann der »Betreff«, also das, um was es geht. Zum Beispiel:

```
Berlin, 13. Februar 2013


Bewerbung um einen Ausbildungsplatz zum Kaufmann im
Einzelhandel
```

Und dann kommt erst der eigentliche Bewerbungstext.

So weiß die betreffende Firma schon einmal, *wer* ihr da schreibt und um *was* es geht. Wichtig ist, dass alles außer dem Datum linksbündig gesetzt wird, das Datum dagegen rechtsbündig.

Links oder rechts oder wie bündig?

Statt Bündigkeit kann man auch *Ausrichtung* sagen. Oft ist geschriebener Text links ausgerichtet, das heißt: Jede Zeile fängt links genau unter der vorherigen an, hört aber irgendwo rechts auf.

Probieren wir mal beim Kopf unseres Bewerbungsschreibens (den Adressdaten von Tim), wie dort die verschiedenen Ausrichtungen aussehen:

- Markiere den Text. Das geht mit ⇧ und den Pfeiltasten. Oder mit der Maus bei gedrückter linker Maustaste.

- Suche oben im Symbolfeld unter der Menüleiste eine Gruppe mit vier hintereinanderliegenden Symbolen (direkt neben »FKU«).

Der markierte Text ist linksbündig ausgerichtet, weil der erste Symbolknopf dieses Quartetts eingedrückt ist.

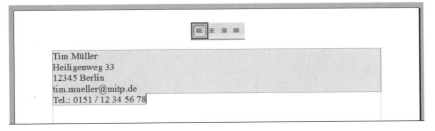

➤ Klicke nun auf das zweite Symbol (von links). Anschließend ist der markierte Text *mittig* ausgerichtet. Man sagt auch zentriert.

➤ Wiederhole das Ganze mit einem Klick auf das dritte Symbol (von links). Und der markierte Text ist jetzt am *rechten* Rand ausgerichtet.

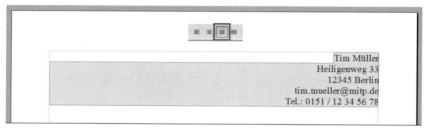

➤ Und nun probierst du auch den rechten Symbolknopf aus. Wenn du darauf klickst, sieht das Ergebnis hier etwas seltsam aus. Man nennt das *Blocksatz*.

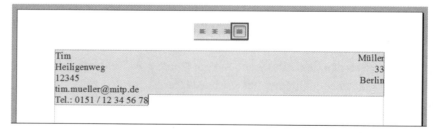

Nun will ich noch mal alle vier Arten der Ausrichtung zusammenfassend beschreiben:

Ausrichtung	Textzustand
linksbündig	Alle Zeilen beginnen *links genau* untereinander und enden irgendwo rechts.
rechtsbündig	Alle Zeilen beginnen irgendwo links und enden *rechts genau* untereinander.
zentriert	Alle Zeilen sind links und rechts *genau gleich weit* vom Rand entfernt.
Blocksatz	Alle Zeilen beginnen *links genau* untereinander und enden *rechts genau* untereinander (der Leerraum zwischen den Wörtern wird entsprechend »gestreckt«).

Hiermit bewerbe ich mich

Weil es in unserem Beispiel maximal zwei Wörter oder Wortgruppen gibt, bleibt das eine links stehen und das andere wird ganz nach rechts geschoben. So ist der Text also links- *und* rechtsbündig. Was bei der Adresse von Tim unschön aussieht, macht sich aber zum Beispiel beim Text dieses Buches gut.

> Es gibt nicht wenige, die in einem Schreiben Ort und Datum linksbündig einstellen und dann davor so viele Leerzeichen eintippen, dass das Ganze immer weiter nach rechts rutscht. Doch um zu gewährleisten, dass der Teil mit dem Datum immer rechts exakt abschließt (egal, wie viel Rand das Schreiben nachher beim Ausdruck haben wird), wird das Ganze rechtsbündig ausgerichtet.

Hiermit bewerbe ich mich

Der Anfang ist gemacht. Kümmern wir uns jetzt um den Text, also darum, wie wir dem Leser klarmachen, dass er uns den Job geben soll (und keinem anderen). Das ist nicht einfach, doch du wirst hier auch nur einen Vorschlag finden, der vor allem dazu dient, den Umgang mit OpenOffice Writer zu lernen.

➤ Wenn dir nichts Besseres einfällt, kannst du dieses Beispiel (erst mal) übernehmen (→ BEWERBUNG1.ODT):

Sehr geehrte Frau Meyer,

ich bin Schüler der 10. Klasse und werde zum Ende dieses Schuljahres im Sommer 2013 voraussichtlich einen mittleren Schulabschluss erwerben. Durch Recherchen im Internet bin ich darauf aufmerksam geworden, dass Sie zum August 2013 einen Ausbildungsplatz zum Einzelhandelskaufmann anbieten, um den ich mich hiermit bewerbe.

Während der Schulzeit hatte ich Gelegenheit zu zwei Praktika in zwei verschiedenen Fachgeschäften. Hier konnte ich grundlegende Erfahrungen mit den Aufgaben eines Einzelhandelskaufmanns sammeln.

Nun bin ich an der von Ihnen ausgeschriebenen Ausbildungsstelle interessiert. Teamarbeit bin ich durch meine mehrjährige Mitwirkung als Spieler in

Kapitel **Das passende Layout**

einem Fußballverein gewohnt, zu meinen Stärken zähle ich Pünktlichkeit und Zuverlässigkeit.

Bereits in meinen Praktika konnte ich feststellen, dass ich mich im Umgang mit Kunden schon recht sicher fühle. Natürlich mag ich nicht nur Autos, sondern habe mich auch immer schon für die Technik interessiert, die dahinter steckt.

Über eine Einladung zu einem persönlichen Vorstellungsgespräch würde ich mich freuen.

Mit freundlichen Grüßen
Tim Müller

➢ Auf jeden Fall solltest du direkt nach dem Eintippen diesen Text einmal speichern.

Das geht über DATEI und SPEICHERN oder über ein kleines Symbol in der Nähe oder mit der Tastenkombination ⌈Strg⌉+⌈S⌉.

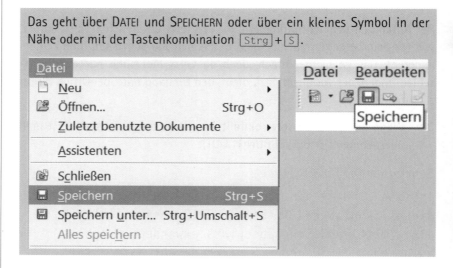

Zeilen und Absätze

Wie bekommt man nun den ganzen Brief so hin, dass der Abstand der Zeilen immer passt? Denn wie du siehst, ist der mal kleiner (bei den Adresszeilen) oder mal größer (beim Bewerbungstext).

Die Adressen von Absender und Empfänger könnte man so eingeben, dass man jedes Mal für eine neue Zeile die ⌈↵⌉-Taste drückt. Aber dann sähe das Ergebnis für den Absender so aus:

Hiermit bewerbe ich mich

```
Tim Müller
Heiligenweg 33
12345 Berlin
tim.mueller@mitp.de
Tel.: 0151 / 12 34 56 78
```

Ich aber möchte, dass die Zeilen dichter zusammenrücken. Deshalb brauche ich etwas anderes als nur die ⏎-Taste, denn die erzeugt ja jeweils neue Absätze.

» Tippe die (oder eine andere) Adresse neu ein und drücke für jede neue Zeile die Tastenkombination ⇧+⏎. Nun wird nicht jedes Mal ein neuer Absatz erzeugt, sondern (nur) eine neue Zeile – und so wollten wir es ja auch haben:

```
Tim Müller
Heiligenweg 33
12345 Berlin
tim.mueller@mitp.de
Tel.: 0151 / 12 34 56 78
```

Für den eigentlichen Bewerbungstext nimmst du natürlich wieder die ⏎-Taste allein, denn da geht es ja wieder um Absätze.

OpenOffice benutzt übrigens unsichtbare Zeichen, um sich zu merken, ob du das Ende einer Zeile oder eines Absatzes markiert hast. Und die kann man auch sichtbar machen.

Dazu suchst du oben im Symbolfeld unter der Menüleiste das Symbol, das aussieht wie die Kreiszahl Pi (¶).

Damit sieht unsere erste Version, bei der wir nur die ⏎-Taste benutzt haben, so aus:

Kapitel 3

Das passende Layout

```
Tim·Müller¶
Heiligenweg·33¶
12345·Berlin¶
tim.mueller@mitp.de¶
Tel.:·0151·/·12·34·56·78¶
¶
```

Die Absatzmarken sind lauter »Pis«. Schauen wir uns das mal für die zweite Version an, bei der wir mit ⇧ + ↵ gearbeitet haben:

```
Tim·Müller↵
Heiligenweg·33↵
12345·Berlin↵
tim.mueller@mitp.de↵
Tel.:·0151·/·12·34·56·78↵
¶
```

Hier sind die Marken für das (absichtliche) Zeilenende lauter kleine Eck-Pfeile.

Für das automatische Zeilenende gibt es keine Marken. Die muss sich OpenOffice ja nicht merken, denn die Zeilen werden nach jedem Öffnen eines Dokuments automatisch neu organisiert. Und wenn man die Größe der Schrift oder der Seite ändern würde, müssten die Zeilen ohnehin neu aufgebaut werden.

Richtig schreiben

Ob du den Text abschließend linksbündig lässt oder ihn im Blocksatz formatierst, ist sicher auch Geschmackssache. Doch die richtige Rechtschreibung ist bei Bewerbungen elementar. Beim Abtippen dieses längeren Textes hast du viel Gelegenheit, das Korrigieren zu üben.

Dabei geht dir die Korrekturhilfe von OpenOffice zur Hand, die du schon kurz im letzten Kapitel kennen gelernt hast. So kurz, dass du dich wohl nicht mehr wirklich daran erinnerst. Stichwort: rote Wellenlinien.

OpenOffice unterstreicht alle Wörter, die es nicht kennt, mit solchen Linien. Dazu wird ein Rechtschreiblexikon benutzt, in dem OpenOffice jedes einzelne Wort, das du eintippst, während der Eingabe nachschaut. Alle Fehler werden also nur dann erkannt, wenn OpenOffice alle richtigen Wörter kennt.

Hiermit bewerbe ich mich

Schauen wir uns an, was OpenOffice leistet, indem wir den ersten Abschnitt des Bewerbungsschreibens (also den Text direkt nach der Anrede) mit ein paar Fehlern versehen:

> Sehr geehrte Frau Meyer,
>
> ich bin Schüler der 10.Klasse und werde zumEnde dieses Schuljares im Sommmer 2013 vorausichtlich einen mittleren Schulabschluß erwerben.

Den ersten Fehler kann man leicht übersehen: Zwischen »10.« und »Klasse« ist kein Leerzeichen. Wenn du das nicht selbst bemerkst, wird dieser Fehler also im Text bleiben. Dann kommt die erste markierte Stelle: Das passiert oft, dass man ein Leerzeichen vergisst, vor allem beim schnellen Eintippen. Hier hat OpenOffice bemerkt, dass es nicht »zumEnde« heißen darf.

Bevor du nun selbst das fehlende Leerzeichen einfügst, lass dir doch von OpenOffice etwas helfen.

» Klicke mit der rechten Maustaste auf das rot unterkringelte Wort. Es öffnet sich ein Kontextmenü, das dir gleich einige Vorschläge zur Korrektur macht.

> Sehr geehrte Frau Meyer,
>
> ich bin Schüler der 10.Klasse und werde zumEnde dieses Schuljares im Sommmer 2013 vorausichtlich einen mittleren Schu
>
> - zum Ende
> - zum-Ende
> - zusende
> - zuwende
> - zum-ende
> - zumessende
> - zumutende
> - zunehmende
> - Zusenden
> - Ignorieren
> - Alle ignorieren
> - Hinzufügen
> - AutoKorrektur
> - Rechtschreibung und Grammatik
> - Sprache der Auswahl festlegen
> - Sprache des Absatzes festlegen

» Klicke im Menü auf ZUM ENDE und der Text ändert sich so:

Kapitel 3 — Das passende Layout

Sehr geehrte Frau Meyer,
ich bin Schüler der 10.Klasse und werde zum Ende dieses Schuljares im Sommmer 2013 vorausichtlich einen mittleren Schulabschluß erwerben.

Auf diese Weise kannst du dir nun mit Rechtsklick auf jedes Wort, das OpenOffice als fehlerhaft bemängelt, im Kontextmenü das richtige Wort aussuchen. Zum Schluss stimmt dann der ganze Satz wieder:

Sehr geehrte Frau Meyer,
ich bin Schüler der 10. Klasse und werde zum Ende dieses Schuljahrs im Sommer 2013 voraussichtlich einen mittleren Schulabschluss erwerben.

Was aber ist, wenn OpenOffice über ein Wort meckert, das gar nicht falsch geschrieben ist? Zum Beispiel den Nachnamen einer Person oder den Namen einer Straße? Kennt OpenOffice den Heiligenweg? Diese Straße z. B. durch »Heiligenschein« zu ersetzen, ist wohl kein gutes Angebot. Oder würde es einen Namen wie Ribbenbruck kennen? In solchen Fällen ist es sinnvoll, im Kontextmenü einfach auf den Eintrag IGNORIEREN (oder ALLES IGNORIEREN) zu klicken.

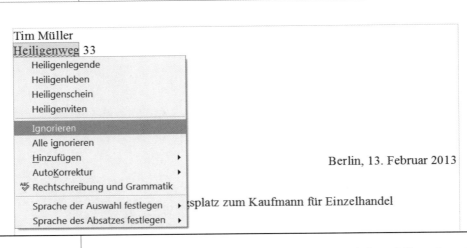

Dann verschwinden die roten Wellenlinien und OpenOffice akzeptiert, dass du das (aus seiner Sicht falsche) Wort so belassen willst, wie es da steht.

Hiermit bewerbe ich mich

Was ist der Unterschied zwischen IGNORIEREN und ALLES IGNORIEREN? Ganz einfach: Wenn du bei Ribbenbruck nur auf IGNORIEREN klickst, wird das Wort bei der nächsten Eingabe wieder als falsch geschrieben bemängelt. Klickst du aber auf ALLES IGNORIEREN, dann hast du die ganze Zeit Ruhe: Das Wort gilt künftig als richtig geschrieben.

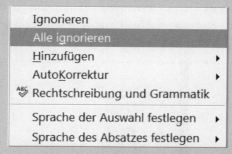

Ab und zu geht es um ein Wort, das du noch öfter benutzen wirst und das laut Duden richtig geschrieben wird. Oder um einen Namen, den du immer wieder gebrauchen wirst. Dann kannst du das Wort auch in das Wörterbuch aufnehmen, wenn du die Option HINZUFÜGEN (zu) STANDARD.DIC (für Standard-Dictionary) aktivierst.

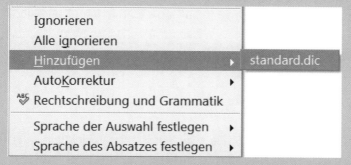

Sobald du darauf geklickt hast, gehört dein Wort zum Rechtschreibwortschatz von OpenOffice.

Schrift und Satz

Sicher wirst du dir Gedanken über die Schriftart und Schriftgröße deines Textes machen. Ich habe ihn in Times New Roman geschrieben, mit der Größe 12.

Nicht jedem gefallen solche Schriften, manche mögen sie lieber serifenlos. Was soll denn das nun wieder heißen? Als *Serifen* bezeichnet man die kleinen Linien, Strichlein, also Verzierungen, die an einem Buchstaben »kleben« (ohne unbedingt nötig zu sein).

Kapitel 3 — Das passende Layout

ABC XYZ mit Serifen
ABC XYZ ohne Serifen

Bei einer Bewerbung kann es also durchaus eine Überlegung wert sein, ob du die Serifen-Schrift Times New Roman durch eine serifenlose wie z. B. Arial oder Tahoma ersetzt. Probiere es aus, und schau dir an, wie das Ganze in linksbündiger Ausrichtung oder im Blocksatz aussieht.

All das, die Art und die Größe einer Schrift, die Ausrichtung eines Textes und einiges mehr nennt man *Formatierung*.

➢ Vergiss nicht, dein Dokument noch einmal zu speichern.

Das war mein Leben

Zu einer richtigen Bewerbung gehört natürlich neben Zeugnissen auch ein Lebenslauf. Auch da gibt es Regeln, was unbedingt dazugehört und auf was man verzichten sollte. Zunächst einmal hat ein Lebenslauf mehr das Aussehen einer Liste: Alle wichtigen Daten werden untereinander aufgeführt. Ein Beispiel, in dem du nur die Daten durch deine eigenen ersetzen musst (→ LEBENSLAUF1.ODT):

Das war mein Leben

```
Lebenslauf
Angaben zur Person:
Vor- und Zuname:      Tim Müller
Geburtstag:           06.12.1996
Geburtsort:           Berlin
Wohnort:              12345 Berlin, Heiligenweg 33

Schulausbildung:
08/2003-07/2007       Grundschule Heiligenweg
08/2007-07/2013       Peter-Paul-Gesamtschule
Abschluss:            voraussichtlich Erweiterter Realschulabschluss

Praktika:
09/2011               Praktikum bei Car-Fit (Reparaturwerkstatt)
                      Aufgaben: Einsatz in der Werkstatt und
                      am Computer im Büro
09/2012               Praktikum bei Autohof Bensinger
                      Aufgaben: Begleitung bei Kundengesprächen,
                      Mithilfe in der Werkstatt

Besondere Kenntnisse:

Fremdsprachen:        Englisch gute Sprachkenntnisse
                      Spanisch (Grundkenntnisse)
PC-Kenntnisse:        OpenOffice und MS-Office
                      gute Kenntnisse in Writer/Word, Calc/Excel

Interessen:           Fußball (Vereinsspieler), Fotografie

Berlin, 13. Februar 2013
Tim Müller
```

Alles erscheint noch in derselben Standardschrift, die OpenOffice uns erst einmal vorgibt, um eine Änderung kümmern wir uns später.

> Wenn du mit der Eingabe deines Lebenslaufs beginnst, steht ganz oben immer das Wort »Lebenslauf« als Überschrift. Dann kommen die verschiedenen Bereiche wie die Angaben zur Person, die Stationen deiner Schulausbildung, besondere Kenntnisse und Interessen. Jeder Bereich ist ein *einziger* Absatz. Genauso wie die Adressen beim Bewerbungsschreiben.

Kapitel 3 — Das passende Layout

➤ Tippe also die ersten beiden Zeilen (Lebenslauf/Angaben zur Person) ein und beende jede Eingabe mit der ⏎-Taste.

Tabulator statt Leerzeichen

Nun zu den folgenden Zeilen. Um deine erste Frage zu beantworten: Nein, da sind *nicht* ganz viele Leerzeichen drin. Vielleicht war das gar nicht deine Frage? Aber damit sind wir bei einem wichtigen Punkt: Um den Text in einer Liste schön bündig zu setzen (hier ist damit gemeint, eins genau unter das andere), muss man *keine* Leerzeichen benutzen. Dazu gibt es die Tabulator-Taste (⇆).

➤ Probiere das gleich mal aus, tippe ein: Vor- und Zuname:, dann drücke einmal die ⇆-Taste, anschließend tippe weiter: Tim Müller. Zuletzt wechselst du mit der Tastenkombination ⇧+⏎ in eine neue Zeile:

```
Vor- und Zuname:    Tim Müller
```

➤ So gibst du jetzt auch die folgenden Zeilen zur Gruppe »Angaben zur Person« ein. Dann drückst du abschließend die ⏎-Taste:

```
Vor- und Zuname:    Tim Müller
Geburtstag: 06.12.1996
Geburtsort: Berlin
Wohnort:    12345 Berlin, Heiligenweg 33
```

Aber irgendwie klappt das mit der ⇆-Taste nicht. Die Angaben zu Geburtsdatum und -ort stehen ebenso wie der Wohnort nicht schön bündig unter dem Namen.

➤ Um das zu korrigieren, fügst du in den betreffenden Zeilen einfach jeweils ein weiteres Tabulatorzeichen ein. Und schon passt es:

```
Vor- und Zuname:    Tim Müller
Geburtstag:         06.12.1996
Geburtsort:         Berlin
Wohnort:            12345 Berlin, Heiligenweg 33
```

Das war mein Leben

Was sind *Tabulatoren*? Das Wort kommt vom lateinischen »Tabula«, das bedeutet so viel wie Spalte und ist verwandt mit dem Wort »Tabelle«.

Mit der Tabulatortaste kann man den Textcursor um einen bestimmten Abstand weiterschieben bzw. -springen lassen. In OpenOffice sind 1,25 cm »Sprungweite« als Standard eingestellt. Die unsichtbaren »Sprungstellen« nennt man Tabulatoren. Damit lassen sich Textteile punktgenau untereinander anordnen. Mit Leerzeichen wäre das viel zu mühsam. Außerdem passt das mit den Leerzeichen nicht immer, weil dabei die Schrift und die Ausrichtung (z. B. Blocksatz) eine Rolle spielen.

Wenn du willst, kannst du auch die Steuerzeichen für Tabulatoren sichtbar machen. Klicke dazu einfach mal auf den Symbolknopf mit dem »¶«.

Die geraden Pfeile zeigen jeweils einen Tabulator an. Statt Tabulator kann man auch Tab-Stopp sagen.

Text hervorheben

Ich finde, der Lebenslauf sieht noch ein bisschen farblos aus. Damit meine ich nicht, dass du die Schrift nun schön bunt gestalten sollst. Das ist in OpenOffice natürlich möglich, hier aber nicht angebracht. Dennoch sollte auf jeden Fall die Überschrift besser erkennbar sein, und auch die Zwischenüberschriften für jede Gruppe sollte stärker hervorgehoben sein.

Die einfachste Möglichkeit ist es, den jeweiligen Textabschnitt zu markieren und dann auf einen der Symbolknöpfe mit den Buchstaben »F«, »K« oder »U« zu klicken. Probieren wir das gleich mal beim ersten Wort »Lebenslauf« aus.

Kapitel 3 — Das passende Layout

Die Buchstaben auf den drei Symbolen sind die Abkürzungen für »Fett«, »Kursiv« und »Unterstrichen«. Ich empfehle beim Lebenslauf den Einsatz von »Fett« für das Hervorheben von Titelzeilen und Überschriften. Doch du solltest auch die anderen Möglichkeiten für deinen Lebenslauf ausprobieren.

Wie wäre es zum Beispiel damit?

Lebenslauf

Angaben zur Person:

Vor- und Zuname:	Tim Müller
Geburtstag:	06.12.1996
Geburtsort:	Berlin
Wohnort:	12345 Berlin, Heiligenweg 33

Schulausbildung:

08/2003 - 07/2007	Grundschule Heiligenweg
08/2007 - 07/2013	Peter-Paul-Gesamtschule
Abschluss:	voraussichtlich Erweiterter Realschulabschluss

Praktika:

09/2011	Praktikum bei Car-Fit (Reparaturwerkstatt)
	Aufgaben: Einsatz in der Werkstatt
	und am Computer im Büro
09/2012	Praktikum bei Autohof Bensinger
	Aufgaben: Begleitung bei Kundengesprächen,
	Mithilfe in der Werkstatt

Besondere Kenntnisse:

Fremdsprachen:	Englisch gute Sprachkenntnisse
	Spanisch (Grundkenntnisse)
PC-Kenntnisse:	OpenOffice und MS-Office
	gute Kenntnisse in Writer/Word, Calc/Excel

Interessen: Fußball (Vereinsspieler), Fotografie

Berlin, 13. Februar 2013

Tim Müller

Zusätzlich habe ich die Schrift für »Lebenslauf« deutlich größer gesetzt und diese Zeile mittig ausgerichtet (zentriert).

Tabs oder Tabelle?

Es gibt in OpenOffice noch eine andere Möglichkeit für die Gestaltung eines Lebenslaufs. Wie du sehen kannst, ist ja das Ganze in zwei Hauptspalten unterteilt, die durch Tabulatoren passend ausgerichtet wurden. Und alle Einträge sind so angeordnet, dass man daraus auch eine Tabelle mit zwei Spalten und ziemlich vielen Zeilen machen könnte. Probieren wir das gleich einmal aus.

Das war mein Leben

Zuerst üben wir ein bisschen. Dazu brauchen wir ein leeres Textblatt, das du über DATEI und NEU und TEXTDOKUMENT erzeugen kannst.

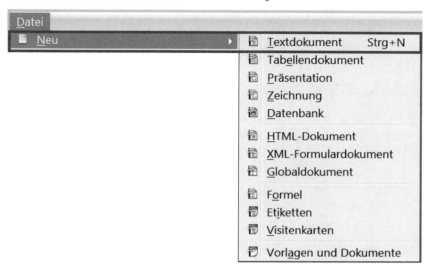

Nun führen zwei Wege zum gleichen Ziel.

➤ Klicke auf EINFÜGEN und TABELLE. Oder klicke auf TABELLE, dann auf EINFÜGEN und nochmals auf TABELLE.

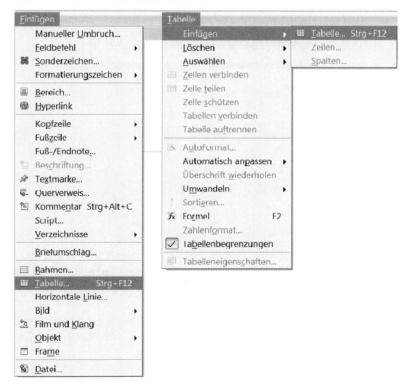

Kapitel 3 — Das passende Layout

Im folgenden Dialogfeld kannst du nun die Anzahl der Spalten und Zeilen einstellen. Wir wissen, dass wir 2 Spalten brauchen, also lassen wir die Vorgabe so stehen, auch die Anzahl der Zeilen müssen wir jetzt nicht ändern. Wenn du willst, kannst du aus der 2 eine 10 (oder mehr) machen. Wenn nötig, lassen sich weitere Zeilen hinzufügen oder überflüssige wieder entfernen.

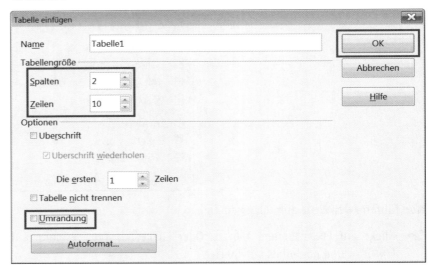

» Weil wir Umrandungslinien hier nicht brauchen, kannst du das Häkchen vor UMRANDUNG entfernen. Dann klicke auf OK.

Und schon haben wir eine Tabelle. Die feinen Linien sind später bei einem Ausdruck nicht mehr sichtbar. Sie unterteilen die ganze Tabelle in einzelne Zellen.

Das war mein Leben

Wir benutzen hier für den Lebenslauf eine versteckte Tabelle. In vielen anderen Fällen aber soll eine Tabelle klar als solche erkennbar sein. Dazu muss dann ein Häkchen vor UMRANDUNG stehen. Die Tabelle sieht dann so aus:

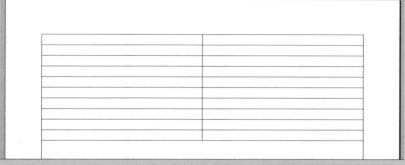

Und diese Linien werden dann auch mitgedruckt.

Nun könntest du einfach loslegen und deinen Lebenslauf zellenweise in der Tabelle eingeben. Dabei wirst du aber feststellen, dass hier und da nicht alles sichtbar in eine Zelle passt. Also sollten wir zuallererst einige Tabellenmaße ändern. Denn die Angaben auf der rechten Seite sind eindeutig länger als die auf der linken.

Spaltenbreite und Zeilenhöhe

≫ Markiere die linke Spalte (mit der Maus bei gehaltener linker Maustaste) oder mit den Tasten ([⇧] und [↓]).

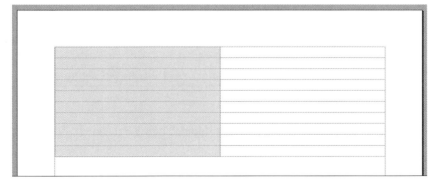

≫ Nun klicke auf TABELLE und dann auf AUTOMATISCH ANPASSEN.

Kapitel

3

Das passende Layout

≫ Im Zusatzmenü klickst du auf SPALTENBREITE.

≫ Stelle im Dialogfeld 5,00 cm ein (oder einen Wert deiner Wahl) und klicke dann auf OK.

Das war mein Leben

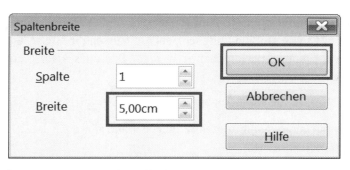

Und schon ist die linke Spalte schmaler, dafür ist die rechte automatisch breiter geworden. Um die müssen wir uns also erst mal nicht mehr kümmern.

Und nun kannst du deine Daten eintippen. Dann könnte der Anfang des Lebenslaufs z. B. so aussehen (→ LEBENSLAUF2.ODT):

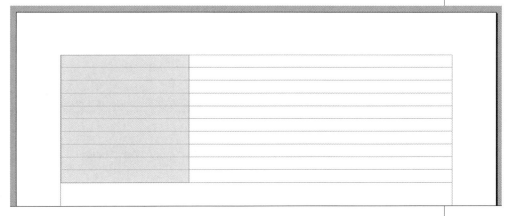

	Lebenslauf
Angaben zur Person:	
Vor- und Zuname:	Tim Müller
Geburtstag:	06.12.96
Geburtsort:	Berlin
Wohnort:	12345 Berlin, Heiligenweg 33
Schulausbildung:	
08/2003 - 07/2007	Grundschule Heiligenweg
08/2007 - 07/2013	Peter-Paul-Gesamtschule
Abschluss:	voraussichtlich Erweiterter Realschulabschluss

Kapitel 3 — Das passende Layout

So ganz gefällig ist er so noch nicht. Zum einen fehlen einige Formatierungen: Die Überschrift sollte groß und fett sein, ebenso müssen die Titelzeilen für die einzelnen Gruppen hervorgehoben werden. Das alles kannst du gleich erledigen.

Was mich mehr stört, ist die etwas knappe Zeilenhöhe.

➢ Deshalb markiere diesmal die gesamte Tabelle. Dann klicke auf TABELLE und AUTOMATISCH ANPASSEN.

➢ Im Zusatzmenü klickst du diesmal auf ZEILENHÖHE.

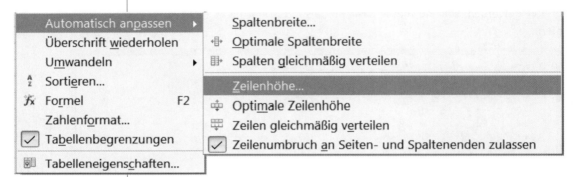

➢ Stelle im Dialogfeld 0,70 cm ein (oder einen Wert deiner Wahl) und klicke dann auf OK.

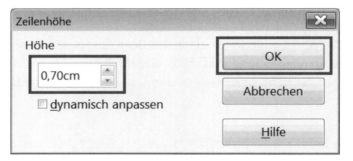

Anschließend kümmerst du dich noch um die Hervorhebungen. Damit das Wort »Lebenslauf« auch genug Platz hat, solltest du die erste Zeile noch mal allein markieren und ihr eine Zeilenhöhe von 1 cm zuweisen.

Das Ergebnis sieht bei mir dann so aus (→ LEBENSLAUF3.ODT):

Einpacken und abschicken?

	Lebenslauf
Angaben zur Person:	
Vor- und Zuname:	Tim Müller
Geburtstag:	06.12.96
Geburtsort:	Berlin
Wohnort:	12345 Berlin, Heiligenweg 33
Schulausbildung:	
08/2003 - 07/2007	Grundschule Heiligenweg
08/2007 - 07/2013	Peter-Paul-Gesamtschule
Abschluss:	voraussichtlich Erweiterter Realschulabschluss

➢ Auch hier noch mal zur Erinnerung: Speichere dein Dokument lieber einmal zu oft als zu selten.

Einpacken und abschicken?

Nachdem du dir das Bewerbungsschreiben und den Lebenslauf noch mal genau angeschaut und an einigen Stellen noch verfeinert hast, geht es ans Ausdrucken. Auch hier ist es sinnvoll, erst mal die SEITENANSICHT zu bemühen. Und dass der Name nicht ausgedruckt, sondern von Hand geschrieben wird, muss ich eigentlich nicht erwähnen.

Solltest du den Eindruck haben, deine Bewerbung wirkt auf dem großen DIN-A4-Blatt ein bisschen verloren (weil sie etwas kurz geraten ist), dann kannst du zum einen eine etwas größere Schriftart wählen oder die Schriftgröße leicht (!) erhöhen. Oder du machst die Seitenränder breiter.

Seitenrand anpassen

➢ Dazu klickst du auf FORMAT und SEITE.

Kapitel 3

Das passende Layout

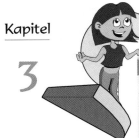

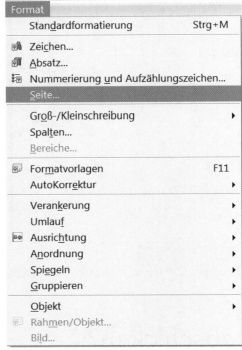

Wenn du nun im folgenden Dialogfeld (Register Seite) alle Werte hinter LINKS, RECHTS, OBEN und UNTEN auf einen Wert einstellst, der größer ist als 2,00 cm, dann wird dein Text besser auf die Seite verteilt.

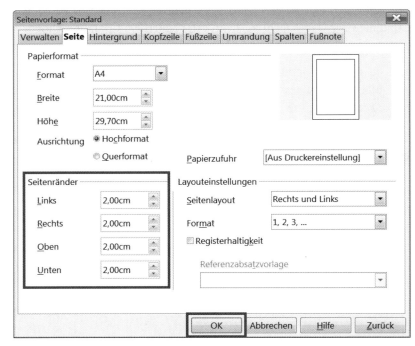

Dabei dürfen es ruhig bis 3,50 cm Rand sein, und du kannst auch ausprobieren, wie es aussieht, wenn nicht alle Ränder gleich breit sind (vielleicht links etwas mehr als rechts, weil man das Schreiben dann besser lochen und einheften kann).

Zusammenfassung

Nun ist es aber erst mal wieder genug. Du weißt ja immerhin schon eine ganze Menge mehr, zum Beispiel, wie du einer Bewerbung und einem Lebenslauf ein gefälliges Aussehen verpassen kannst. Zum Beispiel, wie man die Schrift ändern und hervorheben kann. Auch kennst du jetzt die Möglichkeit, Text auszurichten:

Symbol	Ausrichtung	Symbol	Ausrichtung
	linksbündig		rechtsbündig
	zentriert		Blocksatz

Du kennst den Unterschied zwischen Absätzen und Zeilen und den zwischen ⏎ und ⇧+⏎. Du kannst mit der Rechtschreibkontrolle umgehen:

IGNORIEREN	Markiertes Wort einmal akzeptieren
ALLES IGNORIEREN	Markiertes Wort im ganzen Text akzeptieren
HINZUFÜGEN	Markiertes Wort zum Wörterbuch von OpenOffice hinzufügen

Du kennst Tabulatoren als Mittel, Text in Spalten aufzuteilen. Und du weißt, wie man eine Tabelle in ein Textdokument einfügt und die Zellen anpasst:

Eine Tabelle einfügen	Klicke auf TABELLE/EINFÜGEN/TABELLE.
Die Spaltenbreite ändern	Klicke auf TABELLE/AUTOMATISCH ANPASSEN/SPALTENBREITE.
Die Zeilenhöhe ändern	Klicke auf TABELLE/AUTOMATISCH ANPASSEN/ZEILENHÖHE.

Das Projekt im folgenden Kapitel fällt um einiges größer aus. Dabei gibt es viel zu tun.

Fragen und Aufgaben

1. Wie kann man Text ausrichten?
2. Welchen Vorteil hat ein Tab-Stopp (Tabulator) gegenüber Leerzeichen?
3. Was weißt du über »FKU«?
4. Wie stellst du die Seitenränder ein?
5. Stell dir vor, du hast ein Smartphone gekauft, dessen Garantiezeit gerade abgelaufen ist. Ausgerechnet jetzt geht etwas daran kaputt. Vielleicht ist der Hersteller so kulant, dass er es trotzdem noch kostenlos repariert? Schreibe eine Reklamation. (Wichtig könnten auch Angaben wie z. B. Typ und Rechnungs-Nummer sein.)
6. Schreibe eine Einladung zu einer Feier (und vergiss Ort und Zeit nicht).
7. Erstelle die To-do-Liste in einer Tabelle.

4 Ein Referat mit Format

Wenn du mit OpenOffice Writer einen Text geschrieben und auf Festplatte gespeichert hast, lässt er sich von nun an beliebig vervielfältigen. Das ist ein großer Vorteil gegenüber einem Text, der mit der Hand oder mit einer Schreibmaschine verfasst wurde. Allerdings wird ein solches Schriftstück auch ein bisschen unpersönlicher.

Aber es kann auch ein Nachteil sein, dass sich in einem Brief oder einer Bewerbung schier endlos etwas verbessern und das wieder rückgängig machen lässt: Weil du es dir immer wieder anders überlegen kannst, wirst du vielleicht nie damit fertig. Mal sehen, ob uns das mit dem Referat gelingt, das wir uns in diesem Kapitel vornehmen.

◉ In diesem Kapitel lernst du

◉ etwas über Überschriften,

◉ wie man Zeichen und Absätze formatiert,

◉ etwas über Formatvorlagen,

◉ wie man eigene Vorlagen erstellt,

◉ etwas über Aufzählungen.

Kapitel Ein Referat mit Format

4

Thema und Titel

OpenOffice bietet dir Möglichkeiten, jeden Absatz einzeln, aber auch jedes einzelne Wort zu formatieren. Das wird im Falle von Briefen oder Bewerbungsschreiben normalerweise nicht nötig sein. Doch sicher hast du in der Schule oder in deinem Betrieb schon mal einen Aufsatz schreiben oder ein Referat halten müssen. Wenn nicht, dann kommt so etwas sehr wahrscheinlich noch auf dich zu.

Stell dir vor, du stehst vor dieser Aufgabe und sollst über das Thema »Software« referieren. Was das ist, weißt du vielleicht schon. Ansonsten erfährst du Näheres nach einigen Recherchen im Internet. Das ist ohnehin immer der erste Schritt: Erst mal Material zum Thema sammeln und ordnen.

Eine kleine Einleitung

Ich habe schon mal den Titel des Referats und eine kleine Einleitung geschrieben. Wenn du im Moment keinen Ehrgeiz hast, einen eigenen Aufsatz zu schreiben, dann kannst du ja meinen Text nachtippen (→ REFERAT1.ODT):

```
Software

Einleitung

Alles an und in einem PC, was du anfassen kannst, wird
als Hardware bezeichnet. Und das, was dafür sorgt,
dass der Computer läuft bzw. die Anwendungen, die du
darauf starten kannst, nennt man Software.

Oder anders ausgedrückt: "Während die harte Ware
sozusagen Knochen, Fleisch und Blut deines Computers
ist, so kann man die weiche Ware als Geist und Seele
eines Computers ansehen." Ein PC ohne Software ist
also nicht viel wert (auch wenn er eine Menge Geld
gekostet hat).
```

Thema und Titel

Bei größeren Textdokumenten wie mehrseitigen Referaten werden auch die Wege länger, die man mit dem Textcursor gehen muss. Da kann es nicht schaden, mit ein paar Tastenkombinationen dem Cursor auf die Sprünge zu helfen:

Taste	Funktion
Bild↑	Eine Bildschirmseite nach oben blättern
Bild↓	Eine Bildschirmseite nach unten blättern
Pos1	An den Anfang der aktuellen Zeile springen
Ende	An das Ende der aktuellen Zeile springen
Strg + Pos1	An den Anfang des Dokuments springen
Strg + Ende	An das Ende des Dokuments springen

Bei immer größeren Textmengen können einem auch noch öfter Fehler unterlaufen. Deshalb sind hier noch einige Tasten und Kombinationen zum schnelleren Korrigieren:

Taste	Funktion
Entf	Zeichen rechts vom Textcursor löschen
←	Zeichen links vom Textcursor löschen
Strg + Entf	Wort rechts vom Textcursor löschen
Strg + ←	Wort links vom Textcursor löschen
Entf	Markierten Text löschen
Alt + ←	Löschen rückgängig machen

Auch hier wieder ganz wichtig: Immer wenn du ein bisschen was geschrieben hast: Speichere das Dokument. Vorschlag: Wie wär's, wenn du das alle 15 Minuten tust? Wenn du willst, kannst du auch von Zeit zu Zeit über DATEI und SPEICHERN UNTER einen neuen Namen vergeben.

Überschriftenformatierung

Schon an diesem kleinen Teil (eines mehrseitigen Projekts) lässt sich einiges machen. Dabei meine ich nicht nur das Aussehen. Beginnen wir mit der Überschrift (hier sind es sogar zwei). Bisher haben wir Überschriften einfach markiert, auf das F-Symbol für »Fettschrift« geklickt und den Text vergrößert. Damit handelt es sich aber noch nicht um eine echte Überschrift.

➢ Markiere die Zeile mit dem Wort »Software«. Dann klicke oben links neben dem Namen der Schriftart auf das kleine Dreieck neben STANDARD. In der Liste, die sich nun auftut, wählst du den Eintrag ÜBERSCHRIFT 1.

Kapitel 4 — Ein Referat mit Format

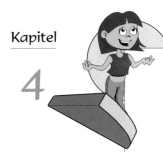
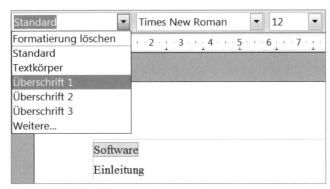

➤ Wiederhole das Gleiche nun mit dem Wort »Einleitung« und dem Listeneintrag ÜBERSCHRIFT 2.

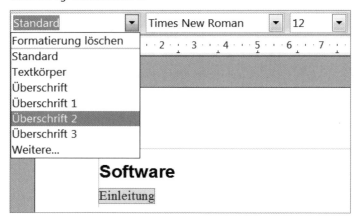

Und kurz darauf sieht das Ganze etwa so aus (→ REFERAT2.ODT):

Software

Einleitung

Alles an und in einem PC, was du anfassen kannst, wird als Hardware bezeichnet. Und das, was dafür sorgt, dass der Computer läuft bzw. die Anwendungen, die du darauf starten kannst, nennt man Software.

Oder anders ausgedrückt: "Während die harte Ware sozusagen Knochen, Fleisch und Blut deines Computers ist, so kann man die weiche Ware als Geist und Seele eines Computers ansehen." Ein PC ohne Software ist also nicht viel wert (auch wenn er eine Menge Geld gekostet hat).

Wozu ist dieses Extraformat ÜBERSCHRIFT gut? Zum einen lässt sich damit ein automatisches Inhaltsverzeichnis erstellen. Dazu kommen wir aber erst später – wenn wir mit dem Referat fertig sind.

Formatvorlagen

Was du gerade erlebt hast, ist die Möglichkeit, einen Textabschnitt mit einem Format zu versehen, das einen Namen hat. Was hat das für Vorteile? Nehmen wir an, du hast einen Absatz markiert und formatiert. Anschließend sagst du dir, wie schön es wäre, wenn jetzt andere Absätze auch so aussehen würden.

Na gut, du kannst ja andere Absätze auch immer wieder neu formatieren. Da ist dann manchmal einiges an Handarbeit angesagt. Vor allem, wenn du ein langes Referat geschrieben und mehrere verschiedene Formatierungen benutzt hast und plötzlich auf die Idee kommst, dass ein anderes Layout doch vielleicht besser aussehen würde.

Da wäre man froh, wenn man eine so genannte *Formatvorlage* hätte. Hier werden alle Eigenschaften gesammelt, die ein Absatz haben soll. Open-Office hat natürlich schon eine ganze Reihe von Formatvorlagen im Angebot, darunter STANDARD (für ganz normale Absätze) und ÜBERSCHRIFT.

Und wenn dir eine bestimmte Formatvorlage nicht zusagt, kannst du entweder die vorhandene ändern oder eine eigene neue erstellen. Und ich denke, dass unser Referat genau der richtige Anlass ist, uns einmal ein bis zwei solcher Vorlagen anzuschauen und an unsere Wünsche anzupassen.

Nehmen wir als erste die STANDARD-Vorlage. Alle Änderungen gelten natürlich erst mal nur für das aktuelle Dokument.

≫ Klicke mit der *rechten* Maustaste mitten in den Normaltext der Einleitung zum Referat. Damit öffnest du ein Kontextmenü. Dort wählst du den Eintrag ABSATZVORLAGE BEARBEITEN.

Kapitel 4

Ein Referat mit Format

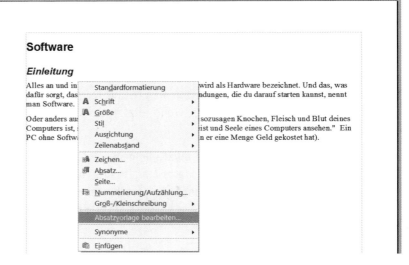

Nun siehst du ein großes Dialogfeld mit zahlreichen Registern vor dir. Wenn das Register VERWALTEN nicht eingestellt ist, klicke oben auf den gleichnamigen Eintrag.

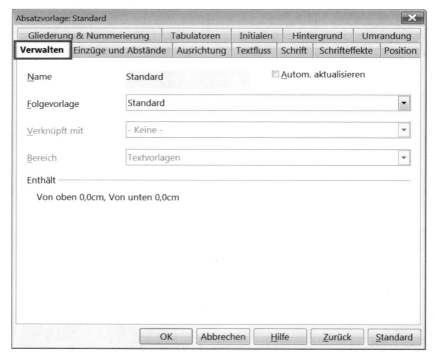

Du solltest dir das kurz anschauen, auch wenn es hier nichts zu ändern gibt: Hier steht unter anderem der Name der Vorlage, dazu unter ENTHÄLT einige Informationen, zurzeit noch wenige. Aber wir schauen uns das gleich noch mal an, wenn wir diese Vorlage bearbeitet haben.

Formatvorlagen

➢ Schalte jetzt per Mausklick auf das Register EINZÜGE UND ABSTÄNDE um, in dem sich eine ganze Menge einstellen lässt.

Einzüge

Ein *Einzug* bedeutet, dass die Stelle, an der ein Absatz oder markierter Text links beginnt oder rechts endet, verschoben ist:

◆ VOR TEXT heißt hier, dass der markierte Absatz auf der linken Seite um 1,50 cm nach rechts einrückt.

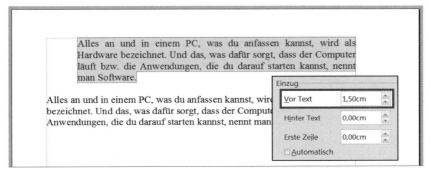

◆ NACH TEXT heißt hier, dass der markierte Absatz auf der rechten Seite um 1,50 cm nach links einrückt.

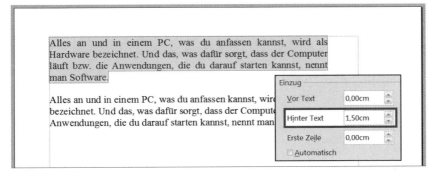

◆ ERSTE ZEILE heißt hier, dass nur die erste Zeile links um 1,50 cm einrückt.

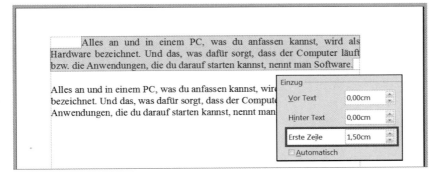

Kapitel 4 — Ein Referat mit Format

Einen Einzug brauchen wir für unser Referat jetzt noch nicht, aber wir kommen später darauf zurück.

Abstände

Wie weit ein Absatz oben und unten vom nächsten entfernt ist, wird als *Abstand* festgelegt. Steht dort 0,00 cm, dann ist der Abstand eines Absatzes derselbe wie der einer Zeile.

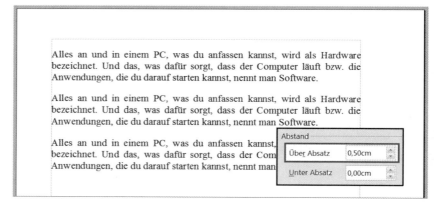

◆ ÜBER ABSATZ bedeutet hier, dass *vor* jedem Absatz ein Abstand von 0,30 cm eingefügt wird.

◆ UNTER ABSATZ heißt hier, dass *nach* jedem Absatz ein Abstand von 0,30 cm eingefügt wird.

Formatvorlagen

Nur wenn du genau hinschaust, kannst du hier den Unterschied erkennen. Natürlich kann man auch den Abstand verteilen, indem man Werte für das einsetzt, was vor und was hinter einem Absatz an Zwischenraum eingefügt werden soll.

Außer dem Absatzabstand lässt sich auch der Zeilenabstand einstellen. Normal ist einzeilig, in Sonderfällen sind größere Abstände erwünscht. (Hier siehst du einen zweizeiligen Textabstand.)

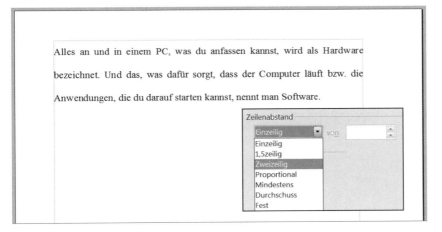

Wenn du dich in diesem Dialogfeld noch ein bisschen umschauen willst, nur zu! Da gibt es noch einiges, womit das Experimentieren sich lohnt. Probiere einfach alles aus. Es lässt sich auch wieder rückgängig machen.

Absatzformat einstellen

Für uns von Interesse ist vor allem erst einmal der Absatzabstand. Für Standardabsätze gibt es beim Einzug nichts zu ändern. Und auch der Zeilenabstand sollte einzeilig bleiben.

Kapitel 4

Ein Referat mit Format

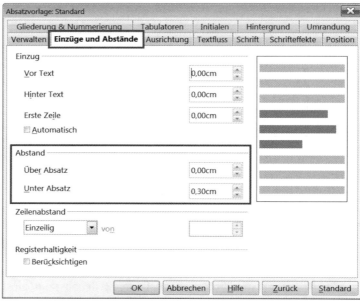

> Trage hinter UNTER ABSATZ den Wert 0,30 cm ein. Oder 0,50. Wenn du willst, kannst du auch hinter ÜBER ABSATZ etwas ändern. Anschließend wechsle zum Register SCHRIFT.

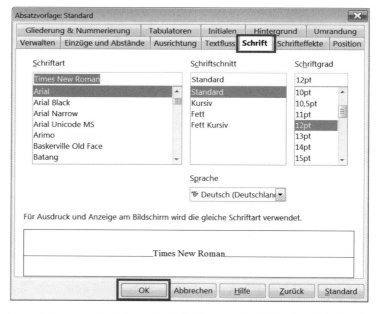

Hier kannst du nach Belieben die Schriftart und Größe der Schrift einstellen. Was man unter Schriftschnitt versteht, siehst du in der Liste (und kennst du schon von den FKU-Symbolen).

Formatvorlagen

> Wenn du dich entschieden hast, klicke abschließend auf OK.

Und damit ist die Bearbeitung der Formatvorlage abgeschlossen. Natürlich gibt es noch viel mehr, was man einstellen kann, aber uns genügen jetzt die vorgegebenen Einstellungen.

Bei dir sind zwei Absätze eigentlich im STANDARD-Format, sehen aber verschieden aus? Ich habe z. B. die Schriftart von »Times New Roman« in »Arial« geändert. Doch ein Absatz erscheint im alten, der andere im neuen Format.

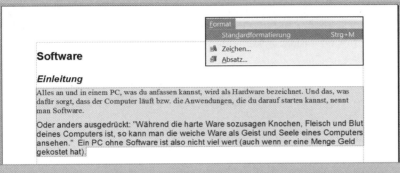

Das kannst du beheben, indem du den betroffenen Text markierst und dann auf FORMAT und STANDARDFORMATIERUNG klickst.

Absatz oder Zeichen?

Außer für Absätze gibt es auch Formatvorlagen für das Aussehen einzelner Wörter oder Satzteile. Ich benutze hier im Buch solche Schriftvorlagen z. B. für die Tasten, für Einträge in Menüs oder Dialogfeldern und für Dateinamen.

Wenn du dir die Einleitung unseres kleinen Referats anschaust, dann siehst du im zweiten Absatz einen Text, der in Anführungsstriche gefasst ist. Das soll ein *Zitat* sein, also ein Stück Text, das nicht von uns verfasst wurde.

Kapitel 4 — Ein Referat mit Format

> Ein Textteil, der von einem anderen Autor stammt, muss deutlich gekennzeichnet sein. Nicht selten wird ein Referat so erstellt: Man recherchiert im Internet und sucht sich dort einige Textstellen zusammen, die für ein Referat zum gegebenen Thema passen würden. Will man es sich ganz einfach machen, klebt man die einfach mit Hilfe von Copy & Paste zusammen und macht daraus einen Textteppich, den man dann als eigenes Werk ausgibt. Was komplett illegal wäre. Und bei Prüfungen sogar Strafmaßnahmen nach sich ziehen kann.
>
> Mit etwas mehr Aufwand kann man auch einiges umformulieren oder eigene Sätze dazwischenfügen. Mit noch mehr Aufwand sind die meisten Sätze schließlich von einem selbst und nur wenige stammen aus fremder Quelle. Das ist dann nicht schlimm, wenn diese fremden Sätze auch entsprechend gekennzeichnet sind.
>
> Und damit wären wir wieder beim Zitat: Der fremde Text wird in Anführungsstriche gesetzt und irgendwo steht, von wem dieser Text stammt.

Ich möchte in unserem Referat das Zitat stärker hervorheben. Dazu versehen wir es mit einem anderen Format als den Standardtext (→ REFERAT3.ODT).

≫ Markiere den entsprechenden Text.

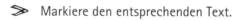

Software

Einleitung

Alles an und in einem PC, was du anfassen kannst, wird als Hardware bezeichnet. Und das, was dafür sorgt, dass der Computer läuft bzw. die Anwendungen, die du darauf starten kannst, nennt man Software.

Oder anders ausgedrückt: "Während die harte Ware sozusagen Knochen, Fleisch und Blut deines Computers ist, so kann man die weiche Ware als Geist und Seele eines Computers ansehen." Ein PC ohne Software ist also nicht viel wert (auch wenn er eine Menge Geld gekostet hat).

≫ Klicke auf FORMAT und dann auf FORMATVORLAGEN.

Formatvorlagen

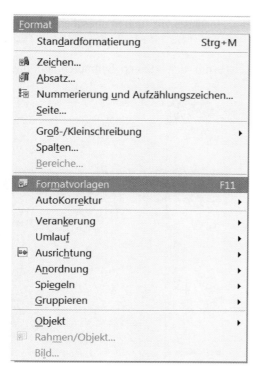

Es öffnet sich eine Liste mit einem Angebot von Formatvorlagen (von denen OpenOffice übrigens weit mehr zu bieten hat als aktuell in dieser Liste aufgeführt ist).

Kapitel 4 — Ein Referat mit Format

Das, was du siehst, sind einige Absatzformate, wir suchen aber die Zeichenformate.

➢ Klicke ganz oben in der Leiste mit den kleinen Symbolen auf das zweite von links.

Damit wechselst du in die Liste der Formate, die wir suchen. Wenn du nach ganz unten blätterst, findest du auch tatsächlich eine Vorlage mit dem Namen ZITAT.

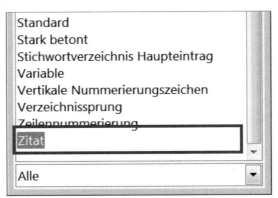

➢ Doppelklicke darauf. Und schon ist der markierte Text (das Zitat) anders formatiert.

Formatvorlagen

> **Software**
>
> *Einleitung*
>
> Alles an und in einem PC, was du anfassen kannst, wird als Hardware bezeichnet. Und das, was dafür sorgt, dass der Computer läuft bzw. die Anwendungen, die du darauf starten kannst, nennt man Software.
>
> Oder anders ausgedrückt: *"Während die harte Ware sozusagen Knochen, Fleisch und Blut deines Computers ist, so kann man die weiche Ware als Geist und Seele eines Computers ansehen."* Ein PC ohne Software ist also nicht viel wert (auch wenn er eine Menge Geld gekostet hat).

➢ Anschließend kannst du das Listenfenster wieder zumachen: Klicke dazu auf das kleine X in der Ecke oben rechts.

So, wie du eben das Zeichenformat eines Textes geändert hast, kannst du es auch mit dem Absatzformat tun:

Wenn du einen ganzen Absatz markiert hast, kommst du über FORMAT und FORMATVORLAGEN in die entsprechende Liste. Sorge dort dafür, dass ganz oben das erste Symbol (von links) »eingedrückt« ist.

Dann suchst du dir ein Format aus und doppelklickst darauf. Und schon ist der Absatz neu formatiert.

Zeichenformat einstellen

Mir genügt das Format für das Zitat so nicht, es soll den Text noch stärker hervorheben. Deshalb sollten wir die Vorlage ändern.

➢ Klicke mit der rechten Maustaste auf den Namen der Vorlage. Ein kleines Menü öffnet sich. Klicke dort auf ÄNDERN.

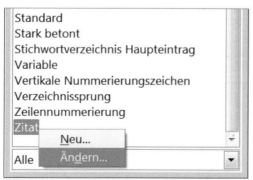

Das Dialogfeld sieht dem sehr ähnlich, das wir schon von den Absatzformaten kennen. Auch hier lassen sich bei der Schrift Änderungen vornehmen (nicht aber die Einzüge oder Abstände eines Absatzes verändern).

Kapitel 4 — Ein Referat mit Format

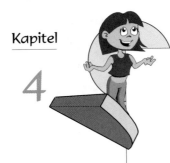

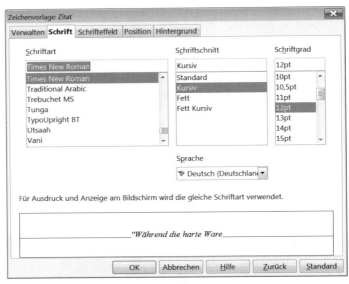

Da ich für den Standardabsatz in meinem Referat schon ARIAL als Schrift gewählt habe, lasse ich hier TIMES NEW ROMAN mal stehen. Gleiches gilt für SCHRIFTSCHNITT KURSIV und SCHRIFTGRAD 12 (womit die Größe gemeint ist). Interessanter wäre doch hier eher eine Änderung der Farbe.

➤ Wenn du deine eigene Schrift einstellen willst, nur zu! Anschließend klickst du oben auf den Eintrag SCHRIFTEFFEKT und wechselst zum gleichnamigen Register.

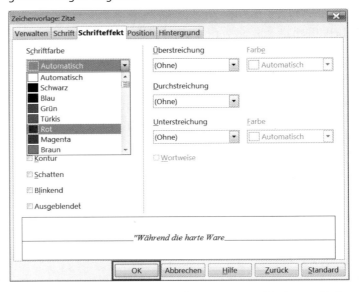

Unter SCHRIFTFARBE findest du eine Liste von verschiedenen Farben, unter denen du eine auswählen kannst. Es muss ja nicht unbedingt ROT sein. Du

Formatvorlagen

kannst es auch bei Schwarz lassen (oder eine »schwarz-nahe« Farbe wie Dunkelrot oder Dunkelblau einstellen).

Der ganze Text lässt sich noch durch Häkchen vor KONTUR oder SCHATTEN hervorheben. Ist vielleicht aber auch ein wenig übertrieben.

Sobald du auf OK geklickt hast, siehst du das Zitat in dem neuen Format.

Software

Einleitung

Alles an und in einem PC, was du anfassen kannst, wird als Hardware bezeichnet. Und das, was dafür sorgt, dass der Computer läuft bzw. die Anwendungen, die du darauf starten kannst, nennt man Software.

Oder anders ausgedrückt: *"Während die harte Ware sozusagen Knochen, Fleisch und Blut deines Computers ist, so kann man die weiche Ware als Geist und Seele eines Computers ansehen."* Ein PC ohne Software ist also nicht viel wert (auch wenn er eine Menge Geld gekostet hat).

(Ich konnte es nicht lassen und habe für diese Abbildung beim Zitat-Format etwas dicker aufgetragen.)

Auch für das Bearbeiten eines Absatzformats gilt das, was du eben beim Zeichenformat erlebt hast:

Wechsle in die Liste der Absatzformate (erstes Symbol oben links), suche dir ein Format aus und klicke mit der rechten Maustaste darauf. Wähle ÄNDERN und du landest im Dialogfeld für Absätze.

Was noch fehlt, ist die Quellenangabe zum Zitat. Das geht zum einen, indem man sie direkt dahinter in Klammern einfügt:

```
"Während die harte Ware sozusagen Knochen, Fleisch und
Blut deines Computers ist, so kann man die weiche Ware
als Geist und Seele eines Computers ansehen."
(G. Zhong, Yang-Yin im PC, S.33)
```

Eine andere und aus meiner Sicht elegantere Möglichkeit lernst du später noch kennen. Denn dies ist nicht das einzige Zitat im Referat.

Kapitel — Ein Referat mit Format

4

Eine neue Vorlage

Aber es gibt auch noch andere Abschnitte, die man als Verfasser für besonders wichtig halten könnte.

Dazu lässt sich dann auch eine eigene Formatvorlage erstellen. Ich möchte sie »Wichtig« nennen.

➤ Klicke jetzt auf FORMAT und FORMATVORLAGEN, um die Liste mit dem Vorlagenangebot von OpenOffice zu öffnen.

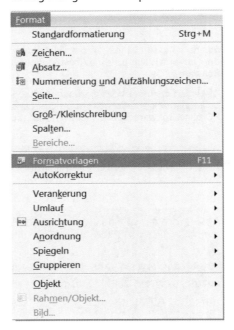

➤ Sorge dafür, dass die Absatzvorlagen zu sehen sind. Dann klicke mit der *rechten* Maustaste auf den Eintrag STANDARD. Wieder öffnet sich das kleine Menü. Klicke diesmal auf NEU.

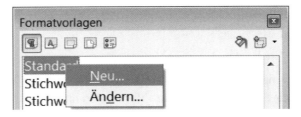

Im Dialogfeld für Absatzformate landest du zuerst im Register VERWALTUNG. Dort steht hinter NAME erst einmal UNBENANNT1.

Eine neue Vorlage

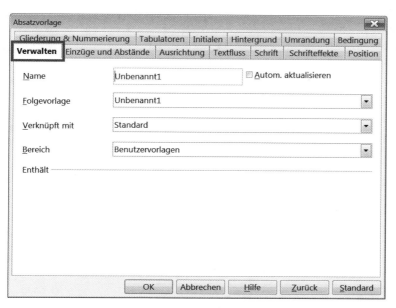

» Ändere den Namen der Vorlage in WICHTIG.

Darunter findest du zwei weitere Einträge: Die Folgevorlage gibt das Format an, mit dem der folgende Absatz formatiert wird. Ich habe hier ebenfalls WICHTIG eingestellt. Wenn du einen Absatz mit dem Format WICHTIG formatiert hast und am Ende die ⏎-Taste drückst, wird der nächste Absatz automatisch genauso formatiert. VERKNÜPFT MIT bedeutet, dass die neue Vorlage auf STANDARD aufbaut.

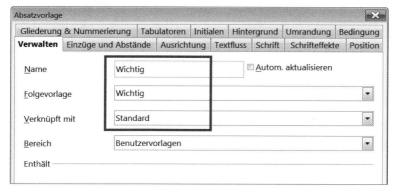

» Einzüge und Absätze lassen wir wie bei der STANDARD-Vorlage. Wechsle per Mausklick zu AUSRICHTUNG. Kontrolliere, ob dort BLOCKSATZ eingestellt ist, wenn nicht, klicke darauf.

Kapitel 4 — Ein Referat mit Format

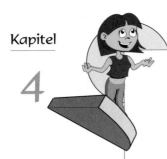

➤ Als Nächstes klickst du dich weiter zum Register SCHRIFT, falls du da etwas ändern willst. (Die Schriftfarbe sollten wir so lassen, wie sie ist.)

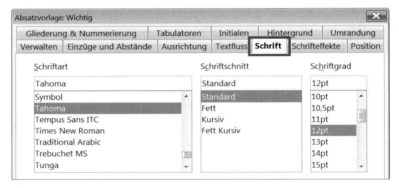

➤ Weil der markierte Absatz aus der Sicht des Verfassers etwas Wichtiges enthält, sollte er als Gesamtes farblich hervorgehoben sein. Dazu klickst du jetzt auf HINTERGRUND, um in das gleichnamige Register zu wechseln.

➤ Suche dir hier eine (nicht zu grelle) Farbe aus. Und wenn du willst, kannst du im Nachbarregister auch noch eine UMRANDUNG einstellen. (Muss aber nicht sein.)

Eine neue Vorlage

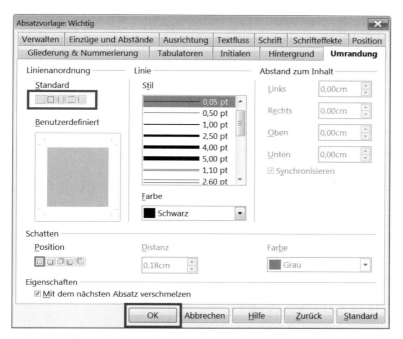

➢ Abschließend klicke auf OK. Und deine Formatvorlage ist »im Kasten«. Sobald du das aktuelle Textdokument speicherst, wird die Vorlage mitgespeichert.

Ein Absatz wird wichtig

Damit wir auch etwas davon haben, erweitern wir unser Referat ein wenig. Das ist der erste Abschnitt (→ REFERAT4.ODT):

> **Allerlei weiche Ware**
>
> Alles, was man als Programm, Spiel, Treiber, Anwendung, Applikation, App, Utility bezeichnet, ist Software. Selbst das Betriebssystem und das BIOS gehören zur Software eines Computers. Diese Riesenmenge an Software lässt sich in drei Gruppen unterteilen:
>
> 1. Die **Betriebssoftware** umfasst das BIOS und das Betriebssystem (englisch: Operating System) sowie Hilfsprogramme, die das Betriebssystem bei seiner Arbeit unterstützen bzw. erweitern – auch **Tools** genannt. Weil sie mehr oder weniger nützlich sind, kann man dazu auch **Utilities** sagen.
>
> 2. Mit der **Anwendungssoftware** lassen sich beliebige Daten erstellen und bearbeiten. Dabei benutzt sie Möglichkeiten des Betriebssystems. Ein anderer Name ist Anwendung oder Applikation, kurz App genannt. Zu dieser Gruppe gehören auch die Spiele.
>
> 3. Um überhaupt Programme entwickeln zu können, braucht man die **Entwicklungssoftware**. Man spricht hier auch von Entwicklungsumgebung oder Programmiersystem, weil dazu meist eine ganze Reihe von Hilfsmitteln gehört, um ein Programm zu erstellen, zu bearbeiten und zu testen.
>
> Programme bestehen aus Anweisungen, die ein Computer ausführen kann. Also sind Anwendungen, Spiele, Treiber und andere Hilfsmittel Programme. Der Hauptprozessor im Computer sorgt dafür, dass die Programme ausgeführt werden. Gegebenenfalls überlässt er einiges an Arbeit anderen Prozessoren (z.B. im Chipsatz oder auf der Grafik- oder Soundkarte).

Kapitel 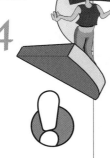 Ein Referat mit Format

4

Ein *Abschnitt* ist nicht zu verwechseln mit *Absatz*: Hier ist damit eine Art Unter-Kapitel gemeint, das eine Überschrift hat (hier als ÜBERSCHRIFT 2 formatiert). Ein Abschnitt besteht fast immer aus mehreren Absätzen – wie man hier sehen kann.

Während die ersten vier Absätze als Standard formatiert sind, erkennt man den letzten als WICHTIG.

Wenn dir die eigene Vorlage nicht mehr passt, dann könntest du sie jederzeit ändern. Brauchst du sie nicht mehr, lässt sie sich auch wieder löschen. Klicke dazu mit der rechten Maustaste auf den Namen und im Mini-Menü dann auf LÖSCHEN.

Aufzählungen

Widmen wir uns jetzt den drei Absätzen zwischen dem ersten und dem letzten. Dort gibt es eine Aufzählung. In diesem Absatz wird die gesamte Software in drei Gruppen unterteilt:

1. Betriebssoftware
2. Anwendungssoftware
3. Entwicklungssoftware

Und jede Unterteilung wird um kurze Erläuterungen ergänzt. Das könnte man so stehen lassen. Aber man hätte sich auch das 1., 2., 3. sparen können, denn OpenOffice kann auch zählen.

➤ Ändere den Text der drei Absätze, indem du die Nummerierung entfernst. Dann markiere den Text.

> *Allerlei weiche Ware*
>
> Alles, was man als Programm, Spiel, Treiber, Anwendung, Applikation, App, Utility bezeichnet, ist Software. Selbst das Betriebssystem und das BIOS gehören zur Software eines Computers. Diese Riesenmenge an Software lässt sich in drei Gruppen unterteilen:
>
> Die **Betriebssoftware** umfasst das BIOS und das Betriebssystem (englisch: Operating System) sowie Hilfsprogramme, die das Betriebssystem bei seiner Arbeit unterstützen bzw. erweitern – auch **Tools** genannt. Weil sie mehr oder weniger nützlich sind, kann man dazu auch **Utilities** sagen.
>
> Mit der **Anwendungssoftware** lassen sich beliebige Daten erstellen und bearbeiten. Dabei benutzt sie Möglichkeiten des Betriebssystems. Ein anderer Name ist Anwendung oder Applikation, kurz App genannt. Zu dieser Gruppe gehören auch die Spiele.
>
> Um überhaupt Programme entwickeln zu können, braucht man die **Entwicklungssoftware**. Man spricht hier auch von Entwicklungsumgebung oder Programmiersystem, weil dazu meist eine ganze Reihe von Hilfsmitteln gehört, um ein Programm zu erstellen, zu bearbeiten und zu testen.

Aufzählungen

≫ Klicke nun auf FORMAT und NUMMERIERUNG UND AUFZÄHLUNGSZEICHEN.

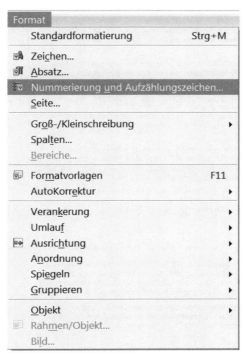

≫ Wechsle im Dialogfeld zum Register NUMMERIERUNGSART. Wähle dort ein Nummernmuster. Auch mit Buchstaben heißt das Ganze *Aufzählung*. Ich habe mich für das zweite Feld entschieden. Klicke dann auf OK.

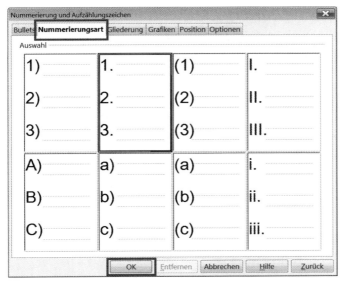

Nun hast du drei nummerierte Absätze.

Kapitel 4 — Ein Referat mit Format

> *Allerlei weiche Ware*
>
> Alles, was man als Programm, Spiel, Treiber, Anwendung, Applikation, App, Utility bezeichnet, ist Software. Selbst das Betriebssystem und das BIOS gehören zur Software eines Computers. Diese Riesenmenge an Software lässt sich in drei Gruppen unterteilen:
>
> 1. Die **Betriebssoftware** umfasst das BIOS und das Betriebssystem (englisch: Operating System) sowie Hilfsprogramme, die das Betriebssystem bei seiner Arbeit unterstützen bzw. erweitern – auch **Tools** genannt. Weil sie mehr oder weniger nützlich sind, kann man dazu auch **Utilities** sagen.
> 2. Mit der **Anwendungssoftware** lassen sich beliebige Daten erstellen und bearbeiten. Dabei benutzt sie Möglichkeiten des Betriebssystems. Ein anderer Name ist Anwendung oder Applikation, kurz App genannt. Zu dieser Gruppe gehören auch die Spiele.
> 3. Um überhaupt Programme entwickeln zu können, braucht man die **Entwicklungssoftware**. Man spricht hier auch von Entwicklungsumgebung oder Programmiersystem, weil dazu meist eine ganze Reihe von Hilfsmitteln gehört, um ein Programm zu erstellen, zu bearbeiten und zu testen.

Wenn du am Ende die ⏎-Taste drückst, beginnt der neue Absatz mit Nummer 4. Und so weiter.

> 1. Die **Betriebssoftware** umfasst das BIOS und das Betriebssystem (englisch: Operating System) sowie Hilfsprogramme, die das Betriebssystem bei seiner Arbeit unterstützen bzw. erweitern – auch **Tools** genannt. Weil sie mehr oder weniger nützlich sind, kann man dazu auch **Utilities** sagen.
> 2. Mit der **Anwendungssoftware** lassen sich beliebige Daten erstellen und bearbeiten. Dabei benutzt sie Möglichkeiten des Betriebssystems. Ein anderer Name ist Anwendung oder Applikation, kurz App genannt. Zu dieser Gruppe gehören auch die Spiele.
> 3. Um überhaupt Programme entwickeln zu können, braucht man die **Entwicklungssoftware**. Man spricht hier auch von Entwicklungsumgebung oder Programmiersystem, weil dazu meist eine ganze Reihe von Hilfsmitteln gehört, um ein Programm zu erstellen, zu bearbeiten und zu testen.
> → 4. |

Mit oder ohne Einzug

OpenOffice hat die Aufzählungs-Absätze automatisch ein wenig eingerückt. Das kann man so lassen oder ändern. Mal sehen, wie es aussieht, wenn die ganze Aufzählung genauso linksbündig gesetzt ist wie die Standardabsätze.

≫ Markiere die Absätze erneut (auf den vierten angefangenen kannst du wieder verzichten). Dann öffne mit Klick auf FORMAT und NUMMERIERUNG UND AUFZÄHLUNGSZEICHEN das entsprechende Dialogfeld. Dort wechselst du jetzt ins Register POSITION.

Aufzählungen

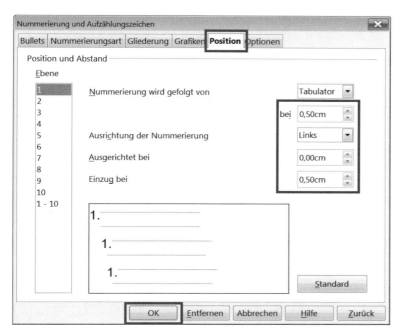

Nun kannst du den Wert hinter AUSGERICHTET BEI auf 0,00cm setzen, dann gibt es keinen Einzug. Die anderen Angaben beziehen sich darauf, ob alle Zeilen, die zu einer Aufzählung gehören, auch ganz links oder etwas eingerückt anfangen sollen.

➤ Wenn du fertig bist, klicke auf OK.

Die obigen Einstellungen führen zu diesem Bild:

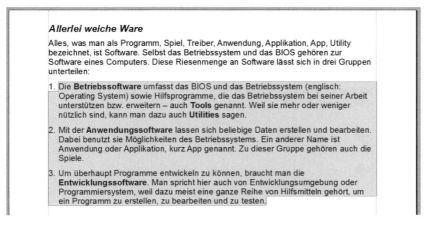

Und wenn wir auf alle Einrückungen verzichten, also unter POSITION alles auf 0,00cm setzen und LEERZEICHEN statt TABULATOR einstellen, dann sähe das Ganze eigentlich wieder so aus wie ganz am Anfang, als wir noch keine automatische Aufzählung benutzt haben:

Kapitel 4 — Ein Referat mit Format

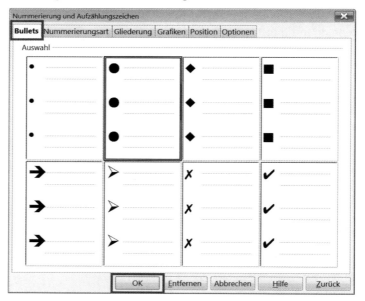

Symbole statt Nummern

Nicht immer benötigt man eine nummerierte Aufzählung, also eine Art von Rangfolge. Manchmal passt eine einfache Auflistung besser. Dann benutzt man statt verschiedener Zahlen oder Buchstaben überall das gleiche Zeichen.

➢ Markiere den Aufzählungstext erneut, dann klicke auf FORMAT und NUMMERIERUNG UND AUFZÄHLUNGSZEICHEN, das schon bekannte Dialogfeld. Sorge dafür, dass du im Register BULLETS landest.

➢ Hier kannst du dir ein Symbol auswählen (z. B. kleine oder dicke Kugeln), dann klickst du auf OK:

Zusammenfassung

> **Allerlei weiche Ware**
>
> Alles, was man als Programm, Spiel, Treiber, Anwendung, Applikation, App, Utility bezeichnet, ist Software. Selbst das Betriebssystem und das BIOS gehören zur Software eines Computers. Diese Riesenmenge an Software lässt sich in drei Gruppen unterteilen:
>
> - Die **Betriebssoftware** umfasst das BIOS und das Betriebssystem (englisch: Operating System) sowie Hilfsprogramme, die das Betriebssystem bei seiner Arbeit unterstützen bzw. erweitern – auch **Tools** genannt. Weil sie mehr oder weniger nützlich sind, kann man dazu auch **Utilities** sagen.
> - Mit der **Anwendungssoftware** lassen sich beliebige Daten erstellen und bearbeiten. Dabei benutzt sie Möglichkeiten des Betriebssystems. Ein anderer Name ist Anwendung oder Applikation, kurz App genannt. Zu dieser Gruppe gehören auch die Spiele.
> - Um überhaupt Programme entwickeln zu können, braucht man die **Entwicklungssoftware**. Man spricht hier auch von Entwicklungsumgebung oder Programmiersystem, weil dazu meist eine ganze Reihe von Hilfsmitteln gehört, um ein Programm zu erstellen, zu bearbeiten und zu testen.

Auch im Dialogfeld für Aufzählungen lohnt es sich, wenn du dich noch ein bisschen umschaust. Da ist noch so einiges zum Experimentieren, probiere es aus. Du kannst es ja auch wieder rückgängig machen.

Zusammenfassung

Weil das Referat noch lange nicht fertig ist, legen wir hier jetzt eine kleine Erholungspause ein. Bis jetzt ist ja wieder einiges Neues zusammengekommen, das wir hier noch mal sammeln.

Vorwiegend ging es um Formatvorlagen. Die lassen sich so ändern oder neu erstellen:

Vorlagenliste für Absatz- oder Zeichenformate öffnen	Klicke auf FORMAT/FORMATVORLAGE.
Absatz- oder Zeichenformat auswählen	Klicke auf das Symbol für ABSATZ oder ZEICHEN.
Vorlage ändern	Klicke mit rechts auf NAMEN und dann auf ÄNDERN.
Neue Vorlage erstellen	Klicke mit rechts auf NAMEN und dann auf NEU.

Neu sind auch die Möglichkeiten für Aufzählungen:

Absätze für eine Aufzählung markieren	Klicke auf FORMAT und NUMMERIERUNG UND AUFZÄHLUNGSZEICHEN.

Im nächsten Kapitel wird das Referat kräftig wachsen. Dort kümmern wir uns dann auch um das »große Ganze«.

Kapitel 4 — Ein Referat mit Format

Fragen und Aufgaben

1. Was ist der Unterschied zwischen Einzügen und Abständen?
2. Reichen die Absatzvorlagen nicht für alles? Warum dann noch Zeichenvorlagen?
3. Ändere die Formatvorlagen für die im Referat verwendeten Überschriften so, dass sie z. B. so aussehen:

> **Software**
>
> *Einleitung*
>
> Alles an und in einem PC, was du anfassen kannst, wird als Hardware bezeichnet. Und das, was dafür sorgt, dass der Computer läuft bzw. die Anwendungen, die du darauf starten kannst, nennt man Software.

4. Mach aus der To-do-Liste (aus Kapitel 2) eine Aufzählung.

5 Textgestaltung

Je umfangreicher ein Text, desto mehr ist zu beachten, damit nichts durcheinanderkommt. Nicht, dass zu befürchten ist, OpenOffice Writer würde irgendwelche Buchstabensuppen aus unserem mühsam erstellten Referat machen. Aber wir brauchen Hilfsmittel, zum Beispiel um nicht den Überblick zu verlieren.

In diesem Kapitel lernst du

- wie man die Weite von Tabulatoren einstellt,
- wie man Text in eine Tabelle umwandelt,
- etwas über Fußnoten und Endnoten,
- etwas über Kopfzeilen und Fußzeilen,
- wie man Verzeichnisse für Inhalt und Stichwörter erstellt,
- wie man Text sucht und ersetzt.

Kapitel   Textgestaltung

5 Wanderung durchs Referat

Gleich zu Anfang möchte ich auf das regelmäßige Speichern deines immer länger werdenden Referats hinweisen.

Wir machen jetzt einen Riesensprung. Nehmen wir an, du hast dein Referat schon fertig. Wenn ja, dann kannst du dein Werk hier zum Üben einsetzen. Auf jeden Fall solltest du irgendwo eine Kopie des Originals lagern, falls unsere Formatierungsversuche nicht zu deiner Zufriedenheit verlaufen.

Du bist noch nicht so weit? Hast noch kein fertiges Referat? Dann pack dir meines und mach das zum Opfer für unsere folgenden Versuche.

> Dabei gibt es zwei Versionen: In REFERAT6.ODT fehlt jede Formatierung bzw. alle Absätze sind auf das Standard-Format eingestellt. REFERAT7.ODT ist das komplette Referat mit allen Formatierungen. Wenn du also das Formatieren richtig üben willst, empfehle ich die Version 6, suchst du den bequemeren Weg, dann nimm Version 7.

Ich lasse nun einmal den Blick weiter im Text des Referats schweifen, das neben der Hauptüberschrift bzw. dem Titel noch zwei weitere Überschrift-Ebenen hat.

Software für den Computerbetrieb

"Ein Betriebssystem ist eine Sammlung von Computerprogrammen, die die Systemressourcen eines Computers wie Arbeitsspeicher, Festplatten, Ein- und Ausgabegeräte verwaltet und diese Anwendungsprogrammen zur Verfügung stellt."
(http://de.wikipedia.org/wiki/Betriebssystem)

Das am meisten verbreitete Betriebssystem ist Windows. Das heißt das aber noch lange nicht, dass es das einzige ist, das einen Computer zum Laufen bringt. Auch verbreitet ist das kostenlose Linux und seine Ableger.

In der gezeigten Abbildung haben wir auch gleich ein zweites Zitat. Darauf komme ich später noch einmal zurück. Doch jetzt will ich ganz ans Ende meines Referats wandern und auf die Zusammenfassung schauen. Die könnte eigentlich kurz und knapp so aussehen:

Wanderung durchs Referat

Zusammenfassung

Zum Schluss will ich noch einmal in einer Tabelle zusammenfassen, um welche Arten und Bereiche von Software es hier ging:

Softwarebereich	Kurze Beschreibung
Betriebssystem, Treiber	Alles im PC unter Kontrolle halten
Datenbanksystem	Daten sammeln, ordnen oder finden
Programmiersystem	Programme erstellen, testen und bearbeiten
Grafik (Bildverarbeitung)	Bilder zeichnen, malen und gestalten
Management/Organisation	Termine und Aufgaben, Kontakte und E-Mails verwalten
Multimedia	Filme und Klänge bearbeiten und gestalten, Lernen
Spiele	Spielen, spielen, spielen ...
Tabellenkalkulation	Tabellen füllen und bearbeiten
Textverarbeitung	Text tippen, bearbeiten und gestalten
Utility, Tool	Aushelfen, wo etwas nicht so recht klappt

Für die Unterteilung in zwei Spalten habe ich Tabulatoren benutzt, wie man gut erkennt, wenn man die Steuerzeichen sichtbar macht (Klick auf das ¶-Symbol).

```
Softwarebereich →      →  Kurze·Beschreibung¶
Betriebssystem,·Treiber → Alles·im·PC·unter·Kontrolle·halten¶
Datenbanksystem→       →  Daten·sammeln,·ordnen·oder·finden¶
Programmiersystem →    →  Programme·erstellen,·testen·und·bearbeiten¶
Grafik·(Bildverarbeitung)→Bilder·zeichnen,·malen·und·gestalten¶
Management/OrganisationTermine·und·Aufgaben,·Kontakte·und·E-Mails·verwalten¶
Multimedia→      →     →  Filme·und·Klänge·bearbeiten·und·gestalten,·Lernen¶
Spiele·   →      →     →  Spielen,·spielen,·spielen·...¶
Tabellenkalkulation-   →  Tabellen·füllen·und·bearbeiten¶
Textverarbeitung →     →  Text·tippen,·bearbeiten·und·gestalten¶
Utility,·Tool→   →     →  Aushelfen,·wo·etwas·nicht·so·recht·klappt¶
```

Tabulatoren einstellen

Mir gefällt das an einigen Stellen nicht. Zum Beispiel ist mir der Abstand nach »Management/Organisation« zu eng. Das lässt sich lösen. Einfach nur überall ein weiteres Tabulatorzeichen einfügen, wäre eine Möglichkeit. Doch es geht auch anders:

> Klicke auf EXTRAS und dann auf OPTIONEN.

Kapitel 5

Textgestaltung

➢ Nun suchst du links in der Liste nach dem Eintrag OPENOFFICE.ORG WRITER, klickst links daneben auf das Kästchen mit dem kleinen Plus, eine weitere Liste öffnet sich.

➢ Dort klickst du auf ALLGEMEIN. Im zugehörigen Dialogfeld daneben kannst du nun die allgemeine Sprungweite der Tabulatoren im Text verändern. Voreingestellt sind 1,25cm. Ändere das auf einen Wert zwischen 1,35 und 1,50cm.

Wanderung durchs Referat

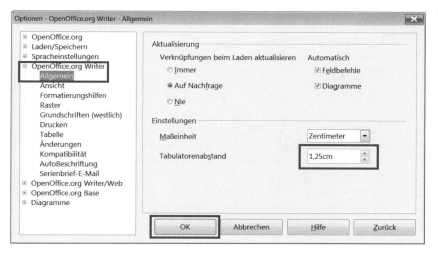

Anschließend könnte dein Text so aussehen (immer noch angezeigt mit Steuerzeichen):

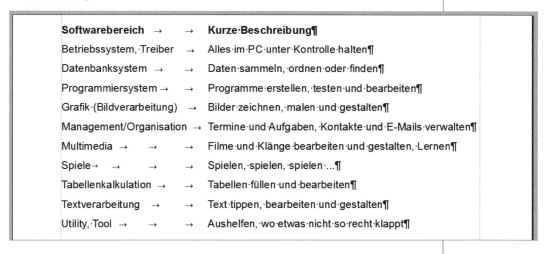

Ich musste an einer Stelle noch ein Tabulatorzeichen einfügen. Wenn die Weite sich verändert, kann es passieren, dass die Anzahl der Tabulatoren nicht mehr überall passt.

Text in Tabelle

Was spricht dagegen, die zusammenfassende Tabelle auch als solche zu formatieren? Das geht einfacher, als du denkst. Du musst also nicht extra eine neue Tabelle erstellen, sondern du kannst markierten Text in eine Tabelle umwandeln.

Ein bisschen Vorarbeit ist aber doch zuvor noch nötig: In jeder Zeile darf nur ein *einziges* Tabulatorzeichen stehen.

Kapitel 5 — Textgestaltung

➤ Sorge dafür, dass in der Tabelle pro Zeile nur ein Tabulator vorkommt. Dann markiere den Text.

```
Softwarebereich    →   Kurze Beschreibung¶
Betriebssystem, Treiber  →   Alles im PC unter Kontrolle halten¶
Datenbanksystem  →  Daten sammeln, ordnen oder finden¶
Programmiersystem →  Programme erstellen, testen und bearbeiten¶
Grafik (Bildverarbeitung)  →  Bilder zeichnen, malen und gestalten¶
Management/Organisation  →  Termine und Aufgaben, Kontakte und E-Mails verwalten¶
Multimedia  →  Filme und Klänge bearbeiten und gestalten, Lernen¶
Spiele→Spielen, spielen, spielen ...¶
Tabellenkalkulation  →  Tabellen füllen und bearbeiten¶
Textverarbeitung  →  Text tippen, bearbeiten und gestalten¶
Utility, Tool  →  Aushelfen, wo etwas nicht so recht klappt¶
```

(Ich habe in der Abbildung die Steuerzeichen immer noch sichtbar gelassen.)

➤ Klicke nun auf TABELLE und dann auf UMWANDELN. Im kleinen Zusatzmenü wählst du TEXT IN TABELLE.

➤ Im Dialogfeld kannst du alles so lassen, wie es ist, es genügt einfach nur, auf OK zu klicken.

Wanderung durchs Referat

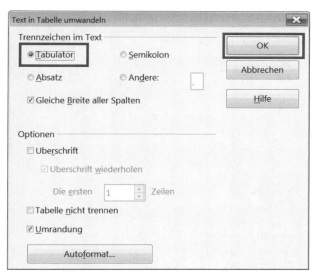

Anschließend siehst du vor dir eine Tabelle. Nun ist noch etwas Feinarbeit angesagt. Wie man die Spaltenbreite ändert, weißt du.

> Eine direkte Möglichkeit geht auch mit der Maus: Die senkrechte Trennlinie zwischen zwei Spalten mit Maus und gedrückter linker Maustaste »anpacken« und dann (z. B. nach links) verschieben.

Ob du den Rahmen sichtbar lässt oder ihn unsichtbar machst, ist Geschmackssache. Ich habe ihn gelassen. Dann sieht bei mir das Ganze so aus (diesmal wieder ohne sichtbare Steuerzeichen):

Softwarebereich	**Kurze Beschreibung**
Betriebssystem, Treiber	Alles im PC unter Kontrolle halten
Datenbanksystem	Daten sammeln, ordnen oder finden
Programmiersystem	Programme erstellen, testen und bearbeiten
Grafik (Bildverarbeitung)	Bilder zeichnen, malen und gestalten
Management/Organisation	Termine und Aufgaben, Kontakte und E-Mails verwalten
Multimedia	Filme und Klänge bearbeiten und gestalten, Lernen
Spiele	Spielen, spielen, spielen ...
Tabellenkalkulation	Tabellen füllen und bearbeiten
Textverarbeitung	Text tippen, bearbeiten und gestalten
Utility, Tool	Aushelfen, wo etwas nicht so recht klappt

Natürlich lässt sich aus einer Tabelle auch (wieder) normaler Text machen.

Kapitel 5   Textgestaltung

➢ Dazu klickst du auf TABELLE und dann auf UMWANDELN. Im kleinen Zusatzmenü wählst du diesmal TABELLE IN TEXT.

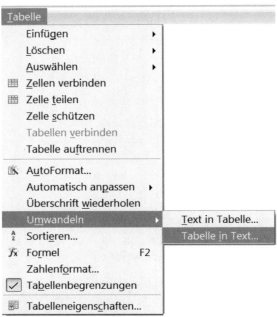

➢ Im Dialogfeld kannst du alles so lassen, wie es ist, es genügt einfach nur, auf OK zu klicken.

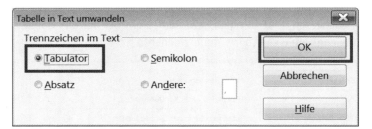

Und schon ist aus der Tabelle wieder normaler Text geworden – mit Tabulatoren. Nun musst du dich entscheiden: Wenn du die Tabelle wiederhaben willst, genügt ein einfaches RÜCKGÄNGIG (bzw. Strg + Z).

Fußnoten und Endnoten

Springen wir vom Ende erst mal wieder an den Anfang. Dort bleiben wir aber nicht, sondern wir picken uns jetzt die Zitate heraus. So, wie die da im Referat stehen, ist es im Prinzip in Ordnung. Für ein einfaches Referat reicht das, der zitierte Text müsste nicht mal besonders formatiert werden,

Fußnoten und Endnoten

Hauptsache er ist in Anführungsstriche gefasst und dahinter ist die Quelle vermerkt.

Zitat und Quelle

Auch bei einem umfangreicheren Referat oder einer Prüfungsarbeit von beispielsweise 20 bis 50 Seiten könnte man so zitieren. Eleganter ist aber eine andere Lösung, die ich dir jetzt vorstellen möchte – vor allem, wenn du mal eine ganze Menge Zitate in einem Text hast.

➢ Setze den Textcursor direkt hinter das Ende des Zitats.

> **Einleitung**
>
> Alles an und in einem PC, was du anfassen kannst, wird als Hardware bezeichnet. Und das, was dafür sorgt, dass der Computer läuft bzw. die Anwendungen, die du darauf starten kannst, nennt man Software.
>
> Oder anders ausgedrückt: *"Während die harte Ware sozusagen Knochen, Fleisch und Blut deines Computers ist, so kann man die weiche Ware als Geist und Seele eines Computers ansehen."* Ein PC ohne Software ist also nicht viel wert (auch wenn er eine Menge Geld gekostet hat).

➢ Klicke nun auf EINFÜGEN und FUSS-/ENDNOTE.

➢ Im folgenden Dialogfeld kontrollierst du, dass unter NUMMERIERUNG AUTOMATISCH und unter ART FUSSNOTE eingestellt ist. Dann klickst du auf OK.

Kapitel 5 — Textgestaltung

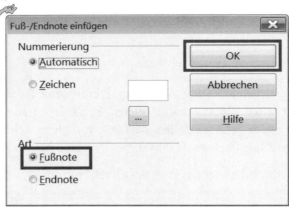

Du musst schon genau hinschauen, was da passiert ist. Du schaust auf das untere Ende der Seite, in der das Zitat steht. Dorthin kommt jetzt die Quellenangabe:

> Programme bestehen aus Anweisungen, die ein Computer ausführen kann. Also sind Anwendungen, Spiele, Treiber und andere Hilfsmittel Programme. Der Hauptprozessor im Computer sorgt dafür, dass die Programme ausgeführt werden. Gegebenenfalls überlässt er einiges an Arbeit anderen Prozessoren (z.B. im Chipsatz oder auf der Grafik- oder Soundkarte).
>
> ---
> 1 G. Zhong, Yang-Yin im PC, S.33

Und jetzt blättern wir einmal weiter nach oben zurück zum Zitat. Auch hier ist die Änderung vielleicht nicht sofort zu erkennen: Eine kleine Eins steht direkt hinter dem Zitat. Sie ist mit dem Text ganz unten verbunden. Zusammen heißt das *Fußnote*.

> ### *Einleitung*
>
> Alles an und in einem PC, was du anfassen kannst, wird als Hardware bezeichnet. Und das, was dafür sorgt, dass der Computer läuft bzw. die Anwendungen, die du darauf starten kannst, nennt man Software.
>
> Oder anders ausgedrückt: "Während die harte Ware sozusagen Knochen, Fleisch und Blut deines Computers ist, so kann man die weiche Ware als Geist und Seele eines Computers ansehen."1 Ein PC ohne Software ist also nicht viel wert (auch wenn er eine Menge Geld gekostet hat).

Schauen wir uns das nächste Zitat an. Hier machen wir es genauso wie eben, womit das Ganze dann so aussieht (es wurde automatisch weiternummeriert):

Fußnoten und Endnoten

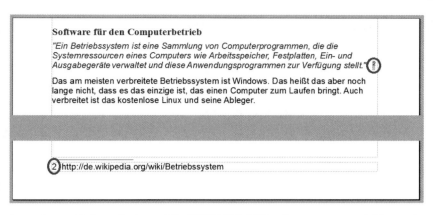

In meinem kleinen Referat (→ REFERAT8.ODT) gibt es nur zwei Zitate, in Prüfungsarbeiten kann es aber davon wimmeln. In OpenOffice werden sie alle durchnummeriert, wenn man das so will.

Extra-Erklärung

Fußnoten nutzt man nicht nur für Zitate, man könnte damit auch etwas näher erläutern. Nehmen wir als Beispiel die Überschrift »Browser und E-Mail«. Die meisten wissen, was das ist, aber nicht unbedingt alle, die dein Referat hören oder lesen. Da könnte eine kleine Anmerkung angebracht sein, z. B. als Fußnote, auch weil eine Erläuterung direkt hinter einer Überschrift nicht passt.

Und so sieht das bei mir aus, nachdem ich eine dritte Fußnote erstellt habe:

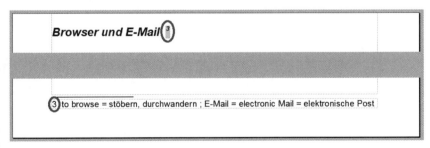

Am Fuß oder ganz am Ende?

Manchmal ist es vielleicht günstiger, die Quellen aller Zitate zu sammeln und erst ganz am Ende eines Referats aufzuführen. Das kannst du in manchen Büchern sehen. Auf den allerletzten Seiten sind dort sämtliche Hinweise aufgeführt. Das geht natürlich auch in unserem Referat (→ REFERAT9.ODT).

≫ Setze den Textcursor direkt hinter die Stelle, zu der es eine Quellenangabe oder eine Anmerkung geben soll.

≫ Klicke nun auf EINFÜGEN und FUSS-/ENDNOTE.

Kapitel Textgestaltung

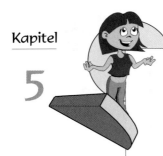

5

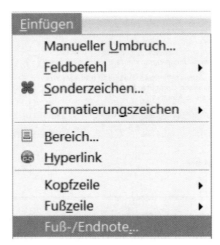

> Im folgenden Dialogfeld musst du jetzt dafür sorgen, dass unter ART ENDNOTE eingestellt ist. Dann klickst du auf OK.

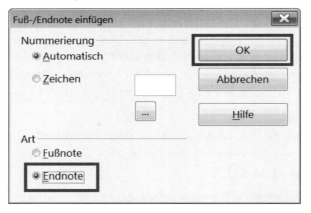

Das Symbol für die Nummerierung sieht jetzt ein bisschen anders aus, statt Zahlen verwendet OpenOffice die Zeichenfolge »i«, »ii« und so weiter.

Das aber lässt sich so ändern, dass man letztendlich am Symbol nicht erkennen kann, ob es sich um einen Anker für eine Fußnote oder eine Endnote handelt. Das sieht man nur, wenn man die Anmerkungen sucht. Die sind nämlich jetzt ganz ans Ende des Dokuments gerutscht:

Fußnoten und Endnoten

```
i   G. Zhong, Yang-Yin im PC, S.33
ii  http://de.wikipedia.org/wiki/Betriebssystem
iii to browse = stöbern, durchwandern ; E-Mail = electronic Mail = elektronische Post
```

Noten-Format

Wenn du an den Fuß- und Endnoten noch etwas nachbessern willst, dann gibt es dafür einen Eintrag im EXTRAS-Menü.

➤ Klicke auf EXTRAS und FUSS-/ENDNOTEN.

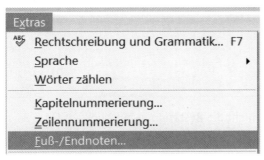

Im Dialogfeld gibt es zwei Register. Unter ENDNOTEN lässt sich u.a. eine andere Art der Nummerierung einstellen, also z.B. so eine, wie bei den Fußnoten gewohnt.

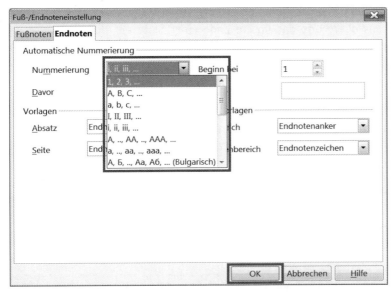

Auch unter FUSSNOTEN ist die Nummerierung wählbar. Außerdem kannst du mit einem Klick Fußnoten in Endnoten verwandeln:

Kapitel

Textgestaltung

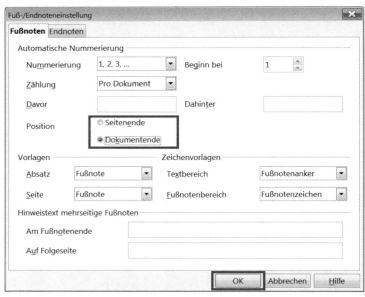

> Vergiss am Schluss nicht die Bestätigung mit Klick auf OK.

Kopf- und Fußzeilen

Kopfnoten gibt es hier keine (die gibt es nur in manchen Bundesländern, wenn die Schule die Zeugnisse verteilt). Aber wir schauen uns jetzt mal jeweils das obere und das untere Ende einer Seite an. Normalerweise ist das leer (oder auf Papier weiß). Aber wäre es nicht praktisch, zumindest bei einem längeren Referat anzuzeigen, auf welcher Seite man sich gerade befindet?

Das erledigt doch schon OpenOffice, wirst du sagen. Stimmt, ganz unten am Fensterrand wird tatsächlich angezeigt, auf welcher von wie vielen Seiten man sich befindet. Bei der letzten Fassung meines Referats (mit den Endnoten) also z.B. auf 1 von 7:

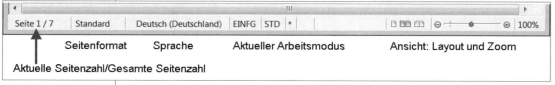

Hier in der *Statusleiste* wird noch einiges mehr angezeigt, u.a. kannst du ganz rechts die Ansicht deines Dokuments vergrößern und verkleinern.

Kopf- und Fußzeilen

Am schönsten wäre es aus meiner Sicht, wenn direkt auf den Seiten auch die aktuellen Seitenzahlen auftauchen. Das bedeutet, dass sie bei einem Ausdruck des Referats dann auch auf den Papierseiten stehen. Und das wäre doch sicher wünschenswert. Bleiben wir beim »Seitenfuß« und verpassen wir dem Dokument (→ REFERAT9.ODT) eine Seitenanzeige.

➢ Klicke auf EINFÜGEN und dann auf FUSSZEILE. Im kleinen Zusatzmenü klicke auf ALLE.

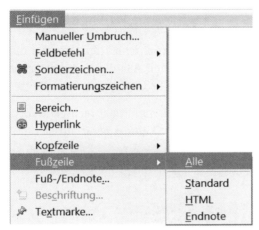

Unten am Rand der aktuellen Seite siehst du eine freie Stelle mit Textcursor. Dort kannst du nun etwas eintippen.

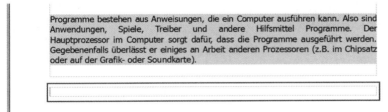

Seitennummerierung

Eine Möglichkeit wäre nun dein Name. Der würde dann auf allen Seiten des Referats zu sehen sein. Wir aber wollen jetzt die aktuelle Seitenzahl unterbringen.

➢ Dazu klickst du erneut auf EINFÜGEN und diesmal auf FELDBEFEHL. Im Zusatzmenü wählst du den Eintrag SEITENNUMMER.

Kapitel 5 — Textgestaltung

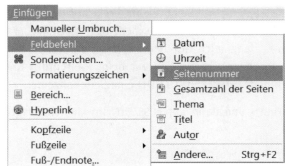

Wenn du nun die Seiten deines Dokuments durchblätterst, findest du unten in der Fußzeile die aktuelle Seitennummer. Allerdings immer schön brav ganz links. Ich finde es schöner, wenn die Seitennummer in der Mitte steht.

➤ Das lässt sich direkt einstellen, wenn du mit der rechten Maustaste in die Fußzeile klickst und dann im Kontextmenü AUSRICHTUNG und ZENTRIERT auswählst.

Name und Titel als Kopfzeile

Nun fehlt uns noch etwas für die Kopfzeile. Nein, wir müssen dort nichts eintragen. Bei Prüfungsarbeiten ist es allerdings durchaus nicht unerwünscht, dass dort zum Beispiel die aktuelle Kapitelüberschrift steht. Oder der Autor (mit oder ohne E-Mail-Adresse). Oder ein Datum. Wir probieren das einfach mal aus.

➤ Klicke auf EINFÜGEN und dann auf KOPFZEILE. Im kleinen Zusatzmenü klicke auf ALLE.

Inhaltsverzeichnis erstellen

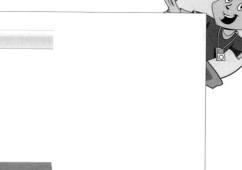

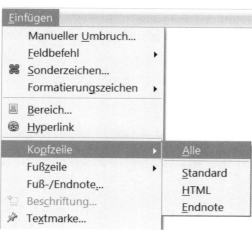

Und schon taucht ganz oben am Seitenrand eine freie Stelle mit Textcursor auf.

≫ Tippe deinen Namen und den Titel deines Referats ein. Bei mir sieht das dann (auf allen Seiten) so aus:

Inhaltsverzeichnis erstellen

Auch wenn unser Beispielreferat nur wenige Seiten umfasst, so wird eine richtige dicke Prüfungsarbeit so umfangreich sein, dass hier ein *Inhaltsverzeichnis* auf jeden Fall dem Leser einen guten Überblick verschaffen kann.

Und nun kommen die Zeilen ins Spiel, die wir als ÜBERSCHRIFT formatiert haben. OpenOffice kann nämlich daraus automatisch ein Inhaltsverzeichnis mit den passenden Seitenangaben erstellen.

≫ Klicke dazu direkt hinter den Titel »Software« und drücke dann die ⏎-Taste. Damit hast du eine freie Stelle geschaffen, an der wir das Inhaltsverzeichnis einfügen können.

Kapitel 5 — Textgestaltung

» Klicke jetzt auf EINFÜGEN und dann auf VERZEICHNISSE. Es erscheint ein Zusatzmenü, in dem du noch mal auf den Eintrag VERZEICHNISSE klicken musst.

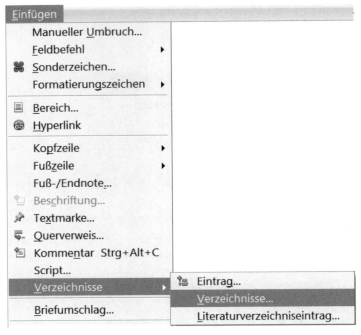

» Im Dialogfeld landest du im Register VERZEICHNISSE. Lass dort einfach alles so, wie es ist, und klicke nur auf OK. (Natürlich kannst du hier auch einiges verändern, wenn du willst.)

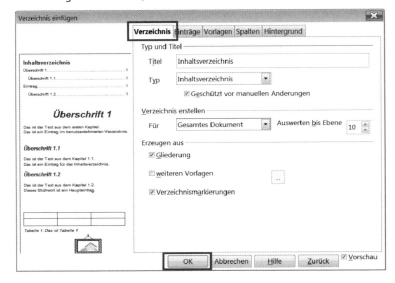

Inhaltsverzeichnis erstellen

Anschließend findest du direkt unter dem Titel das Inhaltsverzeichnis (→ REFERAT10.ODT). Voraussetzung für Unterverzeichnisse ist, dass nicht alle Überschriften gleich formatiert wurden. Bei mir gibt es drei Ebenen (ÜBERSCHRIFT 1 bis ÜBERSCHRIFT 3).

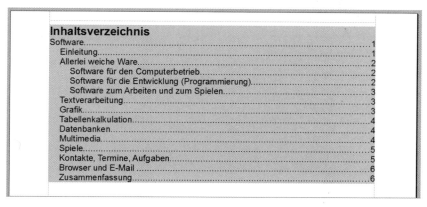

Titel und Inhalt

Wir sollten jetzt das Referat ein bisschen aufhübschen. Dazu gönnen wir dem Titel und dem Inhaltsverzeichnis jeweils eine eigene Seite. Außerdem muss der Titel nicht im Inhalt extra aufgeführt werden. Deshalb bekommt er ein anderes Format.

» Markiere den Titel deines Referats (hier wäre es das Wort »Software«). Dann klicke auf FORMAT und FORMATVORLAGEN.

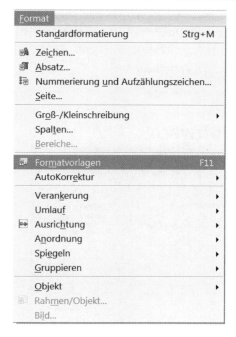

Kapitel | Textgestaltung

5

➢ Suche in den Absatzformaten nach dem Eintrag TITEL. (Achte darauf, dass ganz unten ALLE VORLAGEN eingestellt ist.) Dann doppelklicke auf den Eintrag.

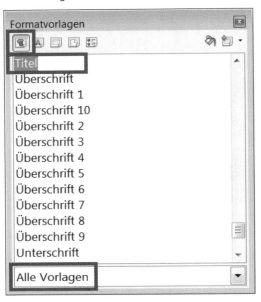

Ich habe bei der Gelegenheit das Titel-Format gleich geändert: deutlich größere Schrift und dunkelblaue Farbe (→ REFERAT10.ODT). (Wie du dich erinnerst, geht das über rechten Mausklick und ÄNDERN.)

➢ Anschließend kannst du das Listenfenster wieder zumachen. Nun klicke mit der *rechten* Maustaste ins Inhaltsverzeichnis und im Kontextmenü auf VERZEICHNIS AKTUALISIEREN. Und schon ist der Eintrag »Software« aus dem Verzeichnis verschwunden.

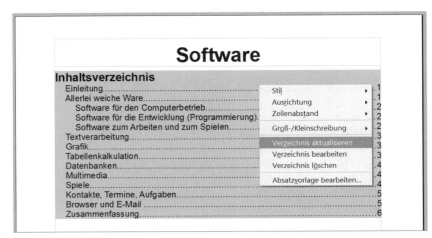

Inhaltsverzeichnis erstellen

Seitenumbruch

Damit »hängt« aber alles immer noch zusammen mit dem übrigen Text.

» Deshalb setze den Textcursor direkt hinter den Titel deines Referats. Dann klicke auf EINFÜGEN und auf MANUELLER UMBRUCH.

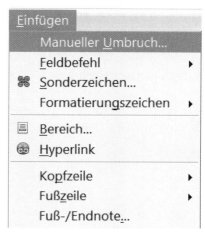

» Im Dialogfeld wählst du SEITENUMBRUCH.

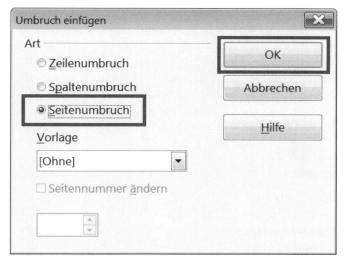

Über dieses Dialogfeld lassen sich auch Zeilenumbrüche einfügen. Du erinnerst dich? Wenn du die Tastenkombination ⇧+↵ drückst, geht es in einer neuen Zeile weiter, man nennt das Zeilenumbruch.

Bei Seitenumbrüchen geht es auf einer neuen Seite weiter. Auch dazu gibt es eine Tastenkombination: Strg+↵.

Kapitel 5

Textgestaltung

> Spaltenumbrüche sind dann sinnvoll, wenn du einen Text auf einer Seite in mehrere Spalten aufteilen willst – was sich in einem Referat aber nicht empfiehlt.

Nun hat der Titel seine eigene Seite. Wenn du willst, kannst du ihn noch mehr in die Mitte rücken, indem du den Textcursor vor den ersten Buchstaben setzt und mehrmals die ⏎-Taste drückst.

➢ Wiederhole das Ganze jetzt für das Inhaltsverzeichnis.

Alles im Blick?

Das Ergebnis sollten wir uns in der Seitenansicht anschauen.

➢ Klicke dazu auf DATEI und SEITENANSICHT.

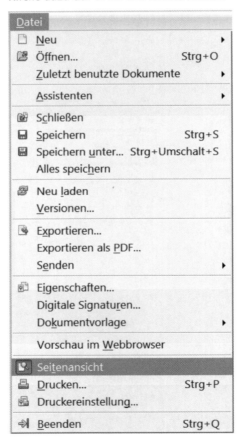

Nun siehst du schön einträchtig nebeneinander je eine Seite mit dem Titel und dem Inhalt.

Stichwörter sammeln

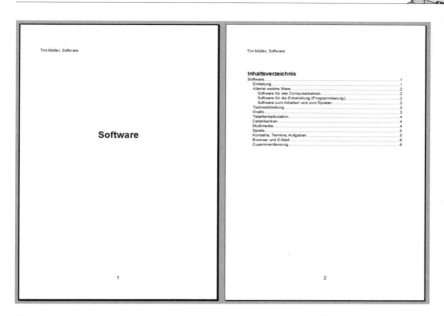

Wenn du willst, kannst du dich hier durch das Referat blättern.

➢ Dazu klickst du ganz rechts unten auf die doppelten Pfeilsymbole am rechten Rand.

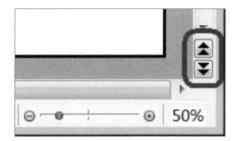

➢ Und schließen kannst du die Seitenansicht oben über die gleichlautende Schaltfläche.

Stichwörter sammeln

Jetzt machen wir einen Riesensatz ans Ende des Referats. Nein, noch nicht. Da sollte eigentlich der *Index* hin. So nennt man das *Stichwortverzeichnis*.

Um ein solches Verzeichnis erstellen zu können, muss man erst mal Stichwörter haben. Oder anders ausgedrückt: OpenOffice muss die Wörter erkennen können, die als Stichwörter infrage kommen. Während das beim

Kapitel 5 — Textgestaltung

Inhaltsverzeichnis kein Problem war (da hat OpenOffice einfach nach allem gesucht, was als Überschrift formatiert war), geht das hier nicht so einfach.

Wir müssen also erst einmal alle Wörter markieren und kennzeichnen, die in den Index sollen. Also los.

➤ Beginne direkt nach dem Inhaltsverzeichnis mit der Suche nach einem Wort, das du für wichtig genug hältst, um im Stichwortverzeichnis aufgeführt zu werden.

Ein Wort aufnehmen

Ich fange mal mit dem Wort »Hardware« an.

> **Einleitung**
>
> Alles an und in einem PC, was du anfassen kannst, wird als Hardware bezeichnet. Und das, was dafür sorgt, dass der Computer läuft bzw. die Anwendungen, die du darauf starten kannst, nennt man Software.
>
> Oder anders ausgedrückt: *"Während die harte Ware sozusagen Knochen, Fleisch und Blut deines Computers ist, so kann man die weiche Ware als Geist und Seele eines Computers ansehen."* Ein PC ohne Software ist also nicht viel wert (auch wenn er eine Menge Geld gekostet hat).

➤ Klicke jetzt auf EINFÜGEN und VERZEICHNISSE, dann auf EINTRAG.

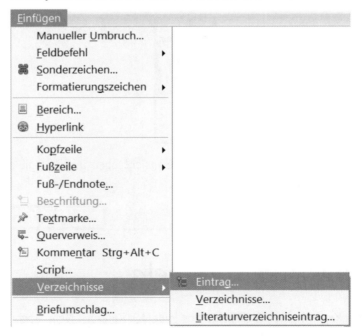

➤ Im folgenden Dialogfeld musst du eigentlich nur kontrollieren, ob hinter EINTRAG das markierte Wort steht (hier ist es »Hardware«) und darüber das Stichwortverzeichnis eingestellt ist, dann klickst du auf EINFÜGEN.

Stichwörter sammeln

Wenn das betreffende Wort eine sichtbare Marke erhält, dann ist es in den Index aufgenommen.

Das Ganze wiederholst du jetzt mit anderen Wörtern des Referats.

Dabei kannst du das Dialogfeld mit dem Titel VERZEICHNISEINTRAG EINFÜGEN geöffnet lassen. Du musst nur ein Wort markieren (geht auch mit Doppelklick auf das Wort im Text), dann klickst du in das Dialogfeld und schon erscheint das betreffende Wort hinter EINTRAG. Und mit einem Klick auf EINFÜGEN kommt es in die Liste.

Wenn du fertig bist, schließe das Dialogfeld, indem du auf SCHLIESSEN klickst.

Kapitel 5 — Textgestaltung

Zum Schluss kommen so einige Wörter zusammen (→ REFERAT11.ODT). Dann können wir uns darum kümmern, dass das Stichwortverzeichnis ins Referat kommt. Und zwar entweder direkt hinter die Zusammenfassung – auch wieder auf eine Extraseite. Oder hinter die Endnoten. Ganz wie du willst.

Den Index einfügen

» Zum Einfügen des Index klicke auf EINFÜGEN und VERZEICHNISSE, dann auf VERZEICHNISSE.

Und es erscheint ein schon bekanntes Dialogfeld. Wir brauchen auch hier wieder das Register VERZEICHNISSE.

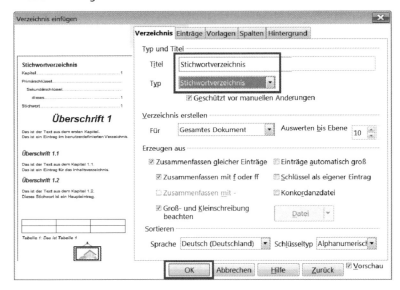

Suchen und Ersetzen

➤ Klicke hinter TYP auf das kleine Dreieck und wähle STICHWORT-VERZEICHNIS statt INHALTSVERZEICHNIS aus. Dann klicke auf OK.

Anschließend findest du im Referat deine Stichwortliste.

Stichwortverzeichnis

Anwendung	3
Applikation	3
Betriebssystem	4
Browser	7
Datenbank	5
E-Mail	7
Entwicklungsumgebung	3
Grafikprogramm	5
Hardware	3
Hyperlink	7
Multimedia	6
Organisations-Software	7
Programm	3
Software	3
Surfen	7
Tabellenkalkulation	5
Textverarbeitung	4
Web	7
WWW	7

Suchen und Ersetzen

Damit wäre das Referat eigentlich fertig. Eigentlich heißt noch nicht unbedingt endgültig. Zunächst findest du in deinem Text sicher noch diese oder jene Formulierung, die du ändern möchtest. Oder du willst dein Referat anders formatieren, die Schriftart lieber noch mal ändern oder die Breite der Seitenränder (oder beides).

Bei meinem Referat, das eigentlich ein Kapitel ist, das ich mir aus einem meiner letzten Bücher geklaut habe, habe ich das Ganze etwas zusammengekürzt und umformuliert. Aber immer noch steht dort ein »Du« als Anrede. Nicht jedem wird das gefallen. Für ein Kids-Buch wäre das in Ordnung, aber sagt man bei einem Referat nicht eher »man« statt »Du«?

Um das zu ändern, müsste man alle »Dus« durch »Mans« ersetzen. Mit Hilfe von OpenOffice wird dieses Problem schon mal kleiner. Probieren wir's gleich aus (→ REFERAT12.ODT):

➤ Klicke auf BEARBEITEN und dann auf SUCHEN & ERSETZEN.

Kapitel 5 — Textgestaltung

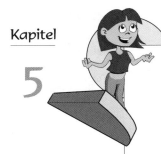

➢ Im Dialogfeld gib hinter SUCHEN NACH das Wort du ein. Am besten sorgst du außerdem dafür, dass zusätzlich die Option NUR GANZE WÖRTER aktiviert ist, sonst werden auch alle Wörter gefunden, in denen die Zeichenfolge »d-u« vorkommt. Dann klicke auf SUCHEN.

Dann kannst du dir anschauen, wo OpenOffice das erste »du« gefunden hat. (So schön umkringelt wie bei der Abbildung ist es dort natürlich nicht, aber es ist zu erkennen, wo die »Dus« stehen.)

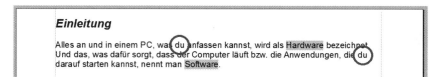

Suchen und Ersetzen

> Mit SUCHE ALLE kannst du alle gesuchten Stellen auf einmal markieren lassen. Groß- und Kleinschreibung spielt erst mal keine Rolle, außer du stellst es direkt unter den Optionen ein. Über MEHR OPTIONEN kannst du das Dialogfeld erweitern, um z. B. gezielt nach Formaten zu suchen.

➢ Da hier ja das Wort »du« durch »man« ersetzt werden soll, tippst du jetzt zusätzlich hinter ERSETZEN DURCH man ein. Dann klickst du diesmal auf ERSETZEN. Und wenn du dich traust, kannst du auch ERSETZE ALLE anklicken. (Das Ganze lässt sich ja auch wieder rückgängig machen.)

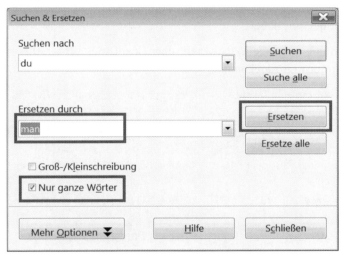

Bei mir wurden über 30 Stellen ersetzt, hier ist der erste Absatz:

> **Einleitung**
>
> Alles an und in einem PC, was (man) anfassen kannst, wird als Hardware bezeichnet. Und das, was dafür sorgt, dass der Computer läuft bzw. die Anwendungen, die (man) darauf starten kannst, nennt man Software.

Natürlich gibt es jetzt Probleme mit der Grammatik. »was man anfassen kannst« und »die man darauf starten kannst« ist nun falsch geworden. Das lässt sich leicht ändern, indem du von Hand die »kannst« in »kann« umwandelst. Das ließe sich aber auch wieder über SUCHEN UND ERSETZEN erledigen, dabei aber diesmal auf keinen Fall mit Hilfe von ERSETZE ALLE!

> **Einleitung**
>
> Alles an und in einem PC, was man anfassen kann, wird als Hardware bezeichnet. Und das, was dafür sorgt, dass der Computer läuft bzw. die Anwendungen, die man darauf starten kann, nennt man Software.

An einigen Stellen gibt es auch noch ein »dich« oder »dir« auszubessern. Trotz der nützlichen Suchen- und Ersetzen-Funktion von OpenOffice (und der ebenso hilfreichen Rechtschreibkontrolle) bleibt dir die Arbeit am letzten Schliff nicht erspart. Und die kann manchmal ganz schön mühsam sein.

Zusammenfassung

Puh, da gibt es ja viel zu beachten, bis man aus einer Riesenmenge von Buchstaben, Zahlen und Zeichen ein ansehnliches Referat erstellt hat. Natürlich ist der Inhalt das Wichtigste, richtig aufgewertet aber wird das Ganze durch die richtige Verpackung. Und dafür sollte sich dann die ganze Mühe auch gelohnt haben.

Du weißt nun eine ganze Menge mehr über OpenOffice Writer. Dieses Wissen ist hier noch hinzugekommen:

Markierten Text in eine Tabelle umwandeln	Klicke auf TABELLE/UMWANDELN/TEXT IN TABELLE.
Markierte Tabelle in normalen Text umwandeln	Klicke auf TABELLE/UMWANDELN/TABELLE IN TEXT.
Marke setzen und Fuß- oder Endnote einfügen	Klicke auf EINFÜGEN und FUSS-/ENDNOTE.
Kopf- oder Fußzeile einfügen	Klicke auf EINFÜGEN und KOPFZEILE oder FUSSZEILE.
Seiten nummerieren	Klicke auf EINFÜGEN/FELDBEFEHL und SEITENNUMMER.
Seite umbrechen	Klicke auf EINFÜGEN/MANUELLER UMBRUCH und SEITENUMBRUCH.
Inhaltsverzeichnis (aus Überschriften) erstellen	Klicke auf EINFÜGEN/VERZEICHNISSE und VERZEICHNISSE/INHALTSVERZEICHNIS.
Stichwortverzeichnis (aus gekennzeichneten Wörtern) erstellen	Klicke auf EINFÜGEN/VERZEICHNISSE und VERZEICHNISSE/STICHWORTVERZEICHNIS.
Markierten Text als Stichwort kennzeichnen	Klicke auf EINFÜGEN/VERZEICHNISSE und EINTRAG.
Textstellen suchen	Klicke auf BEARBEITEN/SUCHEN & ERSETZEN und SUCHEN (SUCHE ALLE).
Textstellen ersetzen	Klicke auf BEARBEITEN/SUCHEN & ERSETZEN und ERSETZEN (ERSETZE ALLE).

Und damit endet deine Arbeit an OpenOffice Writer fürs Erste. Im nächsten Kapitel geht es weiter mit Tabellen.

Fragen und Aufgaben

Fragen und Aufgaben

1. Wie verwandelt man einen markierten Text in eine Tabelle?
2. Was ist der Unterschied zwischen Fußnoten und Endnoten?
3. Erkläre auch den Unterschied zwischen Kopf- und Fußzeile.
4. Ändere dein Referat so um, dass du in Kopf- und Fußzeile das aktuelle Datum und die aktuelle Zeit einsetzt.
5. Irgendwie ist man auf deine Begabung aufmerksam geworden. Und nun bittet dich der Bürgermeister, für ihn eine Rede zu schreiben. Die will er auf dem Fest halten, an dem die Schüler verabschiedet werden, die die Schule mit einem Abschluss verlassen. Traust du dich da ran?

Teil II: Zahlenteppiche mit OpenOffice Calc

6

Zellen mit Zahlen

Hast du einen Taschenrechner? So ein nettes kleines Ding mit bunten Tasten und einer Anzeige für die Zahlen, die du eingetippt hast bzw. die der Rechner ausspuckt. Schlaue Leute bezeichnen dieses Gerät auch als Kalkulator. Und daher kommt auch der Name für das Werkzeug, das OpenOffice dazu anbietet, kurz Calc genannt. (Mit Kalk im Sinne von Verkalkung hat das nichts zu tun.)

Vorwiegend geht es hier um Kalkulation, und das in Tabellenform. Und auf jeden Fall ist Mathematik angesagt. Aber das Kalkulationsmodul von OpenOffice kann nicht nur rechnen.

In diesem Kapitel lernst du

- wie man die Spaltenbreite und Zeilenhöhe einer Zelle ändert,
- etwas über Schrift und Ausrichtung in einer Zelle,
- wie du Formeln einsetzt und kopierst,
- wie du dir das Ausfüllen erleichtern kannst,
- etwas über Zellenadressen und Zellenbezüge.

Kapitel **Zellen mit Zahlen**

6 Die erste Tabelle

Nachdem du OpenOffice gestartet hast, suchst du dir im Auswahlfeld den Eintrag TABELLENDOKUMENT aus und klickst darauf.

Kurze Zeit später landest du im Fenster von *OpenOffice Calc*.

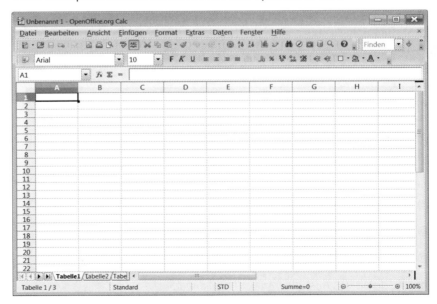

Diesmal erwartet dich keine weiße Fläche wie beim Writer, sondern ein gitterartiges Muster, das dir allerdings nicht völlig fremd vorkommen sollte.

Bevor wir damit arbeiten (können), bin ich dir eine Erläuterung schuldig. Die ganze Tabelle ist in Zeilen und Spalten unterteilt. Dadurch entstehen zahlreiche zusammenhängende *Zellen*. Jede Zelle bekommt eine Adresse.

Die erste Tabelle

Das ist so ähnlich wie die Straße und Nummer, unter der das Haus zu finden ist, in dem du wohnst. Statt einer Straße werden hier aber nur einfache Buchstaben benutzt.

Jede Zelle bekommt die Nummer der Zeile, in der sie sitzt, und den Buchstaben der zugehörigen Spalte. Doch während die Nummerierung keine wirklichen Grenzen kennen muss, ist das Alphabet bei »Z« zu Ende. Deshalb geht die Zählung dann mit »AA«, »AB« weiter. (OpenOffice macht aber auch bei »ZZ« noch lange nicht Schluss, womit also auch hier fast endlos viele Spalten möglich sind.)

> Und das ist nicht alles: Wenn du mal ganz nach unten schaust, dann siehst du drei kleine Tabellenreiter, auf denen die Namen TABELLE1, TABELLE2, TABELLE3 steht.
>
>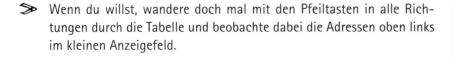
>
> Klickst du darauf, kommst du zu zwei weiteren Tabellenblättern. Und bei Bedarf lassen sich auch neue Tabellen hinzufügen. Man kann also in einem einzigen Dokument gleich einen ganzen Packen Tabellen unterbringen.

➢ Wenn du willst, wandere doch mal mit den Pfeiltasten in alle Richtungen durch die Tabelle und beobachte dabei die Adressen oben links im kleinen Anzeigefeld.

Kapitel 6 — Zellen mit Zahlen

Auf jeden Fall könnte unsere Tabelle sehr, sehr groß werden, was aber in der Regel gar nicht erwünscht ist, weil man da doch irgendwann den Überblick verlieren kann.

Mir sind die Zellen noch etwas zu mickrig, die angebotene Schriftgröße ist mir zu klein. Wenn du zufrieden bist, lass alles so, wie es ist. Ansonsten solltest du deinen Arbeitsbereich verändern (→ TABELLE1.ODS).

Spaltenbreite ändern

Zuerst einmal muss etwas markiert werden. Da ich die *Spaltenbreite* ändern möchte, muss ich die betreffenden Spalten komplett markieren. Doch wie soll das gehen? Wer weiß, wie viele Zeilen es da nach unten geht.

➤ Zeige mit der Maus oben auf den Namen der ersten Spalte (also auf das »A«). Dann drücke die linke Maustaste und ziehe die Maus *horizontal* bis zu der letzten Spalte, deren Breite du ändern willst (bei mir ist es »F«).

Wenn du die Maustaste wieder loslässt, sind die Spalten bis zum unteren (für dich nicht sichtbaren) Ende markiert.

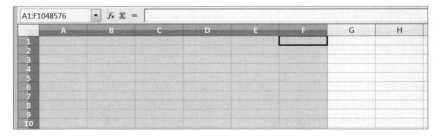

Die erste Tabelle

> Klicke jetzt mit der rechten Maustaste in die markierte oberste Zeile (mit den Buchstaben). Ein Kontextmenü öffnet sich. Dort klickst du auf SPALTENBREITE.

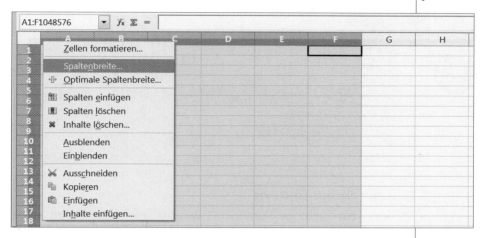

> Im Dialogfeld gibst du hinter BREITE einen Wert ein (z. B. 3,00cm) und klickst dann auf OK.

Die markierten Spalten haben sich auf den von dir eingestellten Wert verbreitert (hast du einen Wert eingegeben, der kleiner war als der Standardwert, dann werden die Spalten natürlich schmaler).

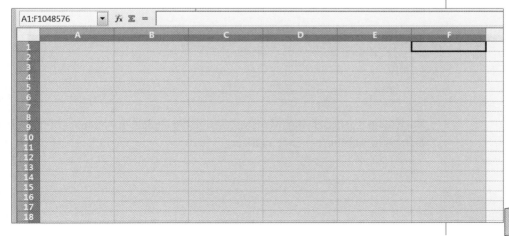

Kapitel 6 — Zellen mit Zahlen

Eine Alternative zum Einstellen der Spaltenbreite führt über das FORMAT-Menü und die Einträge SPALTE und BREITE.

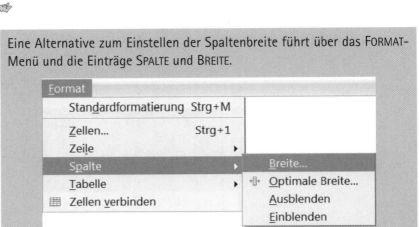

Zeilenhöhe ändern

Und weiter geht es. Nun ändern wir die *Zeilenhöhe*. Hierzu müssen die betreffenden Zeilen komplett markiert sein.

> Zeige jetzt mit der Maus oben auf die Nummer der ersten Zeile (also auf die »1«). Dann drücke die linke Maustaste und ziehe die Maus *vertikal* bis zu der letzten Zeile, deren Höhe du ändern willst (z. B. bei Nummer 10 bis 15).

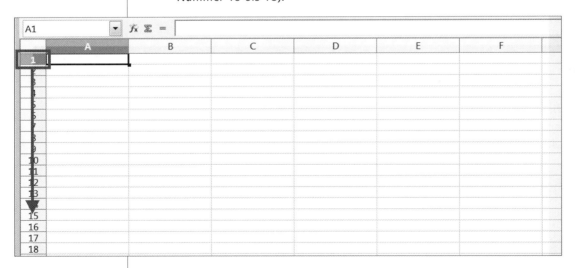

Nach dem Loslassen der Maustaste sind die Zeilen bis zum rechten (für dich nicht sichtbaren) Ende markiert.

Die erste Tabelle

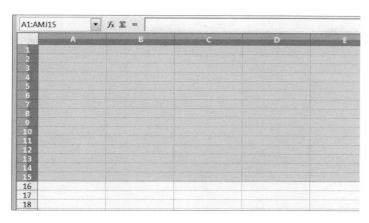

» Mit der rechten Maustaste klickst du nun in die markierte Spalte ganz links (mit der Nummerierung). Ein Kontextmenü öffnet sich. Dort klickst du auf ZEILENHÖHE.

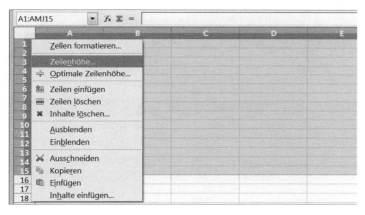

» Im Dialogfeld gibst du hinter HÖHE einen Wert ein (z. B. 0,60cm) und klickst dann auf OK.

Die markierten Zeilen haben sich auf den von dir eingestellten Wert vergrößert (bei Eingabe eines kleineren Wertes werden die Zeilen natürlich schmaler).

Kapitel 6 | Zellen mit Zahlen

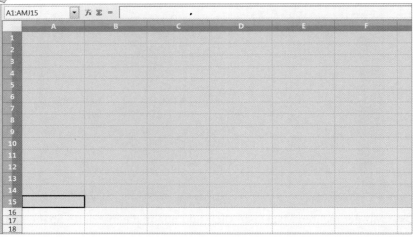

Auch für das Einstellen der Zeilenhöhe gibt es eine Alternative: Im FORMAT-Menü benötigst du die Einträge ZEILE und HÖHE.

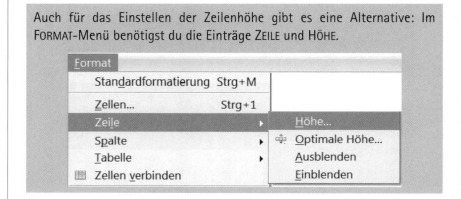

Schrift und Ausrichtung

Nun gibt es einen bestimmten Bereich in dieser (schier endlos großen) Tabelle, in dem alle Zellen die gleiche Breite und die gleiche Höhe haben. Hier finden demnächst unsere ersten Eingaben und Berechnungen statt.

Natürlich lässt sich auch für jede Zeile und jede Spalte einzeln die Breite bzw. Höhe einstellen. Was nicht geht: Einer einzelnen Zelle eigene Maße zuzuweisen, in ihrer Breite und Höhe muss sich eine Zelle schon an ihre jeweiligen Nachbarn anpassen: Alle Zellen einer Zeile sind gleich hoch, alle Zellen einer Spalte sind gleich breit. Man kann allerdings mehrere Zellen zu einer (größeren) verbinden.

Ich möchte für unseren (kleinen) Arbeitsbereich noch ein paar weitere Einstellungen vornehmen.

➤ Markiere den Bereich von Zeile 1 bis 15 und von Spalte A bis F.

Die erste Tabelle

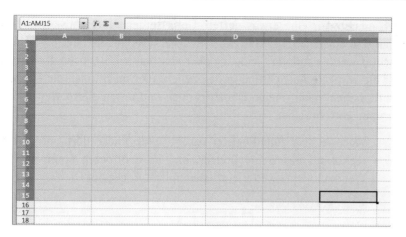

> Klicke auf FORMAT und dann auf ZELLEN.

> Im Dialogfeld wechselst du zum Register SCHRIFT. Dort solltest du die Größe (SCHRIFTGRAD) in 12 ändern. Wenn du willst, kannst du auch die SCHRIFTART ändern. Wenn dir das genügt, klicke auf OK.

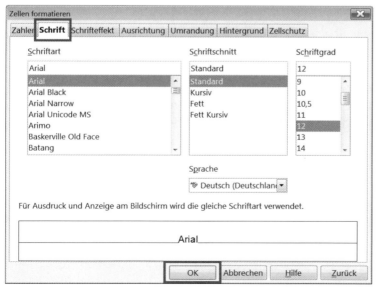

Kapitel 6 — Zellen mit Zahlen

Ich möchte für eine etwas nettere Optik sorgen. Unter AUSRICHTUNG lässt sich u.a. einstellen, ob der Text horizontal links, rechts oder mittig ausgerichtet werden soll. Da bleibe ich aber erst mal bei STANDARD. Interessanter ist die vertikale Ausrichtung in den Zellen: Hier möchte ich die Einstellung MITTE haben, damit meine Eingaben oben und unten gleich weit vom Zellenrand entfernt sind.

➢ Wechsle also zum Register AUSRICHTUNG. Klicke dort unter VERTIKAL rechts auf das kleine Dreieck, und im geöffneten Menü auf MITTE. Wenn du nichts weiter einzustellen hast, klicke auf OK.

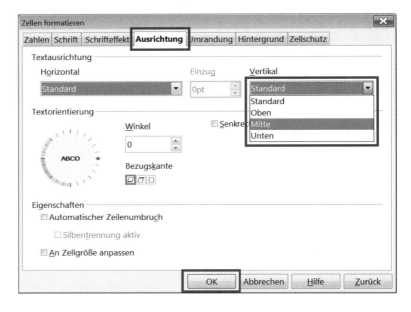

Unter STANDARD versteht man meistens links unten. In der Abbildung kannst du die verschiedenen horizontalen und vertikalen Ausrichtungen sehen. Probier es selber aus!

	Links	Zentriert	Rechts
Oben	Hallo	Hallo	Hallo
Mitte	Hallo	Hallo	Hallo
Unten	Hallo	Hallo	Hallo

Zensurenbild

Aber nun wird es Zeit zum Eintippen. Du kannst nun irgendwelche Zahlen eingeben oder du bedienst dich bei meinem Angebot. Hier sind vier Tests von Nele, die sie zuletzt im Fach Englisch geschrieben hat (→ TESTS1.ODS):

Meine Tests		Fach:	Englisch	
Ergebnis	75%	60%	85%	70%
Zensur	3	4	2	3

≫ Tippe diese Werte und die zugehörigen Textteile ein. Anschließend könnte die Tabelle dann so aussehen:

	A	B	C	D	E	F
1	Meine Tests		Fach:	Englisch		
2						
3	Ergebnis	75%	60%	85%	70%	
4	Note	3	4	2	3	
5						
6						
7						
8						
9						
10						

Wenn du nach jeder Eingabe die ↹-Taste drückst, springt die Zellenmarkierung eine Zelle weiter nach rechts. Mit ⇧+↹ geht es in die andere Richtung.

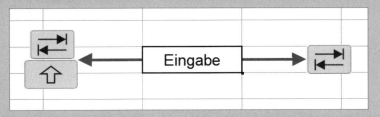

Du kannst auch jedes Mal mit der Maus in die Nachbarzelle klicken und dort mit der Eingabe fortfahren.

Grundsätzlich lassen sich auch die Pfeiltasten benutzen, um zellenweise durch die Tabelle zu wandern.

Kapitel 6

Zellen mit Zahlen

Willst du etwas löschen, kannst du auch hier die Tasten ⟵ und Entf benutzen. Allerdings funktionieren die beiden nicht immer so, wie du es z. B. aus der Textverarbeitung gewohnt bist. Es hängt davon ab, ob eine Zelle nur markiert oder aktiviert ist:

- *Markiert* wird eine Zelle mit einfachem Mausklick. Oder indem du die Markierung mit den Tasten zu einer Zelle bringst. Eine Markierung ist eindeutig an dem dicken Rahmen zu erkennen.

- *Aktiviert* wird eine Zelle mit doppeltem Mausklick. Oder indem du die Markierung mit den Tasten zu einer Zelle bringst und dann die Taste F2 drückst. Bei einer aktivierten Zelle muss man genau hinschauen: Da blinkt nur der Eingabecursor.

Ist eine Zelle aktiviert, so kannst du die Löschtasten wie üblich benutzen. Ist sie nur markiert, dann wird durch die ⟵-Taste der Inhalt gelöscht (also ein Text oder eine Zahl). Bei Verwendung der Taste Entf öffnet sich ein Dialogfeld.

Zensurenbild

> Dort kannst du einstellen, was genau du löschen willst. Wenn die Zelle völlig leer sein soll, kannst du ALLES LÖSCHEN wählen. Du kannst aber auch die vorgegebenen Einstellungen so lassen. Zur Bestätigung der Löschung klickst du auf OK.
>
> Im Zweifelsfall lässt sich ein Vorgang mit [Strg]+[Z] auch wieder rückgängig machen.

Formel mit »=«

So wie eine Auflistung von Zensuren kann man natürlich auch z.B. eine Aufgabenliste in Zellen einfügen, dann steht in der Tabelle nur Text. Man hätte hier sogar eine Bewerbung und einen Lebenslauf erstellen können. Das geht also auch in einer Tabellenkalkulation.

Die Stärke dieses Moduls von OpenOffice aber ist der Umgang mit Zahlen. Deshalb schauen wir mal, was wir mit den Testergebnissen von Nele anstellen können.

Der erste Gedanke, der mir kommt, ist es, den Mittelwert zu berechnen. Ich meine natürlich: berechnen zu lassen. Denn du wirst doch nicht im Ernst deinen Taschenrechner hervorkramen, um damit den Durchschnitt der vier Zensuren zu berechnen, oder? Na gut, das könnte man so machen: Die Spalte F ist ja dafür frei. Aber anstatt jetzt die Mittelwerte selber zu berechnen, sollten wir das besser Calc erledigen lassen.

➤ Klicke mit der Maus in die erste Zelle neben der letzten Prozentzahl. Das ist die Zelle mit der Adresse F3. Dieser Wert ist auch oben links in einem Anzeigefeld direkt über der Tabelle zu sehen.

F3		▼	ƒx Σ =			
	A	B	C	D	E	F
1	Meine Tests		Fach:	Englisch		
2						
3	Ergebnis	75%	60%	85%	70%	
4	Zensur	3	4	2	3	
5						

➤ Tippe zuerst ein Gleichheitszeichen (=) ein. Das bekommst du mit [⇧]+[0]. Und schon siehst du in dem besagten Anzeigefeld auch den Text MITTELWERT(). Du kannst das Wort nun selber tippen oder einfach die [↵]-Taste drücken.

F3		▼	ƒx Σ =			
	A	B	C	D	E	F
1	Meine Tests		Fach:	Englisch		
2						
3	Ergebnis	75%	60%	85%	70%	=MITTELWERT()
4	Zensur	3	4	2	3	
5						

Kapitel 6   Zellen mit Zahlen

Möglicherweise bekommst du diese seltsame Zeichenfolge zu sehen: #DIV/0!. Eine typische Fehlermeldung: Der Mittelwert kann nicht berechnet werden. Vielleicht hast du ⏎ einmal zu viel gedrückt?

> Wenn du es genauer wissen willst: Das Kürzel heißt nichts anderes als »Division durch null«. Da noch keine Daten für den Mittelwert vorliegen, die Anzahl aller Werte also null ist, gibt es Probleme. Für den Mittelwert braucht man ja zuerst einmal die Summe aller Werte (die wäre hier 0), dann die Anzahl (die hier auch 0 ist). Dann wird die Summe durch die Anzahl geteilt: 0 / 0, was zu einem Fehler führt.

Was ist denn falsch? Besser gefragt: Wie machen wir es richtig? Indem wir hinter den Namen der Funktion *Mittelwert* in die Klammern den Bereich eintragen, von dem der Mittelwert berechnet werden soll.

Bei genauem Hinschauen betrifft das die Zellen mit den Adressen B3, C3, D3 und E3. In OpenOffice lässt sich das so abkürzen: B3:E3.

Und genau das sollst du jetzt in die Klammern hinter dem Wort MITTELWERT eintippen.

Zellenaktivierung

Das geht aber nur, wenn die Zelle wieder aktiv ist: Klickst du einfach mit der Maus in die Zelle und beginnst mit dem Tippen, dann wird der Inhalt gelöscht und mit deiner neuen Eingabe *überschrieben*. Das aber willst du ja nicht.

> Um eine Zelle zu reaktivieren, musst du mit der Maus in die Zelle *doppelklicken*. Oder du steuerst mit den Pfeiltasten die Zelle an und drückst dann F2 .

MITTELWERT	▼	f_x ✖ ✓	=MITTELWERT(B3:E3)		
	A	B	C	D	E	F
1	Meine Tests		Fach:	Englisch		
2						
3	Ergebnis	75%	60%	85%		=MITTELWERT(B3:E3)
4	Zensur	3	4	2	3	
5						

Nun lässt sich in der Zelle der Eingabecursor mit den Pfeiltasten bewegen. Und du kannst zwischen die Klammern hinter MITTELWERT den Bereich eingeben.

> Drücke abschließend auf die ⏎-Taste. Und schon steht in der Zelle der fertig berechnete Mittelwert (→ TESTS2.ODS).

Einnehmen und Ausgeben

	A	B	C	D	E	F
						=MITTELWERT(B3:E3)
1	Meine Tests		Fach:	Englisch		
2						
3	Ergebnis	75%	60%	85%	70%	72,50%
4	Zensur	3	4	2	3	
5						

Du kannst das Gleiche noch mal eine Zelle darunter wiederholen. Allerdings heißen die betroffenen Zellen hier B4:E4.

Anschließend könntest du auch mal die Werte in den Zellen der Spalten B bis E ändern. Und schon passt sich auch der Mittelwert an, der wird nämlich jedes Mal neu berechnet.

Einnehmen und Ausgeben

Nun soll es um Geld gehen. Nichts Kompliziertes, einfach nur die Einnahmen und die Ausgaben eines Jahres. Einfachste Form: je ein Betrag pro Monat. Dann könnte die Tabelle so aussehen (→ EINAUS1.ODS):

Mein Geld			
	Einnahmen	Ausgaben	Rest
Januar	485,00	363,41	121,59
Februar	485,00	443,10	41,90
März	485,00	388,65	96,35
April	485,00	440,00	45,00
Mai	485,00	295,82	189,18
Juni	485,00	211,80	273,20
Juli	485,00	129,32	355,68
August	485,00	336,17	148,83
September	485,00	243,00	242,00
Oktober	485,00	330,10	154,90
November	485,00	501,50	-16,50
Dezember	685,00	381,25	303,75
Summen	6020,00	4064,12	1955,88

Wenn du nun diese oder eine vergleichbare Tabelle erstellen willst, ist der Weg bis dahin allerdings nicht kurz.

> Tippe zuerst ganz oben links in die Zelle A1 den Text Mein Geld ein. Dann etwa darunter (in Zelle A3) den Monatsnamen Januar.

Kapitel 6 — Zellen mit Zahlen

Monats-Automatik

Ehe du nun munter alle Monate eines Jahres eintippst, kannst du das auch OpenOffice erledigen lassen.

> Fahre mit der Maus an die untere rechte Ecke der Zelle, in der Januar steht (der Mauszeiger wird zu einem dünnen Kreuz). Fasse diese Ecke mit einem Mausklick an und ziehe die Maus die A-Spalte hinunter bis Zeile 14. Genauer: bis du den Namen Dezember lesen kannst. Dann lass die Maustaste wieder los.

> Als Nächstes füllst du in Zeile 2 die Zellen B2, C2, D2 so aus:

Einnahmen   Ausgaben   Rest

Einnehmen und Ausgeben

Nun haben wir ein Gerüst für die Einnahmen und Ausgaben eines ganzen Jahres.

➢ Markiere jetzt alle Zellen links von den Monatsnamen und unter den Überschriften für die Spalten.

Zellen mit Rahmen

Ich möchte diesen Teil gern sichtbar einrahmen. Die (grauen) Hilfslinien der Tabelle sind bei einem Ausdruck (oder in der Seitenansicht) nicht zu sehen.

➢ Nun klicke auf FORMAT und dann auf ZELLEN.

➢ Wechsle im Dialogfeld zum Register UMRANDUNG. Klicke dort unter LINIENANORDNUNG auf die zweite Schaltfläche von rechts. Damit werden alle Umrandungslinien des markierten Bereichs gezeichnet. Du kannst hier auch die Liniendicke und -farbe ändern, wenn du willst. Anschließend klickst du auf OK.

Kapitel 6 — Zellen mit Zahlen

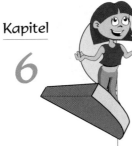

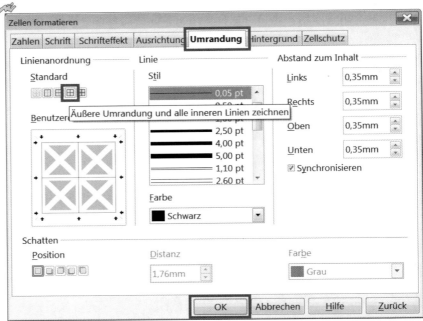

Das Ergebnis siehst du sofort in der Tabelle. Die betreffenden Zellen sind umrahmt. Dort trägst du gleich deine Daten ein.

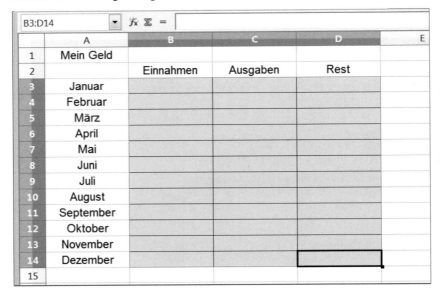

> Fülle die zwei Spalten B und C mit Zahlen für Januar bis Dezember. Wenn dir keine einfallen, übernimm diese (→ EINAUS2.ODS):

Einnehmen und Ausgeben

Januar	485	363,41
Februar	485	443,10
März	485	388,65
April	485	440
Mai	485	295,82
Juni	485	211,80
Juli	485	129,32
August	485	336,17
September	485	243
Oktober	485	330,10
November	485	501,50
Dezember	685	381,25

Das könnte die Finanzlage eines kaufmännischen Lehrlings sein, der stets bemüht ist, möglichst sparsam mit seinem Einkommen umzugehen (was ihm nicht immer gelingt).

Du kannst für jede Zelle die Ausrichtung der Eingabe nach deinem Geschmack einstellen, indem du eines dieser Symbole nutzt:

Oder du nimmst die Einstellung über FORMAT und ZELLEN vor.

Tabelle speichern

In meiner Tabelle gibt es nun beim Format der Zahlen sicher noch einiges zu beanstanden, aber um Feinheiten kümmern wir uns später.

	A	B	C	D	E	F
1	Mein Geld					
2		Einnahmen	Ausgaben	Rest		
3	Januar	485	363,41			
4	Februar	485	443,1			
5	März	485	388,65			
6	April	485	440			
7	Mai	485	295,82			
8	Juni	485	211,8			
9	Juli	485	129,32			
10	August	485	336,17			
11	September	485	243			
12	Oktober	485	330,1			
13	November	485	501,5			
14	Dezember	685	381,25			
15						

C14 f_x Σ =   381,25

Kapitel 6  Zellen mit Zahlen

≫ Nach der Eingabe solltest du das Tabellendokument sofort speichern. Das geht so wie im Modul OpenOffice Writer auch: Klicke auf DATEI und dann auf SPEICHERN UNTER.

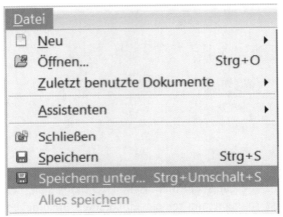

≫ Gib einen Namen ein, z. B. `EinAus1.ods`. Dann klicke auf SPEICHERN.

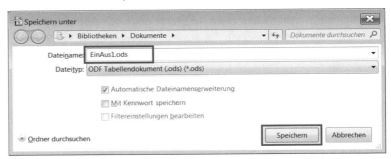

Die Kennung *ODS* steht für »Open Document Spreadsheet«, das Format, in dem du deine Tabellendokumente abspeichern kannst. Auch hier lässt sich hinter DATEITYP das Format der weitverbreiteten Tabellenkalkulation Microsoft Excel wählen, womit dein Text dann im *XLS*-Format gespeichert wird.

Zellenbezüge

Jetzt soll auch die letzte Spalte ausgefüllt werden. Mit `Rest` ist das gemeint, was pro Monat übrig geblieben ist. Auch hier lassen wir OpenOffice für uns arbeiten.

≫ Zuerst tippst du das Gleichheitszeichen (=) in die Zelle ein. Damit beginnt für OpenOffice Calc *jede* Rechnung.

Einnehmen und Ausgeben

Und nun sollen die Ausgaben von den Einnahmen abgezogen (subtrahiert) werden. Dazu kannst du einfach die betreffenden Zelladressen eingeben. Hier wäre also die Formel =B3-C3 angebracht.

> Man spricht hier von einem *Zellenbezug*. Statt des direkten Inhalts einer Zelle steht hier die Adresse, an der ein Wert zu finden ist.

Hier ist eine Alternative zum reinen Eintippen:

» Klicke mit der Maus in die Einnahmen-Zelle, deren Inhalt benötigt wird, hier also in Zelle B3.

MITTELWERT		fx ✱ ✓	=B3			
	A	B	C	D	E	F
1	Mein Geld					
2		Einnahmen	Ausgaben	Rest		
3	Januar	485	363,41	=B3		
4	Februar	485	443,1			

» Tippe nun ein Minuszeichen (–) in die Zelle D3 ein. Dann klicke mit der Maus in die entsprechende Ausgaben-Zelle, hier ist es Zelle C3.

MITTELWERT		fx ✱ ✓	=B3-C3			
	A	B	C	D	E	F
1	Mein Geld					
2		Einnahmen	Ausgaben	Rest		
3	Januar	485	363,41	=B3-C3		
4	Februar	485	443,1			

» Wenn du anschließend die ⏎-Taste drückst, macht sich OpenOffice gleich an die Arbeit. Und schon steht das Ergebnis da.

D4		fx Σ =				
	A	B	C	D	E	F
1	Mein Geld					
2		Einnahmen	Ausgaben	Rest		
3	Januar	485	363,41	121,59		
4	Februar	485	443,1			

Außer dem Minuszeichen (–) für die Subtraktion stehen natürlich alle anderen Operationszeichen für die Rechenarten zur Verfügung. Während aber auch das Plus (+) für die Addition normal erscheint, sucht man die aus dem Matheunterricht gewohnten Zeichen für Multiplikation und Division vergebens. Das heißt: Es gibt einen Doppelpunkt (:), der aber wird schon als Verknüpfungsoperator für Zellenbereiche benutzt. Für die Multiplikation benutzt man den Stern (*) und für die Division den Schrägstrich (/). Erreichbar über die Tastenkombinationen ⇧++ und ⇧+7.

Kapitel 6 — Zellen mit Zahlen

Dieselbe Rechnung wie vorhin müssen wir jetzt für die darunterliegenden Zellen in Spalte D wiederholen. Doch auch hier lassen wir uns von OpenOffice verwöhnen.

➤ Klicke mit der *rechten* Maustaste in die Zelle D3 (die enthält ja die von uns benötigte Formel). Wähle im Kontextmenü KOPIEREN und klicke darauf. Du kannst auch die Tastenkombination ⌈Strg⌉+⌈C⌉ drücken.

➤ Markiere jetzt alle Zellen von D4 bis D14.

➤ Dann klicke mit der *rechten* Maustaste in den markierten Bereich und im Kontextmenü auf EINFÜGEN. Du kannst auch die Tastenkombination ⌈Strg⌉+⌈V⌉ benutzen.

Einnehmen und Ausgeben

	A	B	C	D	E	F
1	Mein Geld					
2		Einnahmen	Ausgaben	Rest		
3	Januar	485	363,41	121,59		
4	Februar	485	443,1		Standardformatierung	
5	März	485	388,65		Zellen formatieren...	
6	April	485	440		Zellen einfügen...	
7	Mai	485	295,82		Zellen löschen...	
8	Juni	485	211,8		Inhalte löschen...	
9	Juli	485	129,32			
10	August	485	336,17		Kommentar einfügen	
11	September	485	243		Ausschneiden	
12	Oktober	485	330,1		Kopieren	
13	November	485	501,5		Einfügen	
14	Dezember	685	381,25		Inhalte einfügen...	
15					Auswahlliste...	

Und kurz darauf stehen alle Restbeträge da. Glaubst du nicht? Kann ja gar nicht sein, wenn die Formel in jeder Spalte =B3-C3 lautet, müsste doch eigentlich in jeder Zelle immer dasselbe stehen. Tut es aber nicht. (Du kannst ja nachrechnen, wenn du OpenOffice nicht traust.)

D4:D14   fx Σ =   =B14-C14

	A	B	C	D	E	F
1	Mein Geld					
2		Einnahmen	Ausgaben	Rest		
3	Januar	485	363,41	121,59		
4	Februar	485	443,1	41,9		
5	März	485	388,65	96,35		
6	April	485	440	45		
7	Mai	485	295,82	189,18		
8	Juni	485	211,8	273,2		
9	Juli	485	129,32	355,68		
10	August	485	336,17	148,83		
11	September	485	243	242		
12	Oktober	485	330,1	154,9		
13	November	485	501,5	-16,5		
14	Dezember	685	381,25	303,75		
15						

Wenn du dir den Zelleninhalt im Bereich D3 bis D14 genau anschaust, dann siehst du, dass OpenOffice tatsächlich überall die Formeln an die jeweilige Zeile *angepasst* hat. Denn das steht eigentlich (für uns gerade unsichtbar) in den Zellen der REST-Spalte:

Kapitel 6 — Zellen mit Zahlen

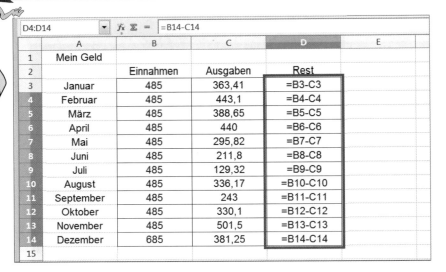

Kommastellen

Jetzt endlich wird es Zeit für die passende Optik. Weil alle Zahlen Geldbeträge sind, trägt man sie normalerweise mit zwei Stellen hinter dem Komma ein. OpenOffice Calc aber macht aus der Eingabe 485,00 eine einfache 485. Und auch aus 443,10 wird 443,1. Damit verändert sich der Wert nicht, aber es sieht nicht mehr so aus, wie wir es gern hätten. Also müssen wir selbst das Format einstellen (→ EINAUS3.ODS).

≫ Markiere alle Zellen mit Zahlen, also den Bereich von B3 bis D14. Dann klicke auf FORMAT und auf ZELLEN.

≫ Im Dialogfeld sorge dafür, dass du im Register ZAHLEN bist. Stelle dort hinter Nachkommastellen 2 ein. Wenn du willst, kannst du auch ein Häkchen vor Tausenderpunkt setzen. Dann würde z. B. eine Million nicht als 1000000, sondern als 1.000.000 dargestellt. Abschließend klicke auf OK.

Einnehmen und Ausgeben

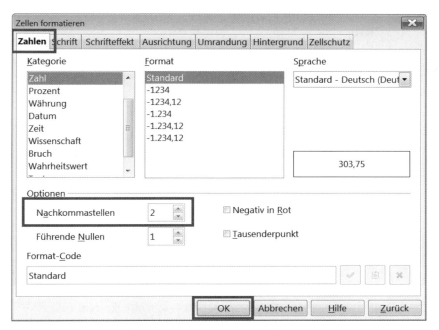

Und alle Zahlen haben endlich ein ansehnliches Format. Ich habe sie zentriert ausgerichtet, du kannst sie aber auch rechtsbündig setzen, wie man das ja in Zahlentabellen eigentlich macht.

	A	B	C	D
1	Mein Geld			
2		Einnahmen	Ausgaben	Rest
3	Januar	485,00	363,41	121,59
4	Februar	485,00	443,10	41,90
5	März	485,00	388,65	96,35
6	April	485,00	440,00	45,00
7	Mai	485,00	295,82	189,18
8	Juni	485,00	211,80	273,20
9	Juli	485,00	129,32	355,68
10	August	485,00	336,17	148,83
11	September	485,00	243,00	242,00
12	Oktober	485,00	330,10	154,90
13	November	485,00	501,50	-16,50
14	Dezember	685,00	381,25	303,75
15				

Zellbezug: B3:D14   Formel: =B14-C14

Summenbildung

Komplettieren könnten wir die ganze Tabelle jetzt noch, indem wir unten in Zeile 15 die Summen bilden. Dann erfahren wir auch, was im gesamten Jahr eingenommen und ausgegeben wurde und was letztendlich am Jahresende übrig geblieben ist.

Kapitel 6 — Zellen mit Zahlen

> Tippe in Zelle B15 erst einmal ein Gleichheitszeichen. Anschließend kannst du das Wort SUMME komplett selbst eintippen oder es von OpenOffice vervollständigen lassen, indem du nach Anzeige von Summe sofort die ⏎-Taste drückst.

| 14 | Dezember | 685,0 | SUMME() |
| 15 | Summen | =S | |

Nun geht es darum, den Bereich zwischen die Klammern zu setzen, von dem die Summe berechnet werden soll. Betroffen sind die Zellen B3 bis B14 oder abgekürzt: B3:B14.

> Musst du eine Zelle erst aktivieren, doppelklicke mit der Maus hinein. Oder du drückst F2.

> Tippe zwischen die Klammern B3:B14 und drücke dann die ⏎-Taste. Oder markiere den Bereich in der Spalte direkt über der Summenformel. Die passende Bereichsangabe erscheint zwischen den Klammern.

SUMME	▼ fx ✱ ✓	=SUMME(B3:B14)		
	A	B	C	D	E
1	Mein Geld				
2		Einnahmen	Ausgaben	Rest	
3	Januar	485,00	363,41	121,59	
4	Februar	485,00	443,10	41,90	
5	März	485,00	388,65	96,35	
6	April	485,00	440,00	45,00	
7	Mai	485,00	295,82	189,18	
8	Juni	485,00	211,80	273,20	
9	Juli	485,00	129,32	355,68	
10	August	485,00	336,17	148,83	
11	September	485,00	243,00	242,00	
12	Oktober	485,00	330,10	154,90	
13	November	485,00	501,50	-16,50	
14	Dezember	685,00	381,25	303,75	
15	Summen	=SUMME(B3:B14)			

Wie man dann diese Formel in die benachbarten Zellen kopiert, weißt du inzwischen. (Das Kontextmenü dazu öffnest du mit Klick auf die rechte Maustaste, dann brauchst du je einmal KOPIEREN und EINFÜGEN.)

Zusammenfassung

	A	B	C	D	E
1	Mein Geld				
2		Einnahmen	Ausgaben	Rest	
3	Januar	485,00	363,41	121,59	
4	Februar	485,00	443,10	41,90	
5	März	485,00	388,65	96,35	
6	April	485,00	440,00	45,00	
7	Mai	485,00	295,82	189,18	
8	Juni	485,00	211,80	273,20	
9	Juli	485,00	129,32	355,68	
10	August	485,00	336,17	148,83	
11	September	485,00	243,00	242,00	
12	Oktober	485,00	330,10	154,90	
13	November	485,00	501,50	-16,50	
14	Dezember	685,00	381,25	303,75	
15	Summen	6020,00	4064,12	1955,88	

Auch hier habe ich noch ein bisschen was verschönert (aus meiner Sicht): In der obersten und untersten Zeile sind die Schrift und die Zeilenhöhe etwas größer geworden (und nicht nur die Summen etwas farbiger).

Zusammenfassung

Nun hast du deine ersten Tabellen ausgefüllt. Dabei ging es vorwiegend um Zahlen und auch wie man damit rechnet. Vor allem weißt du, dass jede Zelle eine Adresse hat und damit direkt »angesprochen« werden kann: Erst kommt die Spalte (Buchstabe), dann die Zeile (Nummer).

Auch darüber, wie man die Zellen selbst »bearbeitet«, weißt du einiges:

Spaltenbreite ändern	Klicke im Kontextmenü auf SPALTENBREITE oder FORMAT/SPALTE und BREITE.
Zeilenhöhe ändern	Klicke im Kontextmenü auf ZEILENHÖHE oder FORMAT/ZEILE und HÖHE.
Text oder Zahl in Zellen ausrichten	Klicke auf FORMAT/ZELLE und AUSRICHTUNG.
Zellen mit sichtbarem Rahmen versehen	Klicke auf FORMAT/ZELLE und UMRANDUNG.
Zahlen formatieren	Klicke auf FORMAT/ZELLE und ZAHLEN.

Um Zellen mit Werten zu füllen, diese zu ändern und zwischen Zellen zu wandern, gibt es u.a. diese Möglichkeiten:

Kapitel 6

Zellen mit Zahlen

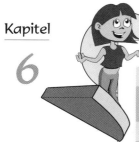

Zelle markieren	(einfacher) Mausklick
Zelle aktivieren, um Inhalt bearbeiten zu können	Maus-Doppelklick oder F2
Formeln eingeben	Erstes Zeichen muss immer »=« sein
Von Zelle zu Zelle	Pfeiltasten
Zellen-Eingabe bestätigen	↵ oder ⇥
Zellen-Inhalt teilweise oder ganz löschen	← oder Entf

Auch zwei Formeln hast du bereits kennen gelernt:

Mittelwert berechnen	=MITTELWERT(BEREICH)
Summe berechnen	=SUMME(BEREICH)

Nun kannst du mit einem ansehnlichen Basiswissen ins nächste Kapitel rutschen. Dort geht es dann unter anderem um Prozente und Zinsen, also auch ums Geld.

Fragen und Aufgaben

1. Wie setzt sich die Adresse einer Zelle zusammen?

2. Ich benötige eine Zelle mit 5 cm Breite und 1 cm Höhe. Die Zahl darin soll keine Nachkommastellen haben und horizontal und vertikal zentriert sein. Die Schrift soll vom Typ »Times New Roman« (Fett) sein, Größe 16 und Farbe Blau. Außerdem soll die Zelle schwarz umrahmt sein und einen farbigen Hintergrund haben.

3. Kann ich eine einzige Zelle unabhängig von allen anderen in ihrer Größe verändern?

4. Welches Zeichen muss in einer Tabellenkalkulation (wie OpenOffice Calc) immer am Anfang einer Berechnung oder Formel stehen?

5. Erzeuge eine Tabelle, in der du zwei Spalten mit Zahlen füllst. In weiteren Spalten sollen Summe, Differenz, Produkt und Quotient aus den ersten beiden Spalten stehen.

6. Übertrage die To-do-Liste aus Kapitel 3 (Aufgabe 7) in eine Calc-Tabelle.

7. Liste alles auf, was du dir in diesem Jahr schon an größeren Anschaffungen geleistet hast. Trage dahinter die Kosten ohne und mit Mehrwertsteuer ein.

7
Prozent und Zins

Wer hat sich nicht schon oft gefragt, wo all das viele liebe Geld geblieben ist, das man im Laufe eines Berufslebens verdient? OpenOffice Calc bietet dir bei der Beantwortung dieser Frage Unterstützung an. Solltest du Geld nicht nur zum Ausgeben, sondern auch zum Sparen ansehen, dann lässt sich mit Hilfe von OpenOffice Calc ermitteln, wie viele Zinsen du in einem oder in vielen Jahren sammeln kannst.

In diesem Kapitel lernst du

◉ ein bisschen über Prozent- und Zinsrechnung,

◉ mehr über Formeln,

◉ wie man neue Spalten und Zeilen in eine Tabelle einfügt,

◉ wie du Zellen verbinden kannst,

◉ etwas über relative und absolute Adressierung.

Kapitel Prozent und Zins

7

Beginnen wir mit einfacher Schulmathematik. Also mit Formeln, wie man sie in der Schule lernt. Auch wenn Mathe nicht deine Stärke ist, wirst du dennoch verstehen, worum es hier geht: um Geld. Oder wie man aus etwas Geld mehr Geld macht.

Nehmen wir an, du hast 1000 € angespart oder von irgendjemandem geschenkt bekommen. Ehe du über Facebook eine Party ankündigst und zahlreiche Leute einlädst, bringst du das Geld lieber erst mal auf einem Sparbuch in Sicherheit.

Viele Zinsen bringt das zwar nicht ein, aber die sind dir garantiert. Hierzu lautet die Rechnung wie folgt (→ ZINSEN1.ODS):

```
Zinsen = Kapital * Prozent / 100
```

Gehen wir von 2% aus, bringt uns das zu dieser Tabelle:

Kapital	Prozent	Zinsen	Zusammen
1000,00	2,00	20,00	1020,00

➤ Erzeuge eine neue Tabelle und tippe dort die Texte der ersten Zeile komplett ein. In die zweite Zeile kommen nur die Zahlen für »Kapital« und »Prozent«. Die anderen beiden Werte soll OpenOffice Calc für uns berechnen.

➤ Formatiere alle Zahlen mit zwei Nachkommastellen. Und zentriere alle Zellen vertikal (und wenn du willst auch horizontal).

An dieser Stelle möchte ich deine Aufmerksamkeit mal auf den Bereich direkt über den Zellen der Tabelle lenken. Im Anzeigefeld links steht die Adresse der Zelle, die gerade markiert oder aktiviert ist. Bei dem (breiten) Eingabefeld rechts haben wir vorher nie genau hingeschaut: Dort steht immer der Inhalt der aktuellen Zelle. Aber nicht nur das: Man kann dort auch den Zelleninhalt direkt bearbeiten.

➤ Probiere das aus, indem du eine andere Zahl eintippst, z.B. 1234,50. Zuvor musst du allerdings mit der Maus in dieses Feld klicken.

Geldvermehrung

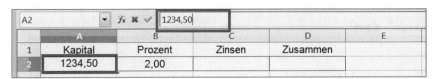

Anschließend solltest du diese Eingabe wieder rückgängig machen. Künftig kannst du entweder direkt in einer Zelle etwas eingeben oder in diesem Eingabefeld.

Wenn du alles etwas genauer sehen willst, kannst du die Tabellenansicht auch vergrößern. Klicke einfach ganz unten rechts auf das kleine Zoom-Werkzeug im Hauptfenster und ziehe es in eine Richtung, um die Anzeige zu vergrößern (oder zu verkleinern).

Oder du doppelklickst auf die Prozentzahl. Damit öffnest du ein Dialogfeld. Dort kannst du den Zoomfaktor prozentgenau einstellen.

Zinsen berechnen

Kümmern wir uns jetzt um die Zelle C2 unter dem Eintrag ZINSEN. Dort gehört diese Formel hin: =A2*B2/100.

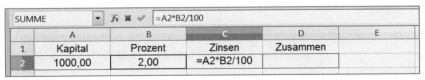

> Tippe die Formel ein. Dann ergänze auch die Zelle D2 um eine Formel. Dort soll das stehen, was sich aus dem eingezahlten Kapital und den Zinsen ergibt: =A2+C2.

Kapitel 7 — Prozent und Zins

Wenn du fertig bist, dann stehen in den betreffenden Zellen die Werte für die Zinsen und für das Endkapital. So nennt man das, was inklusive Zinsen herauskommt. Und das, was ich jetzt noch Kapital genannt habe, ist eigentlich das Startkapital.

D2		fx Σ =	=A2+C2	
	A	B	C	D	E
1	Kapital	Prozent	Zinsen	Zusammen	
2	1000,00	2,00	20,00	1020,00	

Vielleicht interessiert es dich, wie viel Geld du bekommen würdest, wenn du 3% Zinsen bekämst? Oder 5%? Oder du möchtest berechnen lassen, wie viel Geld dir 2250 statt 1000 Euro einbringen? Dann musst du eigentlich nur in die betreffenden Zellen andere Werte eintragen. Und schon werden die Zinsen bzw. das Endkapital neu berechnet.

Ich möchte jetzt mal wissen, was passiert, wenn ich mein Geld nicht nach einem Jahr wieder abhebe, sondern gleich ein paar Jahre auf der Sparkasse oder Bank lasse. Dazu erweitern wir die Zellen etwas. Eigentlich bräuchte ich jetzt links vom Startkapital noch eine Spalte.

Zellenbereiche verschieben

Dazu könnte man alles markieren und nach rechts verschieben (achte auf die Werte im Anzeigefeld):

A1:D2		fx Σ =	=A2+C2	
	A	B	C	D	E
1	Kapital	Prozent	Zinsen	Zusammen	
2	1000,00	2,00	20,00	1020,00	

> »Packe« mit der Maus den markierten Tabellenabschnitt und ziehe ihn eine Spalte weiter.

B1:E2		fx Σ =	=B2+D2	
	A	B	C	D	E
1		Kapital	Prozent	Zinsen	Zusammen
2		1000,00	2,00	20,00	1020,00

Genauso kann man Abschnitte auch nach unten oder in eine andere Richtung ziehen.

Wenn du auf das Anzeigefeld (links oben) geachtet hast, dann siehst du, dass der markierte Block von A1:D2 nach B1:E2 gewandert ist. Damit hätten wir links eine Spalte frei.

Geldvermehrung

Aber nicht nur im Anzeigefeld stehen andere Werte, auch im Eingabefeld kannst du sehen, dass die Formeln sich der Verschiebung automatisch angepasst haben. Aus =A2+C2 ist jetzt =B2+D2 geworden. Und wenn du dir die Zinsformel anschaust, dann siehst, dass die sich jetzt in =B2*C2/100 geändert hat.

Neue Spalten und Zeilen

Ist eine Tabelle ziemlich voll, dann kann das Verschieben großer Bereiche umständlich werden. Da wäre es besser, einfach eine neue Spalte einzufügen (→ ZINSEN2.ODS).

➤ Mache die Verschiebung wieder rückgängig. Dann klicke in die Zelle A1 und markiere sie.

➤ Als Nächstes klicke auf EINFÜGEN und dann auf SPALTEN.

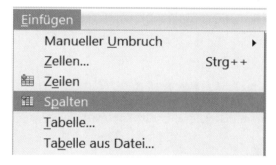

➤ Und falls dir einfällt, dass die Tabelle eigentlich auch noch eine Überschrift verdient, dann klicke anschließend noch zweimal auf EINFÜGEN und auf ZEILEN.

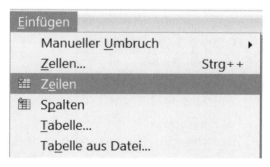

Kapitel 7 — Prozent und Zins

Grundsätzlich lassen sich überall in der Tabelle neue Zeilen oder Spalten einfügen. Und natürlich auch wieder löschen. Auch mehrere.

Das geht über das BEARBEITEN-Menü, aber auch direkt über ein Kontextmenü, das sich mit der rechten Maustaste öffnen lässt. Ist eine Zeile komplett markiert, dann kannst du den Eintrag ZEILEN LÖSCHEN wählen.

Ist eine Spalte komplett markiert, gibt es im Kontextmenü den Eintrag SPALTEN LÖSCHEN.

Aber Vorsicht: Auch wenn die Zeile oder Spalte nicht leer ist, wird sie gnadenlos gelöscht. Dennoch kein Grund zur Panik, denn das lässt sich ja auch wieder rückgängig machen.

Geldvermehrung

Zellen verbinden

So, wie das Ganze jetzt aussieht, kann es nicht bleiben. Da ist schon noch etwas Feinarbeit angesagt.

	A	B	C	D	E
1					
2					
3		Kapital	Prozent	Zinsen	Zusammen
4		1000,00	2,00	20,00	1020,00

So müssen die neuen Zeilen oberhalb der eigentlichen Zinstabelle etwas höher werden. Außerdem gehört dort jetzt eine Überschrift hin. Als Nächstes soll auch die neue Spalte nicht leer bleiben: Da stehen jetzt die Jahre, die das Geld auf der »hohen Kante« bleibt.

≫ Passe die Maße der neuen Zeilen und Spalte an. Dann ergänze die Tabelle um die Gesamt-Überschrift Sparprogramm und die Spaltenüberschrift Jahre.

Die Tabellenüberschrift möchte ich gern zentriert über allen verwendeten Spalten haben. Dazu müssen mehrere Zellen zu einer zusammengefasst werden.

	A	B	C	D	E
1		Sparprogramm			
2					
3	Jahre	Kapital	Prozent	Zinsen	Zusammen
4	1	1000,00	2,00	20,00	1020,00

≫ Markiere die betreffenden Zellen und klicke dann auf FORMAT und ZELLEN VERBINDEN. (Oder du klickst auf das Symbol direkt neben den Symbolen für die Ausrichtung.)

Kapitel   Prozent und Zins

7

Sollte dieses Dialogfeld erscheinen, dann klicke auf JA. Bei NEIN verschwindet dein Text.

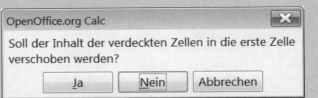

> Zuletzt solltest du die neue Groß-Zelle noch zentriert ausrichten.

Anschließend haben wir eine solche Tabelle (wobei interessant ist, dass die neue große Zelle über die ganze Breite den Namen A1 trägt):

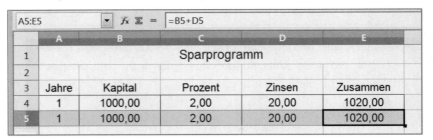

Zinseszins

Um die Tabelle für die Jahreszinsen (und das jeweilige Endkapital) vorzubereiten, kopieren wir zuerst den kompletten Inhalt der Zeile 4 in Zeile 5:

	A	B	C	D	E
A5:E5		fx Σ =	=B5+D5		
1			Sparprogramm		
2					
3	Jahre	Kapital	Prozent	Zinsen	Zusammen
4	1	1000,00	2,00	20,00	1020,00
5	1	1000,00	2,00	20,00	1020,00

Dann kümmern wir uns um den Inhalt der neuen Zeile. Beginnen wir mit der Jahres-Spalte. In Zelle A5 kommt keine 2, sondern die Formel =A4+1.

> Passe die Tabelle bis hierhin entsprechend an.

Zinseszins

A5:E5		f_x Σ =	=B5+D5		
	A	B	C	D	E
1			Sparprogramm		
2					
3	Jahre	Kapital	Prozent	Zinsen	Zusammen
4	1	1000,00	2,00	20,00	1020,00
5	=A4+1	1000,00	2,00	20,00	1020,00

➤ Weil in Zelle B5 nun als neues Startkapital (fürs nächste Jahr) das Endkapital aus dem Vorjahr stehen muss, ersetze den Inhalt hier durch die Formel =E4.

A5:E5		f_x Σ =	=B5+D5		
	A	B	C	D	E
1			Sparprogramm		
2					
3	Jahre	Kapital	Prozent	Zinsen	Zusammen
4	1	1000,00	2,00	20,00	1020,00
5	2	=E4	2,00	20,00	1020,00

Alles andere kann stehen bleiben. Wenn du nun genau hinschaust, dann siehst du auch schon die Berechnungen fürs 2. Spar-Jahr.

E5		f_x Σ =	=B5+D5		
	A	B	C	D	E
1			Sparprogramm		
2					
3	Jahre	Kapital	Prozent	Zinsen	Zusammen
4	1	1000,00	2,00	20,00	1020,00
5	2	1020,00	2,00	20,40	1040,40

➤ Markiere die neue Zeile. Dann kopiere sie über KOPIEREN im Kontextmenü oder mit [Strg]+[C].

Kapitel 7 — Prozent und Zins

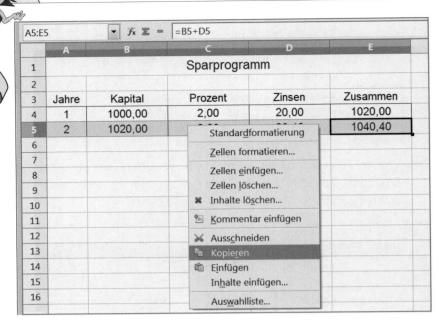

> Anschließend markierst du die nächsten zehn Zeilen. Und fügst dort den kopierten Zeileninhalt über EINFÜGEN im Kontextmenü oder mit ⟨Strg⟩+⟨V⟩ ein.

Und schon hast du ein Sparprogramm für die nächsten zwölf Jahre. Ganz unten rechts siehst du, was es dir einbringt, wenn du zwölf Jahre lang 1000 € auf einem Sparkonto mit 2-prozentiger Verzinsung liegen lässt: 1268,24 €.

Zinseszins

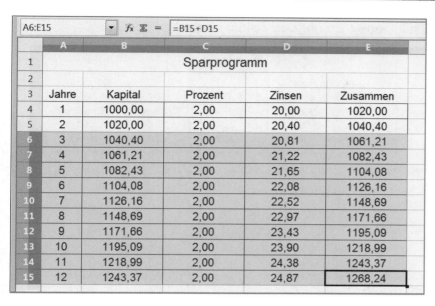

Mehr Prozente?

Das ist dir ein bisschen zu wenig? Du würdest dich lieber irgendwo umschauen, ob nicht ein anderes Geldinstitut mehr Zinsen zu bieten hat? Nehmen wir an, du findest eines, das dir 2,5% gibt, oder ein anderes, das sogar zu 3,3% Zinssatz bereit ist.

Wie bauen wir dann die neue Information in unsere Tabelle ein? Einfach eine neue Tabelle machen? Wäre möglich. Aber wenn du dir mal die Tabelle anschaust, stellst du fest, dass die dritte Spalte (C) immerzu denselben Wert enthält. Würde nicht eine einzelne Zelle mit diesem Prozentsatz den gleichen Zweck erfüllen und uns eine Spalte ersparen (→ ZINSEN3.ODS)?

≫ Als Erstes löst du die Verbindung der Zellen für die Überschrift wieder auf. Klicke dazu auf FORMAT und ZELLEN VERBINDEN.

Dann landet der Eintrag »Sparprogramm« ganz links in der ersten Zelle. Wenn du willst, kannst du ihn linksbündig ausrichten oder einfach so lassen. (Darum könnten wir uns aber auch später kümmern.)

Kapitel 7

Prozent und Zins

» Markiere jetzt die erste Zelle mit einem Prozentsatz (C4).

	A	B	C	D	E
1	Sparprogramm				
2					
3	Jahre	Kapital	Prozent	Zinsen	Zusammen
4	1	1000,00	2,00	20,00	1020,00
5	2	1020,00	2,00	20,40	1040,40

» Dann öffne mit der rechten Maustaste das Kontextmenü und klicke diesmal auf AUSSCHNEIDEN.

	A	B	C	D	E
1	Sparprogramm				
2					
3	Jahre	Kapital	Prozent	Zinsen	Zusammen
4	1	1000,00	2,00	20,00	1020,00
5	2	1020,00			1040,40
6	3	1040,40			1061,21
7	4	1061,21			1082,43
8	5	1082,43			1104,08
9	6	1104,08			1126,16
10	7	1126,16			1148,69
11	8	1148,69			1171,66
12	9	1171,66			1195,09
13	10	1195,09			1218,99
14	11	1218,99			1243,37
15	12	1243,37			1268,24
16					

» Wandere nun in Zelle D1 (erste Zeile rechts) und wähle dann im Kontextmenü den Eintrag EINFÜGEN.

	A	B	C	D	E
1	Sparprogramm				
2					
3	Jahre	Kapital	Prozent		
4	1	1000,00			
5	2	1000,00	2,00		
6	3	1020,00	2,00		
7	4	1040,40	2,00		
8	5	1061,21	2,00		
9	6	1082,43	2,00		
10	7	1104,08	2,00		
11	8	1126,16	2,00		
12	9	1148,69	2,00		
13	10	1171,66	2,00	23,43	1195,09
14	11	1195,09	2,00	23,90	1218,99
15	12	1218,99	2,00	24,38	1243,37

184

Zinseszins

Anschließend scheint alles beim Alten. Nein, da fehlt an einer Stelle der Zelleninhalt und ist an einen anderen Platz gerückt. Aber die Berechnungen haben sich nicht geändert.

	A	B	C	D	E
1	Sparprogramm			2,00	
2					
3	Jahre	Kapital	Prozent	Zinsen	Zusammen
4	1	1000,00		20,00	1020,00
5	2	1020,00	2,00	20,40	1040,40
6	3	1040,40	2,00	20,81	1061,21
7	4	1061,21	2,00	21,22	1082,43
8	5	1082,43	2,00	21,65	1104,08
9	6	1104,08	2,00	22,08	1126,16
10	7	1126,16	2,00	22,52	1148,69
11	8	1148,69	2,00	22,97	1171,66
12	9	1171,66	2,00	23,43	1195,09
13	10	1195,09	2,00	23,90	1218,99
14	11	1218,99	2,00	24,38	1243,37
15	12	1243,37	2,00	24,87	1268,24

Da der Prozentsatz irgendwo anders untergebracht wurde, könnten wir doch gleich die ganze Spalte löschen? Probieren wir's.

➤ Markiere die Spalte C und klicke im Kontextmenü auf SPALTEN LÖSCHEN.

Nein, das kann nicht sein! Außer der ersten Zeile ist nichts mehr in Ordnung!

Kapitel 7

Prozent und Zins

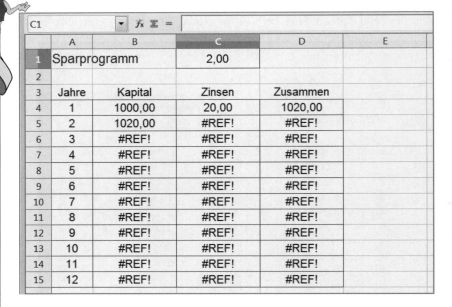

Wieder eine Fehlermeldung, nein gleich eine ganze Armee davon. Das Kürzel #REF heißt »Referenz«. Was heißt: Den Formeln in den betreffenden Zellen fehlt ein Bezugswert.

So steht z.B. direkt in Zelle C5 die Formel =B5*#REF!5/100. Die hieß doch früher mal anders? Doch jetzt fehlt ihr ein Stück, weil ja die Spalte, in der dieser Wert früher stand, verschwunden ist.

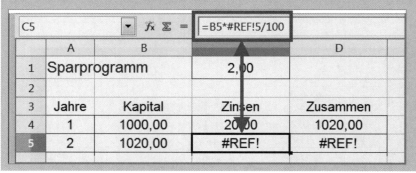

Formeln anpassen

Nun haben wir unseren Prozentwert an eine andere Stelle verfrachtet, aber was nützt uns das? Bringt uns das überhaupt etwas? Ja, wenn wir die Formeln entsprechend anpassen. Zuerst einmal sollten wir die Formeln löschen, die aktuell Probleme verursachen.

Davon sind nicht alle Zellen betroffen, in denen #REF! steht. Es genügt erst einmal, die Spalte C zu säubern.

Zinseszins

» Weil die erste Jahres-Zeile (hier Nr. 4) in Ordnung ist, solltest du die nicht antasten. Markiere alle Zellen im Bereich darunter (C5:C15).

» Dann lösche den Inhalt mit einer der Tasten ← oder Entf.

	A	B	C	D	E
1	Sparprogramm		2,00		
2					
3	Jahre	Kapital	Zinsen	Zusammen	
4	1	1000,00	20,00	1020,00	
5	2	1020,00		1020,00	
6	3	1020,00		1020,00	
7	4	1020,00		1020,00	
8	5	1020,00		1020,00	
9	6	1020,00		1020,00	
10	7	1020,00		1020,00	
11	8	1020,00		1020,00	
12	9	1020,00		1020,00	
13	10	1020,00		1020,00	
14	11	1020,00		1020,00	
15	12	1020,00		1020,00	

Und schon sind die lästigen Fehlermeldungen verschwunden. Allerdings bist du nicht sonderlich begeistert darüber, dass du jetzt nur noch 1020 € abheben kannst, egal, wie lange du dein Geld auf dem Sparkonto lässt.

Wir brauchen aber nur eine Handvoll neuer Formeln für Spalte C, dann ist alles wieder im Lot.

» Markiere in der ersten Jahres-Zeile die Zelle C4 und kopiere den Inhalt über KOPIEREN im Kontextmenü (oder mit Strg+C).

C4 f_x Σ = =B4*C1/100

	A	B	C	D	E
1	Sparprogramm		2,00		
2					
3	Jahre	Kapital	Zinsen	Zusammen	
4	1	1000,00	20,00	1020,00	
5	2	1020,00			
6	3	1020,00			
7	4	1020,00			
8	5	1020,00			
9	6	1020,00			
10	7	1020,00			
11	8	1020,00			
12	9	1020,00			
13	10	1020,00			
14	11	1020,00			
15	12	1020,00			
16					

Kontextmenü:
- Standardformatierung
- Zellen formatieren...
- Zellen einfügen...
- Zellen löschen...
- Inhalte löschen...
- Kommentar einfügen
- Ausschneiden
- Kopieren
- Einfügen
- Inhalte einfügen...
- Auswahlliste...

Kapitel 7 — Prozent und Zins

» Anschließend markierst du die darunterliegenden Zellen (C5:C15). Dort fügst du den kopierten Zeileninhalt über EINFÜGEN im Kontextmenü (oder `Strg`+`V`) ein.

C5:C15		ƒx Σ =		
	A	B	C	D	E
1	Sparprogramm		2,00		
2					
3	Jahre	Kapital	Zinsen	Zusammen	
4	1	1000,00	20,00	1020,00	
5	2	1020,00		Standardformatierung	
6	3	1020,00		Zellen formatieren...	
7	4	1020,00			
8	5	1020,00		Zellen einfügen...	
9	6	1020,00		Zellen löschen...	
10	7	1020,00		✖ Inhalte löschen...	
11	8	1020,00		Kommentar einfügen	
12	9	1020,00		Ausschneiden	
13	10	1020,00		Kopieren	
14	11	1020,00		**Einfügen**	
15	12	1020,00		Inhalte einfügen...	
16				Auswahlliste...	

Von einer wirklichen Verbesserung kann man nicht sprechen. Immerhin lernst du so eine weitere Fehlermeldung von OpenOffice Calc kennen.

C5:C15		ƒx Σ =	=B15*C12/100		
	A	B	C	D	E
1	Sparprogramm		2,00		
2					
3	Jahre	Kapital	Zinsen	Zusammen	
4	1	1000,00	20,00	1020,00	
5	2	1020,00	0,00	1020,00	
6	3	1020,00	#WERT!	#WERT!	
7	4	#WERT!	#WERT!	#WERT!	
8	5	#WERT!	#WERT!	#WERT!	
9	6	#WERT!	#WERT!	#WERT!	
10	7	#WERT!	#WERT!	#WERT!	
11	8	#WERT!	#WERT!	#WERT!	
12	9	#WERT!	#WERT!	#WERT!	
13	10	#WERT!	#WERT!	#WERT!	
14	11	#WERT!	#WERT!	#WERT!	
15	12	#WERT!	#WERT!	#WERT!	

Zinseszins

> In einer Zelle mit der Meldung #WERT! ergeben bestimmte Formeln keinen sinnvollen Wert, das heißt, eine Berechnung führt zu keinem Ergebnis.
>
> Das kann z.B. dann passieren, wenn man versucht, für eine Berechnung Zelleninhalte zu verwenden, die keine Zahlen sind.

Schauen wir uns die Formeln mal im Klartext an, blicken wir auf das, was (eigentlich unsichtbar) wirklich in den Spalten steht:

C5:C15   fx Σ = =B15*C12/100

	A	B	C	D	E
1	Sparprogramm		2,00		
2					
3	Jahre	Kapital	Zinsen	Zusammen	
4	1	1000,00	=B4*C1/100	=B4+C4	
5	2	=B4+C4	=B5*C2/100	=B5+C5	
6	3	=B5+C5	=B6*C3/100	=B6+C6	
7	4	=B6+C6	=B7*C4/100	=B7+C7	
8	5	=B7+C7	=B8*C5/100	=B8+C8	
9	6	=B8+C8	=B9*C6/100	=B9+C9	
10	7	=B9+C9	=B10*C7/100	=B10+C10	
11	8	=B10+C10	=B11*C8/100	=B11+C11	
12	9	=B11+C11	=B12*C9/100	=B12+C12	
13	10	=B12+C12	=B13*C10/100	=B13+C13	
14	11	=B13+C13	=B14*C11/100	=B14+C14	
15	12	=B14+C14	=B15*C12/100	=B15+C15	

Die Formeln sehen doch ganz gut aus, oder? Aber schau mal genauer hin: In der ersten Jahres-Zeile heißt die Formel =B4*C1/100. Das Kapital steht in Zelle B4, der Prozentsatz in Zelle C1. Passt. Deshalb ist ja das Ergebnis auch in Ordnung.

In der zweiten Jahres-Zeile finden wir die Formel =B5*C2/100. Das Kapital steht in Zelle B5, aber was steht in Zelle C2? Nichts, deshalb kriegen wir hier auch eine Null als Ergebnis. Der Fehler liegt also darin, dass hier C2 statt C1 in der Formel steht.

Schlimmer fällt das in der dritten Jahres-Zeile aus: =B6*C3/100. Denn da steht in Zelle C3 das Wort »Zinsen«, also nichts, womit OpenOffice Calc rechnen könnte. Deshalb kommt es zu einer Fehlermeldung. (Gleiches gilt für die übrigen Zellen, in denen du den Eintrag #WERT! findest.)

Du meinst, eine Lösung gefunden zu haben? Einfach alle Zahlen hinter dem »C« durch eine 1 ersetzen? Probieren wir das aus (→ ZINSEN3.ODS).

Kapitel 7

Prozent und Zins

> Passe alle Formeln der Spalte C so an, dass der zweite Faktor überall C1 ist. (Lass dich dabei nicht durcheinanderbringen, dass OpenOffice Calc nach jeder Eingabe die ganze Tabelle neu berechnet.)

C5:C15		f_x Σ =	=B4*C1/100		
	A	B	C	D	E
1	Sparprogramm		2,00		
2					
3	Jahre	Kapital	Zinsen	Zusammen	
4	1	1000,00	=B4*C1/100	=B4+C4	
5	2	=B4+C4	=B5*C1/100	=B5+C5	
6	3	=B5+C5	=B6*C1/100	=B6+C6	
7	4	=B6+C6	=B7*C1/100	=B7+C7	
8	5	=B7+C7	=B8*C1/100	=B8+C8	
9	6	=B8+C8	=B9*C1/100	=B9+C9	
10	7	=B9+C9	=B10*C1/100	=B10+C10	
11	8	=B10+C10	=B11*C1/100	=B11+C11	
12	9	=B11+C11	=B12*C1/100	=B12+C12	
13	10	=B12+C12	=B13*C1/100	=B13+C13	
14	11	=B13+C13	=B14*C1/100	=B14+C14	
15	12	=B14+C14	=B15*C1/100	=B15+C15	

Anschließend sieht die Berechnung wieder mehr als akzeptabel aus. Und das Endkapital liegt auch wieder bei 1268,24 €.

C15		f_x Σ =	=B15*C1/100		
	A	B	C	D	E
1	Sparprogramm		2,00		
2					
3	Jahre	Kapital	Zinsen	Zusammen	
4	1	1000,00	20,00	1020,00	
5	2	1020,00	20,40	1040,40	
6	3	1040,40	20,81	1061,21	
7	4	1061,21	21,22	1082,43	
8	5	1082,43	21,65	1104,08	
9	6	1104,08	22,08	1126,16	
10	7	1126,16	22,52	1148,69	
11	8	1148,69	22,97	1171,66	
12	9	1171,66	23,43	1195,09	
13	10	1195,09	23,90	1218,99	
14	11	1218,99	24,38	1243,37	
15	12	1243,37	24,87	1268,24	

Relativ oder absolut?

Mir gefällt das alles noch nicht. Warum nicht? Weil aus meiner Sicht zu viel Handarbeit nötig ist. Stell dir vor, du willst die Tabelle auf einen Zeitraum von 30 oder 40 Jahren erweitern. Dann musst du eine ganze Menge Anpassung selbst vornehmen. Kann da nicht OpenOffice Calc etwas für uns tun?

Zinseszins

Ja, aber dazu müssen wir noch mal einen großen Schritt zurückgehen.

> Lösche den Inhalt von Spalte C im Bereich C5:C15. (Du zögerst? Dann war die ganze Arbeit umsonst? Wenn du willst, kannst du dein Werk vorher unter anderem Namen speichern.)

	A	B	C	D	E
1	Sparprogramm		2,00		
2					
3	Jahre	Kapital	Zinsen	Zusammen	
4	1	1000,00	20,00	1020,00	
5	2	1020,00		1020,00	
6	3	1020,00		1020,00	
7	4	1020,00		1020,00	
8	5	1020,00		1020,00	
9	6	1020,00		1020,00	
10	7	1020,00		1020,00	
11	8	1020,00		1020,00	
12	9	1020,00		1020,00	
13	10	1020,00		1020,00	
14	11	1020,00		1020,00	
15	12	1020,00		1020,00	

Kümmern wir uns jetzt um den Inhalt der Zelle C4. Den werden wir ein wenig erweitern.

> Ändere die Formel so um: =B4*$C$1/100 (statt =B4*C1/100). (Das Dollarzeichen ($) bekommst du mit ⇧ + 4 .)

	A	B	C	D	E
1	Sparprogramm		2,00		
2					
3	Jahre	Kapital	Zinsen	Zusammen	
4	1	1000,00	=B4*$C$1/100	1020,00	
5	2	1020,00		1020,00	

Das Ergebnis sieht genauso aus wie vorher, oder?

> Markiere nun diese Zelle (C4) und kopiere den Inhalt (KOPIEREN im Kontextmenü oder Strg + C).

> Dann markierst du die darunterliegenden Zellen (C5:C15). Dort fügst du den kopierten Zeileninhalt ein (EINFÜGEN im Kontextmenü oder Strg + V).

Und? Wie ist dein Eindruck? Sieht doch eigentlich so aus wie vorher. Was ist denn dann hier der Vorteil (→ ZINSEN4.ODS)?

Kapitel 7 — Prozent und Zins

C5:C15		fx Σ =	=B15*$C$1/100	
	A	B	C	D	E
1	Sparprogramm		2,00		
2					
3	Jahre	Kapital	Zinsen	Zusammen	
4	1	1000,00	20,00	1020,00	
5	2	1020,00	20,40	1040,40	
6	3	1040,40	20,81	1061,21	
7	4	1061,21	21,22	1082,43	
8	5	1082,43	21,65	1104,08	
9	6	1104,08	22,08	1126,16	
10	7	1126,16	22,52	1148,69	
11	8	1148,69	22,97	1171,66	
12	9	1171,66	23,43	1195,09	
13	10	1195,09	23,90	1218,99	
14	11	1218,99	24,38	1243,37	
15	12	1243,37	24,87	1268,24	

Erinnere dich noch mal an das Kopieren und Einfügen der Formel =B4*C1/100. Die wurde von OpenOffice in jeder Zelle neu angepasst. Und zwar so, dass die Zahlwerte hinter B und C sich jeweils pro Zeile um 1 erhöhten. Die Formeln sahen gut aus, passten aber nicht mehr. Und jetzt?

Betrachten wir die Formeln wieder mal so, wie sie eigentlich nicht alle direkt sichtbar sind:

C5:C15		fx Σ =	=B15*$C$1/100	
	A	B	C	D	E
1	Sparprogramm		2,00		
2					
3	Jahre	Kapital	Zinsen	Zusammen	
4	1	1000,00	=B4*$C$1/100	=B4+C4	
5	2	=B4+C4	=B5*$C$1/100	=B5+C5	
6	3	=B5+C5	=B6*$C$1/100	=B6+C6	
7	4	=B6+C6	=B7*$C$1/100	=B7+C7	
8	5	=B7+C7	=B8*$C$1/100	=B8+C8	
9	6	=B8+C8	=B9*$C$1/100	=B9+C9	
10	7	=B9+C9	=B10*$C$1/100	=B10+C10	
11	8	=B10+C10	=B11*$C$1/100	=B11+C11	
12	9	=B11+C11	=B12*$C$1/100	=B12+C12	
13	10	=B12+C12	=B13*$C$1/100	=B13+C13	
14	11	=B13+C13	=B14*$C$1/100	=B14+C14	
15	12	=B14+C14	=B15*$C$1/100	=B15+C15	

Und hier fällt auf, dass sich zwar die Faktoren für die B-Spalte an die jeweilige Zeile anpassen, hier wird von B5 bis B15 durchnummeriert. Der durch die Dollarzeichen gekennzeichnete Wert C1 aber bleibt bei jeder Kopie derselbe.

Zinseszins

Natürlich hat diese Kennzeichnung auch ihren Namen. Das Dollarzeichen kann man als eine Art Sperre ansehen. Damit markierte Adresszeilen oder -spalten sind so festgelegt, dass OpenOffice sie bei Verschiebungen oder Kopien so übernimmt und nicht verändert.

Man spricht hierbei von *Absoluter Adressierung*, während es sich bei Adressen ohne Dollarzeichen um *Relative Adressierung* handelt.

Zur Verdeutlichung nehmen wir als Beispiel eine Zwei, die ich in die Zelle A1 schreibe. In Zelle B2 kommt die Formel =A1 (relativ adressiert). Damit steht dort auch die Zahl 2. Ändere ich den Wert in Zelle A1, dann ändert sich auch der Wert in Zelle B2.

	A	B	C	D
1	2	=A1		
2				

Nun kann ich diese Zelle beliebig kopieren, z.B. an die Adresse B2 oder D1, doch damit ändert sich der Zellbezug (also die Formel in der verschobenen Zelle).

	A	B	C	D
1	2	=A1		=C1
2		=A2		

Nun steht dort der Inhalt der Zelle A2 bzw. C1 (und der ist jeweils nichts, was hier als 0 angezeigt wird). Die Formel hat sich relativ zur Position der neuen Zellen verändert.

	A	B	C	D
1	2	2		0
2		0		

Verschiebe ich jedoch die Bezugszelle, sagen wir von A1 zu D2, passt sich prompt die Formel in Zelle B1 an. Dort steht weiterhin eine 2 (= der Inhalt von Zelle D2, vormals A1).

	A	B	C	D
1		=D2		
2				2

Kapitel 7

Prozent und Zins

Wiederholen wir jetzt das gleiche Spiel mit einem absoluten Adresswert. In Zelle B2 ändert sich die Formel in =$A$1. Dort steht also weiterhin die Zahl 2.

	A	B	C	D
1	2	=$A$1		
2				

Auch hier kann ich die Zelle beliebig kopieren, z.B. (wieder) an die Adresse B2 oder D1. Diesmal aber bleibt der Zellbezug (= die Formel in der verschobenen Zelle) gleich.

	A	B	C	D
1	2	=$A$1		=$A$1
2		=$A$1		

Dort steht jetzt weiterhin der Inhalt der Zelle A1 (also die 2). Die Formel hat sich trotz der geänderten Positionen nicht verändert.

	A	B	C	D
1	2	2		2
2		2		

Auch hier aber passt sich beim Verschieben der Bezugszelle (wieder von A1 zu D2) die Formel in Zelle B1 an.

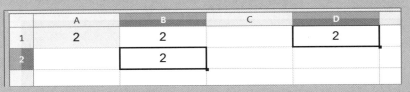

Übrigens lässt sich die Adressierung auch mischen. Man kann also nur die Zeile absolut adressieren (=A$1) oder nur die Spalte (=$A1).

Zusammenfassung

Es ist wieder mal eine Verschnaufpause angesagt. Immerhin hast du auch hier wieder einiges Neues schlucken und behalten müssen. So weißt du, dass auch bei Zellenadressen manches relativ und manches absolut ist, den Unterschied macht nicht nur ein Dollarzeichen.

Und du hast erfahren, was man noch alles mit Zellen in Tabellen anstellen kann:

Zellenbereich verschieben	Markiere den Bereich, klicke darauf und ziehe ihn an die Zielposition.
Spalten einfügen	Klicke auf EINFÜGEN/SPALTEN.
Spalten löschen	Klicke im Kontextmenü auf SPALTEN LÖSCHEN.
Zeilen einfügen	Klicke auf EINFÜGEN/ZEILEN.
Zeilen löschen	Klicke im Kontextmenü auf ZEILEN LÖSCHEN.
Zellen verbinden/Verbindung auflösen	Klicke auf FORMAT/ZELLEN VERBINDEN.
Zellen kopieren	Markiere die Zelle(n), klicke im Kontextmenü auf KOPIEREN, klicke am Zielort im Kontextmenü auf EINFÜGEN.
Zellen verschieben	Markiere die Zelle(n), klicke im Kontextmenü auf AUSSCHNEIDEN, klicke am Zielort im Kontextmenü auf EINFÜGEN.

Im nächsten Kapitel kümmern wir uns noch ein bisschen darum, unsere Finanzen zu »verschönern«.

Fragen und Aufgaben

1. Was ist denn jetzt der Unterschied zwischen relativer und absoluter Adressierung?
2. Wie lassen sich mehrere Zellen nur horizontal (waagerecht) zu einer großen verbinden? Und wie nur vertikal (senkrecht)?
3. Erweitere das Sparprogramm um einige Jahrzehnte (z. B. 30 Jahre).
4. Du hast eine Tabelle erstellt und möchtest dort zwei Spalten vertauschen. Geht das? Und wenn ja, wie?

8
Tabellen und Diagramme

Das Thema Geld ist und bleibt wichtig, sicher auch für dich. Du hättest davon lieber etwas mehr? Wenn es dir gelingt, regelmäßig ein paar Euro anzusparen und zusammenzuhalten, dann könnte sich das gesammelte Geld im Laufe von Jahren leicht mehr als verdoppeln. Hier geht es weiter um geschicktes Verknüpfen von Adressen, vor allem aber um das Verfeinern unseres Sparprogramms.

In diesem Kapitel lernst du

◎ ein bisschen über Zinseszinsrechnung,

◎ wie du mit gemischter Adressierung umgehst,

◎ was bedingte Formatierung ist,

◎ etwas über das Sortieren, Suchen und Ersetzen,

◎ wie man Diagramme ins Tabellendokument einfügt.

Kapitel 8 — Tabellen und Diagramme

Ich will mehr Geld

»Die wirtschaftliche Lage hat uns dazu bewogen, den Zinssatz für unsere treuen Sparer von 2% auf 2,5% anzuheben.« Das könnte in einem Brief stehen, den du gerade von deiner Sparkasse erhalten hast. Du meinst, realistischer sei eine Mitteilung, dass wegen der wirtschaftlichen Lage der Zinssatz leider um (mindestens) ein halbes Prozent gesenkt werden musste? Bleiben wir optimistisch, zumal wir in unserem Sparprogramm einfach nur an einer einzigen Stelle etwas korrigieren müssen:

C1		f_x Σ =	2,5	
	A	B	C	D	E
1	Sparprogramm		2,50		
2					
3	Jahre	Kapital	Zinsen	Zusammen	
4	1	1000,00	25,00	1025,00	
5	2	1025,00	25,63	1050,63	

In Zelle C1 steht jetzt statt 2,00 die Zahl 2,50 (oder für die Pessimisten 1,50). Bleiben wir in dieser Zelle und ändern wir doch gleich auch das Format.

≫ Klicke auf FORMAT und auf ZELLEN.

≫ Sorge dafür, dass du im Register ZAHLEN bist. Dort wähle den Eintrag PROZENT. (Die Nachkommastellen kannst du so lassen.) Dann klicke auf OK.

Ich will mehr Geld

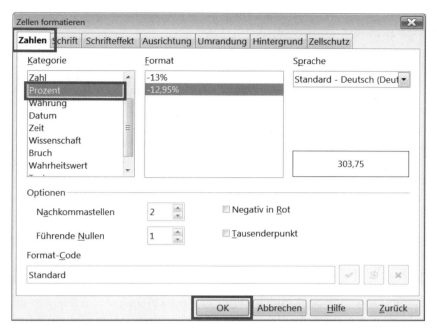

Na ja, die Geldbeträge stimmen weiterhin, aber 250%? Das funktioniert doch nur mit Aktien aus Utopia. Dabei hat OpenOffice alles richtig gemacht. Prozent sind Hundertstel und 2,5 sind nun mal 250 Hundertstel.

D1		$f_x \Sigma$ =	250%		
	A	B	C	D	E
1	Sparprogramm		250,00%		
2					
3	Jahre	Kapital	Zinsen	Zusammen	
4	1	1000,00	25,00	1025,00	
5	2	1025,00	25,63	1050,63	

➢ Weil wir bei 2,5% bleiben wollen, ändere den Eintrag in Zelle C1 in 2,5%.

Keine gute Lösung? Hätten wir lieber alles beim Alten lassen sollen?

Kapitel 8 — Tabellen und Diagramme

	A	B	C	D	E
1	Sparprogramm		2,50%		
2					
3	Jahre	Kapital	Zinsen	Zusammen	
4	1	1000,00	0,25	1000,25	
5	2	1000,25	0,25	1000,50	
6	3	1000,50	0,25	1000,75	
7	4	1000,75	0,25	1001,00	
8	5	1001,00	0,25	1001,25	
9	6	1001,25	0,25	1001,50	
10	7	1001,50	0,25	1001,75	
11	8	1001,75	0,25	1002,00	
12	9	1002,00	0,25	1002,25	
13	10	1002,25	0,25	1002,50	
14	11	1002,50	0,25	1002,75	
15	12	1002,75	0,25	1003,00	

(C1 = 2,5%)

Warum? Wir müssen doch bloß ein paar Formeln ändern: Weil in den als Prozent formatierten Zahlen die 100 schon drinsteckt, muss sie in den Formeln zur Berechnung der Zinsen nicht mehr vorkommen (→ ZINSEN5.ODS).

C4 = =B4*$C$1/100

	A	B	C	D	E
1	Sparprogramm		2,50%		
2					
3	Jahre	Kapital	Zinsen	Zusammen	
4	1	1000,00	=B4*$C$1/100	1000,25	
5	2	1000,25	0,25	1000,50	

➢ Ändere alle Formeln der Spalte C entsprechend um.

C4 = =B4*$C$1

	A	B	C	D	E
1	Sparprogramm		2,50%		
2					
3	Jahre	Kapital	Zinsen	Zusammen	
4	1	1000,00	=B4*$C$1	1000,25	
5	2	1000,25	0,25	1000,50	

Dann ist alles wieder im Lot. Und die Werte sind wieder die gewohnten.

Ich will mehr Geld

	A	B	C	D	E
	C4		fx Σ =	=B4*$C$1	
1	Sparprogramm		2,50%		
2					
3	Jahre	Kapital	Zinsen	Zusammen	
4	1	1000,00	25,00	1025,00	
5	2	1025,00	25,63	1050,63	
6	3	1050,63	26,27	1076,89	
7	4	1076,89	26,92	1103,81	
8	5	1103,81	27,60	1131,41	
9	6	1131,41	28,29	1159,69	
10	7	1159,69	28,99	1188,69	
11	8	1188,69	29,72	1218,40	
12	9	1218,40	30,46	1248,86	
13	10	1248,86	31,22	1280,08	
14	11	1280,08	32,00	1312,09	
15	12	1312,09	32,80	1344,89	

Zinsfaktor

Ich möchte jetzt noch einen Schritt weiter gehen und den Zinsfaktor einführen. Der ermöglicht uns, die Werte der ersten Spalte mitzuverwenden. Außerdem können wir dann unsere Tabelle flexibler gestalten. Was das heißt, wirst du erst später merken.

Wie geht das mit dem Zinsfaktor? Aus einem Startkapital von 1000 € wird nach einem Jahr ein Endkapital von 1025 €, das sind 102,5% vom Startkapital. Man könnte also auch diese Formel benutzen:

```
Endkapital = Startkapital * Prozent / 100
```

Wobei die Prozent diesmal nicht 2,5, sondern 102,5 sind (und sein müssen). Wenn wir auch diesen Wert als Prozent formatieren, können wir die 100 weglassen. Womit sich die Formel so kürzen lässt:

```
Endkapital = Startkapital * Zinsfaktor
```

≫ Formatiere auch die Nachbarzelle von C1 (also D1) als Prozent.

Du kannst das Format auch direkt kopieren. Dazu markierst du die Ausgangszelle. Dann klickst du auf das Symbol direkt über dem K von »FKU«.

Wenn du nun in die Zielzellen klickst, haben diese dasselbe Format.

Kapitel 8 — Tabellen und Diagramme

> Gib in die Zelle D1 diese Formel ein: =1+C1. Anschließend müssten dort 102,5% stehen. (Du hättest auch =100%+C1 eintippen können.)

	A	B	C	D	E
1	Sparprogramm		2,50%	102,50%	
2					
3	Jahre	Kapital	Zinsen	Zusammen	
4	1	1000,00	25,00	1025,00	
5	2	1025,00	25,63	1050,63	

(D1: =1+C1)

Und jetzt sollten wir den Zinsfaktor auch in einer Formel einsetzen. In welcher eigentlich? In Spalte C bei den Zinsen macht es keinen Sinn, denn mit dem Zinsfaktor berechnen wir ja das Kapital mit Zinsen. Also gehört die neue Formel in Spalte D.

> Ändere in C4 die Formel so: =B4*$D$1.

	A	B	C	D	E
1	Sparprogramm		2,50%	102,50%	
2					
3	Jahre	Kapital	Zinsen	Zusammen	
4	1	1000,00	25,00	=B4*$D$1	
5	2	1025,00	25,63	1050,63	

(D4: =B4*$D$1)

Damit könnte man schon zufrieden sein. Wenn du jetzt die neue Formel kopierst, die darunterliegenden Zellen markierst und sie dort einfügst, erhältst du in Spalte D die gleichen Ergebnisse wie vorher (→ ZINSEN6.ODS).

> So ganz ohne Meckern will OpenOffice Calc die neuen Formeln nicht einfügen? Du erhältst eine solche Meldung?
>
>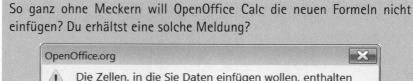
>
> In den Zellen, die du mit neuem Inhalt füllen willst, sind schon Daten enthalten. Weil du auf die hier verzichten kannst, klickst du auf JA.

Ich will mehr Geld

> Diese Warnung sollte man ernst nehmen, denn nicht immer achtet man darauf, ob da, wohin man etwas kopieren oder verschieben will, auch wirklich alles frei ist. Willst du schon vorhandene Zelleninhalte behalten, klickst du also auf NEIN.

Auf die Spalte mit den Zinsen könnten wir jetzt eigentlich verzichten. Denn meistens interessiert einen doch, was man abheben kann. Und das steht ja in der Spalte D mit der Überschrift Zusammen. Also traue ich mich einfach mal, den Inhalt dieser Spalte (unter Zelle C1) zu löschen.

	A	B	C	D	E
1	Sparprogramm		2,50%	102,50%	
2					
3	Jahre	Kapital		Zusammen	
4	1	1000,00		1025,00	
5	2	1025,00		1050,63	
6	3	1050,63		1076,89	
7	4	1076,89		1103,81	
8	5	1103,81		1131,41	
9	6	1131,41		1159,69	
10	7	1159,69		1188,69	
11	8	1188,69		1218,40	
12	9	1218,40		1248,86	
13	10	1248,86		1280,08	
14	11	1280,08		1312,09	
15	12	1312,09		1344,89	

Womit sich die Frage stellt: Könnten wir nicht eigentlich ganz auf diese Spalte verzichten? Ja, aber vorher sollten wir den Inhalt von C1 in Sicherheit bringen:

» Verschiebe die Zelle C1 in die Spalte D. Wenn du willst, kannst du vorher eine neue Zeile einfügen. Außerdem solltest du ein paar Überschriften ändern: Statt Kapital und Zusammen darf es jetzt auch Startkapital und Endkapital heißen (denn wir sind ja von der Spalte mit den Zinsen nicht mehr abhängig).

Kapitel 8 — Tabellen und Diagramme

Bei mir sieht das Ergebnis so aus:

D1		f_x Σ =	2,5%	
	A	B	C	D	E
1	Sparprogramm			2,50%	
2				102,50%	
3					
4	Jahre	Startkapital		Endkapital	
5	1	1000,00		1025,00	

» Anschließend kannst du Spalte C problemlos löschen, womit der gesamte Inhalt von D nach C wandert.

C1		f_x Σ =	2,5%	
	A	B	C	D	E
1	Sparprogramm		2,50%		
2			102,50%		
3					
4	Jahre	Startkapital	Endkapital		
5	1	1000,00	1025,00		
6	2	1025,00	1050,63		
7	3	1050,63	1076,89		
8	4	1076,89	1103,81		
9	5	1103,81	1131,41		
10	6	1131,41	1159,69		
11	7	1159,69	1188,69		
12	8	1188,69	1218,40		
13	9	1218,40	1248,86		
14	10	1248,86	1280,08		
15	11	1280,08	1312,09		
16	12	1312,09	1344,89		

Jahre als Exponenten

Ganz schön schlank ist unsere Tabelle inzwischen. Dabei sind wir mit der Abmagerungskur noch nicht am Ende. Ich möchte schon noch die Jahre der ersten Spalte in die Formel mit einbauen. Mit

```
Endkapital = Startkapital * Zinsfaktor
```

berechnen wir ja nur Kapital und Zinsen für ein Jahr. Also müssen wir die Formel so erweitern:

```
Endkapital = Startkapital * Zinsfaktor^Jahre
```

Wobei das Zeichen »^« (auch Zirkumflex genannt) für das Potenzieren steht: 2^3 heißt »2 hoch 3« (und ergibt 2*2*2 = 8).

Ich will mehr Geld

➢ Erledige das also gleich in Spalte C. Ändere in C5 die Formel von =B5*$C$2 in =B5*$C$2^A5. (Vorausgesetzt, du hast weiter oben eine neue Zeile hinzugefügt. Sonst wäre die Zelle C4 betroffen.)

C5		fx Σ =	=B5*$C$2^A5		
	A	B	C	D	E
1	Sparprogramm		2,50%		
2			102,50%		
3					
4	Jahre	Startkapital	Endkapital		
5	1	1000,00	=B5*$C$2^A5		
6	2	1025,00	1050,63		

➢ Als Nächstes kopierst du die Formel in Zelle C5 und fügst sie dann in alle Zellen unterhalb (C6:C16) ein.

Na ja, schön wär's, wenn man so viel Geld in so kurzer Zeit bekommen würde. Dann könnte sich das Sparen ja richtig lohnen. Tut es auch, aber die Werte, die da jetzt (ab Zeile 6) in Spalte C stehen, sind eindeutig falsch.

C6:C16		fx Σ =	=B16*$C$2^A16		
	A	B	C	D	E
1	Sparprogramm		2,50%		
2			102,50%		
3					
4	Jahre	Startkapital	Endkapital		
5	1	1000,00	1025,00		
6	2	1025,00	1076,89		
7	3	1076,89	1159,69		
8	4	1159,69	1280,08		
9	5	1280,08	1448,30		
10	6	1448,30	1679,58		
11	7	1679,58	1996,50		
12	8	1996,50	2432,54		
13	9	2432,54	3037,90		
14	10	3037,90	3888,77		
15	11	3888,77	5102,41		
16	12	5102,41	6862,17		

Die Formeln stimmen, sie beziehen sich aber auf ein *festes* Startkapital, das eigentlich jeweils 1000 € betragen sollte. Wenn du in Spalte B alle Werte auf 1000 € setzt, dann ist alles wieder im Lot (→ ZINSEN7.ODS).

Kapitel 8 — Tabellen und Diagramme

	A	B	C	D	E
1	Sparprogramm		2,50%		
2			102,50%		
3					
4	Jahre	Startkapital	Endkapital		
5	1	1000,00	1025,00		
6	2	1000,00	1050,63		
7	3	1000,00	1076,89		
8	4	1000,00	1103,81		
9	5	1000,00	1131,41		
10	6	1000,00	1159,69		
11	7	1000,00	1188,69		
12	8	1000,00	1218,40		
13	9	1000,00	1248,86		
14	10	1000,00	1280,08		
15	11	1000,00	1312,09		
16	12	1000,00	1344,89		

Zelle B5 = 1000

Dass die alten Werte verschwunden sind, ist kein wirklicher Verlust. Denn wenn du genau hingeschaut hast, dann ist dir sicher aufgefallen, dass außer dem Startkapital in B5 und dem Endkapital in C16 die sonstigen Werte dauernd doppelt vorgekommen sind.

Allerdings erscheint mir nun auch die ganze Spalte B überflüssig. Einfach so verschwinden lassen können wir sie nicht. Wir müssen den Wert 1000 einmal retten.

» Verschiebe das Startkapital von 1000 in Zelle C3.

	A	B	C	D	E
1	Sparprogramm		2,50%		
2			102,50%		
3					
4	Jahre	Startkapital	Endkapital		
5	1	1000,00	=B5*$C$2^A5		
6	2	1025,00	1050,63		

Zelle C5 = =B5*$C$2^A5

Nun wird es schon ein bisschen eng in der Zelle. Man könnte wieder damit Platz schaffen, indem man eine neue Zeile einfügt. Das muss aber nicht sein, wir sind beim Umräumen, da kann auch mal etwas eine Zeit lang dicht an dicht stehen.

Ich will mehr Geld

≫ Entferne nun die Spalte B. Oh je!

Dass das Wort »Sparprogramm« nun nur noch halb zu sehen ist, ist nicht schlimm. Das lässt sich später regeln. Aber schon wieder taucht (fast) überall dieses #REF! auf.

B1		f_x Σ =	2,5%		
	A	B	C	D	E
1	Sparpr	2,50%			
2		102,50%			
3		1000,00			
4	Jahre	Endkapital			
5	1	1025,00			
6	2	#REF!			

Diesmal bleibst du ganz cool, denn du weißt, was zu tun ist. Oder?

Ein einfaches Kopieren und Einfügen der ersten Formel (aus B5) würde ich nicht empfehlen. Probier es aus, damit du weißt, was ich meine. Vor einem Übertragen in die anderen Zellen muss die Formel in B5 passend gemacht werden.

Weil auch das Startkapital in einer einzigen Zelle sitzt, muss seine Adresse absolut werden. Wir brauchen also mehr Dollarzeichen ($).

≫ Ändere die Formel so um: =$B$3*$B$2^A5.

B5		f_x Σ =	=$B$3*$B$2^A5	
	A	B	C	D
1	Sparpr	2,50%		
2		102,50%		
3		1000,00		
4	Jahre	Endkapital		
5	1	=$B$3*$B$2^A5		
6	2	#REF!		

≫ Dann kannst du die Formel in den Rest der Spalte kopieren.

Kapitel 8

Tabellen und Diagramme

B6:B16		f_x Σ =	=$B$3*$B$2^A16		
	A	B	C	D	E
1	Sparpr	2,50%			
2		102,50%			
3		1000,00			
4	Jahre	Endkapital			
5	1	1025,00			
6	2	1050,63			
7	3	1076,89			
8	4	1103,81			
9	5	1131,41			
10	6	1159,69			
11	7	1188,69			
12	8	1218,40			
13	9	1248,86			
14	10	1280,08			
15	11	1312,09			
16	12	1344,89			

Nun müssten wir eigentlich etwas aufräumen (→ ZINSEN8.ODS).

➢ Dann sieh mal zu, dass du die Zellen mit dem Kapital und den Prozentsätzen z. B. so anordnest (womit auch die Haupt-Überschrift wieder zu erkennen ist):

C1		f_x Σ =	Startkapital		
	A	B	C	D	E
1	Sparprogramm		Startkapital	1000,00	
2					
3		2,50%			
4		102,50%			
5	Jahre	Endkapital			
6	1	1025,00			

Sparplan-Variationen

Doch was ist mit den ziemlich leeren Spalten neben A und B? Können wir da nichts Sinnvolles unterbringen? Wäre das nicht die Gelegenheit, mal nebeneinander das Geldwachstum für verschiedene Zinssätze zu betrachten? Sagen wir von 2,5 bis 4 Prozent?

➢ Dazu markierst du in Spalte B den Bereich B3:B17. Dann kopierst du diesen Bereich und fügst ihn jeweils in die Spalten C, D und E ein.

Sparplan-Variationen

	A	B	C	D	E
1	Sparprogramm		Startkapital	1000,00	
2					
3		2,50%	2,50%	2,50%	2,50%
4		102,50%	102,50%	102,50%	102,50%
5	Jahre	Endkapital	Endkapital	Endkapital	Endkapital
6	1	1025,00	###	#NUM!	#NUM!
7	2	1050,63	###	#NUM!	#NUM!
8	3	1076,89	###	#NUM!	#NUM!
9	4	1103,81	###	#NUM!	#NUM!
10	5	1131,41	###	#NUM!	#NUM!
11	6	1159,69	###	#NUM!	#NUM!
12	7	1188,69	###	#NUM!	#NUM!
13	8	1218,40	###	#NUM!	#NUM!
14	9	1248,86	###	#NUM!	#NUM!
15	10	1280,08	###	#NUM!	#NUM!
16	11	1312,09	###	#NUM!	#NUM!
17	12	1344,89	###	#NUM!	#NUM!

Da hat wieder mal etwas nicht geklappt? Aber lehrreich war dieser Versuch dennoch: Es gibt wieder ein paar neue Fehlermeldungen zu bewundern. Doch was bedeuten die? Drei Doppelkreuze (####) weisen darauf hin, dass die Spalte für die Anzeige eines Zahlwertes zu eng ist. Tatsächlich?

» Vergrößere die Breite der Spalte C so lange, bis du darin alle Zahlen komplett erkennen kannst.

	A	B	C	D
1	Sparprogramm		Startkapital	1000,00
2				
3		2,50%	2,50%	2,50%
4		102,50%	102,50%	102,50%
5	Jahre	Endkapital	Endkapital	Endkapital
6	1	1025,00	98166210561907,20	#NUM!
7	2	1050,63	184825154212387,00	#NUM!
8	3	1076,89	353533118507666,00	#NUM!
9	4	1103,81	687291316285450,00	#NUM!
10	5	1131,41	1358530453373720,00	#NUM!
11	6	1159,69	2731467972673640,00	#NUM!
12	7	1188,69	5588638463792650,00	#NUM!
13	8	1218,40	11640956486066900,00	#NUM!
14	9	1248,86	24696669079268200,00	#NUM!
15	10	1280,08	53389314173665300,00	#NUM!
16	11	1312,09	117663212246213000,00	#NUM!
17	12	1344,89	264488454035368000,00	#NUM!

Kapitel 8 — Tabellen und Diagramme

Na ja, diese riesigen Zahlenberge, da kann was nicht stimmen! Schauen wir uns mal die Formel an: Statt =$D$1*$B$4^A6 (in Zelle B6) heißt es in der nächsten Spalte =$D$1*$B$4^B6. Was nichts anderes heißt, als dass der Wert in B6 als Jahre betrachtet wird. Dass ein Kapital, das 1025 Jahre auf einem Konto liegt, eine für uns fast unvorstellbare Menge Geld einbringt, dürfte doch klar sein, oder?

B6		fx Σ =	=$D$1*$B$4^A6		
	A	B	C	D	E
1	Sparprogramm		Startkapital	1000,00	
2					
3		2,50%	2,50%	2,50%	2,50%
4		102,50%	102,50%	102,50%	102,50%
5	Jahre	Endkapital	Endkapital	Endkapital	Endkapital
6	1	=$D$1*$B$4^A6	=$D$1*$B$4^B6	=$D$1*$B$4^C6	=$D$1*$B$4^D6

Wir sind also wieder auf einen Fehler hereingefallen, den uns eine relative Adressierung einbringen kann. Und der führt dann in den Nachbarspalten sogar zu einem so genannten Überlauf:

Die Zahl, die da herauskommen würde, kann OpenOffice Calc nicht mehr berechnen. Sie ist (nicht nur eine Nummer) zu groß. Daher die Fehlermeldung #NUM!.

➤ Mach also alles erst mal wieder rückgängig.

➤ Dann schau dir die Formel in Zelle B6 an. Ganz am Ende änderst du die Adresse für die Jahres-Zelle so: =$D$1*$B$4^$A6. (Vor das letzte A kommt also ein Dollarzeichen: $A).

B6		fx Σ =	=$D$1*$B$4^$A6		
	A	B	C	D	E
1	Sparprogramm		Startkapital	1000,00	
2					
3		2,50%			
4		102,50%			
5	Jahre	Endkapital			
6	1	=$D$1*$B$4^$A6			

Gemischte Adressierung

Hier haben wir eine gemischte Adressierung: Während die Spalte A festgelegt ist (denn nur da stehen ja die ganzen Jahre), ist die Zeile flexibel. Denn in der nächsten Zeile (B7) wollen wir auch die Jahre von A7 usw.

➤ Sorge jetzt dafür, dass diese Formel überall in den übrigen Zellen der Spalte ankommt.

Sparplan-Variationen

	A	B	C	D	E
	B6:B17		fx Σ =	=$D$1*B$4^$A17	
1	Sparprogramm		Startkapital	1000,00	
2					
3		2,50%			
4		102,50%			
5	Jahre	Endkapital			
6	1	=$D$1*B$4^$A6			
7	2	=$D$1*B$4^$A7			
8	3	=$D$1*B$4^$A8			
9	4	=$D$1*B$4^$A9			
10	5	=$D$1*B$4^$A10			
11	6	=$D$1*B$4^$A11			
12	7	=$D$1*B$4^$A12			
13	8	=$D$1*B$4^$A13			
14	9	=$D$1*B$4^$A14			
15	10	=$D$1*B$4^$A15			
16	11	=$D$1*B$4^$A16			
17	12	=$D$1*B$4^$A17			

≫ Dann starte einen neuen Kopierversuch in die Spalten C, D und E.

Wenn alles gut geht, müsste das dabei herauskommen:

	A	B	C	D	E
	E3:E17		fx Σ =	2,5%	
1	Sparprogramm		Startkapital	1000,00	
2					
3		2,50%	2,50%	2,50%	2,50%
4		102,50%	102,50%	102,50%	102,50%
5	Jahre	Endkapital	Endkapital	Endkapital	Endkapital
6	1	1025,00	1025,00	1025,00	1025,00
7	2	1050,63	1050,63	1050,63	1050,63
8	3	1076,89	1076,89	1076,89	1076,89
9	4	1103,81	1103,81	1103,81	1103,81
10	5	1131,41	1131,41	1131,41	1131,41
11	6	1159,69	1159,69	1159,69	1159,69
12	7	1188,69	1188,69	1188,69	1188,69
13	8	1218,40	1218,40	1218,40	1218,40
14	9	1248,86	1248,86	1248,86	1248,86
15	10	1280,08	1280,08	1280,08	1280,08
16	11	1312,09	1312,09	1312,09	1312,09
17	12	1344,89	1344,89	1344,89	1344,89

Bei allen Formeln ist das A der Spalte für die Jahreswerte erhalten geblieben (dank der absoluten Adressierung mit dem Dollarzeichen).

Kapitel 8

Tabellen und Diagramme

Weil aber nun in allen Spalten jeweils das Gleiche steht, müssen wir die Prozente in Zeile 3 ändern.

> Trage in den Zellen C3, D3 und E3 jeweils 3%, 3,5% und 4% ein. Du kannst aber auch ganz andere Werte eintragen (wenn du willst, in größeren Schritten bis zu 8 oder 10%).

E3		▼	f_x Σ =	4%	
	A	B	C	D	E
1	Sparprogramm		Startkapital	1000,00	
2					
3		2,50%	3,00%	3,50%	4,00%
4		102,50%	103,00%	103,50%	104,00%
5	Jahre	Endkapital	Endkapital	Endkapital	Endkapital
6	1	1025,00	1025,00	1025,00	1025,00

Leider rührt sich in den Zellen darunter nichts. Wir müssen uns also die Formeln noch mal genauer anschauen. In den Zellen B6 bis E6 finden wir in jeder Formel den Zellbezug $B$4. Was heißt, dass für jede Spalte das Endkapital mit immerzu demselben Zinsfaktor berechnet wird.

B6		▼	f_x Σ =	=$D$1*$B$4^$A6	
	A	B	C	D	E
1	Sparprogramm		Startkapital	1000,00	
2					
3		2,50%	3,00%	3,50%	4,00%
4		102,50%	103,00%	103,50%	104,00%
5	Jahre	Endkapital	Endkapital	Endkapital	Endkapital
6	1	=$D$1*$B$4^$A6	=$D$1*$B$4*$A6	=$D$1*$B$4*$A6	=$D$1*$B$4*$A6

Diesmal kommt der Fehler von einer absoluten Adressierung. Wie lösen wir das Problem? Einfach in eine relative Adressierung umwandeln? Im Grunde genommen ist es hier doch so ähnlich wie bei den Jahren: Da haben wir die Spalte festgelegt und die Zeile flexibel gelassen. Das führte uns von A6 zu $A6.

Beim Zinsfaktor ist es die Zeile, die feststehen muss, und flexibel sollte diesmal die Spalte sein. Hier müssen wir also ein Dollarzeichen entfernen: womit wir in Zelle B6 von $B$4 auf B$4 kommen.

212

Sparplan-Variationen

	A	B	C	D	E
	B6		fx Σ =	=$D$1*B$4^$A6	
1	Sparprogramm		Startkapital	1000,00	
2					
3		2,50%	3,00%	3,50%	4,00%
4		102,50%	103,00%	103,50%	104,00%
5	Jahre	Endkapital	Endkapital	Endkapital	Endkapital
6	1	=$D$1*B$4^$A6	1025,00	1025,00	1025,00

➤ Ändere die Formel in Zelle B6 entsprechend um.

➤ Dann kopiere die Formel und sorge dafür, dass sie in allen Zellen im Bereich B6:E17 landet.

	A	B	C	D	E
	B6:E17		fx Σ =	=$D$1*E$4^$A17	
1	Sparprogramm		Startkapital	1000,00	
2					
3		2,50%	3,00%	3,50%	4,00%
4		102,50%	103,00%	103,50%	104,00%
5	Jahre	Endkapital	Endkapital	Endkapital	Endkapital
6	1	1025,00	1030,00	1035,00	1040,00
7	2	1050,63	1060,90	1071,23	1081,60
8	3	1076,89	1092,73	1108,72	1124,86
9	4	1103,81	1125,51	1147,52	1169,86
10	5	1131,41	1159,27	1187,69	1216,65
11	6	1159,69	1194,05	1229,26	1265,32
12	7	1188,69	1229,87	1272,28	1315,93
13	8	1218,40	1266,77	1316,81	1368,57
14	9	1248,86	1304,77	1362,90	1423,31
15	10	1280,08	1343,92	1410,60	1480,24
16	11	1312,09	1384,23	1459,97	1539,45
17	12	1344,89	1425,76	1511,07	1601,03

Und nun passt es – endlich! Jetzt kannst du dir anschauen, was aus einem Einsatz von 1000 € wird, je nach Zinssatz (→ ZINSEN9.ODS).

Du meinst, 12 Jahre sind zu kurz? Was ist mit 20, 30 oder 40 Jahren? Dazu müsste man einfach entsprechend viele Zeilen hinzufügen. Aus meiner Sicht kann das aber dann ziemlich unübersichtlich werden, man hat das Ganze nicht mehr im Blick. Aber es geht ja auch so:

Kapitel 8 — Tabellen und Diagramme

	A	B	C	D	E
1	Sparprogramm		Startkapital	1000,00	
2					
3		2,50%	3,00%	3,50%	4,00%
4		102,50%	103,00%	103,50%	104,00%
5	Jahre	Endkapital			
6	5	1131,41	1159,27	1187,69	1216,65
7	10	1280,08	1343,92	1410,60	1480,24
8	15	1448,30	1557,97	1675,35	1800,94
9	20	1638,62	1806,11	1989,79	2191,12
10	25	1853,94	2093,78	2363,24	2665,84
11	30	2097,57	2427,26	2806,79	3243,40
12	35	2373,21	2813,86	3333,59	3946,09
13	40	2685,06	3262,04	3959,26	4801,02
14	45	3037,90	3781,60	4702,36	5841,18
15	50	3437,11	4383,91	5584,93	7106,68

Hier habe ich in der ersten Spalte die Jahre einfach in Fünferschritten organisiert. Das genügt auch, man muss ja nicht jedes Jahr wissen, wie viel Geld man inzwischen angespart hat, man könnte ja auch alle fünf Jahre mal nachschauen. Diese Schrittweite ist nur möglich, weil wir bei der Berechnung des Endkapitals die Jahreswerte mit in die Formeln genommen haben.

Nebenbei habe ich dafür gesorgt, dass das Wort Endkapital nur noch einmal vorkommt, das genügt ja (→ ZINSEN10.ODS).

Bedingte Formatierung

Wir könnten das Ganze optisch noch etwas aufwerten. Sobald sich mein Einsatz verdoppelt, sollte sich die Schriftfarbe ändern.

≫ Dazu markierst du alle Zellen im Bereich B6:E15.

≫ Klicke dann auf FORMAT und BEDINGTE FORMATIERUNG.

Sparplan-Variationen

≫ Im Dialogfeld sollte vor BEDINGUNG 1 ein Häkchen sein. Darunter stellst du ZELLWERT IST GRÖSSER ODER GLEICH ein und tippst im Eingabefeld direkt dahinter die Zahl 2000 ein.

Damit sind wir aber noch nicht fertig, denn wenn du jetzt auf OK klickst, verändert sich nichts Sichtbares. Dazu definieren wir am besten eine neue Vorlage.

≫ Klicke also auf die Schaltfläche NEUE VORLAGE.

≫ Im nächsten Dialogfeld solltest du im Register VERWALTEN sein. Dort gibst du einen Namen für die neue Formatvorlage ein.

≫ Wechsle dann in das Register SCHRIFTEFFEKT. Dort solltest du eine neue Farbe wählen. (Wenn du willst, kannst du anschließend die SCHRIFT noch auf Fett einstellen.) Klicke dann auf OK.

Kapitel 8 — Tabellen und Diagramme

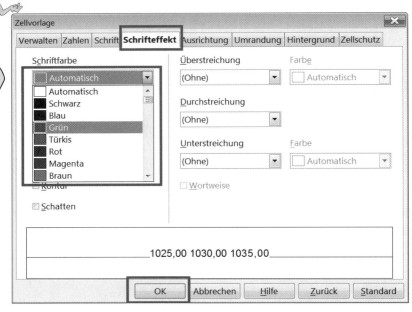

> Zuletzt musst du auch das erste Dialogfeld mit OK wieder schließen.

Anschließend sind bei mir alle Geldbeträge ab 2000 € grün und fett (→ ZINSEN10.ODS).

	A	B	C	D	E
1		Sparprogramm	Startkapital	1000,00	
2					
3		2,50%	3,00%	3,50%	4,00%
4		102,50%	103,00%	103,50%	104,00%
5	Jahre		Endkapital		
6	5	1131,41	1159,27	1187,69	1216,65
7	10	1280,08	1343,92	1410,60	1480,24
8	15	1448,30	1557,97	1675,35	1800,94
9	20	1638,62	1806,11	1989,79	2191,12
10	25	1853,94	2093,78	2363,24	2665,84
11	30	2097,57	2427,26	2806,79	3243,40
12	35	2373,21	2813,86	3333,59	3946,09
13	40	2685,06	3262,04	3959,26	4801,02
14	45	3037,90	3781,60	4702,36	5841,18
15	50	3437,11	4383,91	5584,93	7106,68

Zellbezug B6:E15, Formel =$D$1*E$4^$A15

Diagramme

Bilder kannst du auch erstellen. OpenOffice Calc ist zwar kein Malprogramm (das heißt Draw und du lernst es erst später kennen), doch es kann Tabelleninhalte grafisch darstellen. Das probieren wir gleich an unserem aktuellen Sparprogramm aus.

≫ Markiere die Zellen im Bereich B6:E15. Dann klicke auf EINFÜGEN und DIAGRAMM.

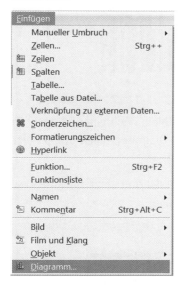

≫ Wenn du willst, kannst du gleich auf FERTIGSTELLEN klicken.

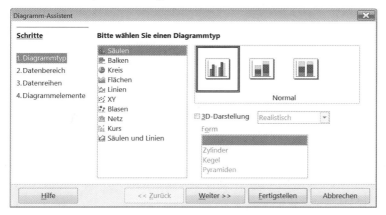

Dann legt sich ein solches Diagramm über deine Tabelle. (Die ist damit natürlich nicht verschwunden, sondern gerade nur verdeckt.)

Kapitel 8

Tabellen und Diagramme

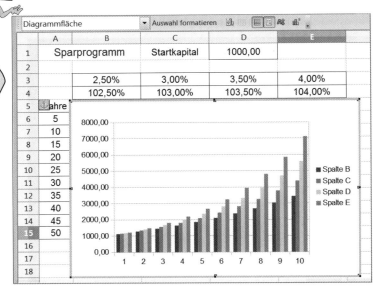

Wenn du etwas mehr Geduld hast, dann bleib noch einen Moment im Dialogfeld. Schau dich ein bisschen bei den Diagrammtypen um, probiere aus, was für dich am ehesten zur Tabelle passt.

➢ Dann schaltest du um auf DATENREIHEN und setzt für KATEGORIEN den Bereich der Spalte A (die Jahre) fest.

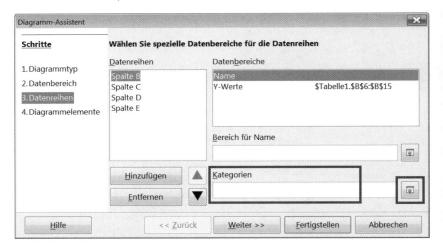

Das geht zum einen durch Eintippen. Oder du klickst auf das kleine Symbol hinter der Eingabezeile unter KATEGORIE. Dann kannst du den Bereich direkt markieren.

Diagramme

	A	B	C	D	E
1	Sparprogramm		Startkapital	1000,00	
2					
3		2,50%	3,00%	3,50%	4,00%
4		102,50%	103,00%	103,50%	104,00%
5	Jahre		Endkapital		
6	5	1131,41	1159,27	1187,69	1216,65
7	10	1280,08	1343,92	1410,60	1480,24
8	15	1448,30	1557,97	1675,35	1800,94
9	20	1638,62	1806,11	1989,79	2191,12
10	25	1853,94	2093,78	2363,24	2665,84
11	30	2097,57	2427,26	2806,79	3243,40
12	35	2373,21	2813,86	3333,59	3946,09
13	40	2685,06	3262,04	3959,26	4801,02
14	45	3037,90	3781,60	4702,36	5841,18
15	50	3437,11	4383,91	5584,93	7106,68

Datenbereich für Kategorien auswählen: Bereich

$Tabelle1.$A$6:$A$15

➢ Wenn du willst, kannst du hier noch weiter experimentieren, Änderungen am Diagramm lassen sich aber auch nachträglich noch vornehmen. Bist du bereit, klicke auf FERTIGSTELLEN.

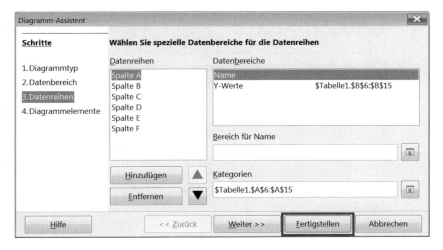

Nachbearbeitung

Am Diagramm stört mich jetzt die so genannte *Legende*. Die ist dann sinnvoll, wenn es um konkrete Bezeichnungen geht. Hier halte ich sie für überflüssig.

Kapitel 8 — Tabellen und Diagramme

> Klicke mit der rechten Maustaste ins Diagramm und wähle im Kontextmenü den Eintrag LEGENDE LÖSCHEN. Dann hat die Darstellung der Kapitalwerte mehr Platz.

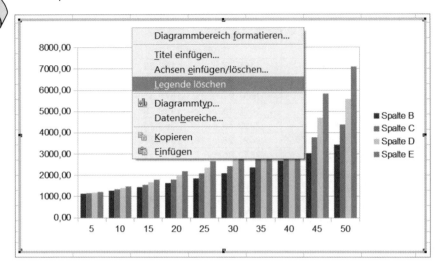

Anschließend siehst du auch, dass die x-Achse (die Horizontale) passend mit den Jahren beschriftet ist. Die Euro-Beträge an der y-Achse stimmten ja schon vorher (→ ZINSEN11.ODS).

	A	B	C	D	E
3		2,50%	3,00%	3,50%	4,00%
4		102,50%	103,00%	103,50%	104,00%
5	Jahre	Endkapital			
6	5	1131,41	1159,27	1187,69	1216,65
7	10	1280,08	1343,92	1410,60	1480,24
8	15	1448,30	1557,97	1675,35	1800,94
9	20	1638,62	1806,11	1989,79	2191,12
10	25	1853,94	2093,78	2363,24	2665,84
11	30	2097,57	2427,26	2806,79	3243,40
12	35	2373,21	2813,86	3333,59	3946,09
13	40	2685,06	3262,04	3959,26	4801,02
14	45	3037,90	3781,60	4702,36	5841,18
15	50	3437,11	4383,91	5584,93	7106,68

Diagramme

Willst du dein Diagramm noch ein bisschen tunen, dann öffnest du mit einem Rechtsklick das Kontextmenü, über das wir vorhin die Legende gelöscht haben. Hier lässt sich z.B. auch ein Titel fürs Diagramm einfügen. Oder wenn du DIAGRAMMTYP anklickst, kannst du dir ein neues Diagramm (für dieselben Daten) aussuchen.

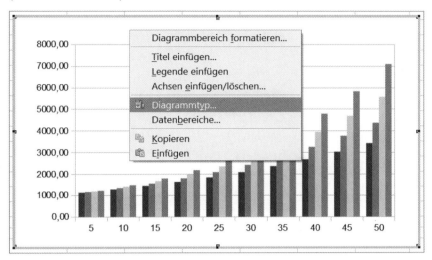

Ich habe als Beispiel mal Linien aus dem nicht gerade kleinen Angebot ausgewählt. Das kennst du von der Schule, wenn es in Mathe um Funktionen ging.

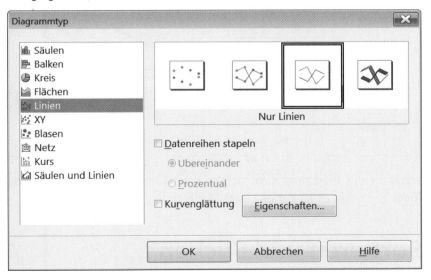

Vielleicht könnte man hier auch wieder eine Legende einführen. Dazu wäre es sinnvoll, die Begriffe Bereich B,C,D,E zu ersetzen. Das geht auch wieder über das Kontextmenü und den Eintrag DATENBEREICHE. Nur musst du

Kapitel 8 — Tabellen und Diagramme

jeden einzelnen Begriff anklicken und die entsprechende Zelle (mit den Prozenten) wählen.

Anschließend könnte das Diagramm so aussehen:

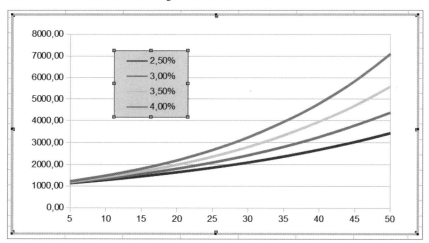

Wenn dir das Diagramm nicht gefällt, dann kannst du es weiter ändern. (Oder du löschst es wieder und erstellst ein neues.)

Sortieren und Suchen

Damit möchte ich erst mal aufhören, über Geld zu reden. Zum Schluss solltest du wissen, dass man in einer Tabelle von OpenOffice Calc auch einfach nur Daten sammeln kann. Zum Beispiel eine Einkaufsliste oder eine Liste

Sortieren und Suchen

von allem, was du so hast. Oder wie in meinem folgenden Beispiel, einfach nur ein paar Namen und Telefonnummern.

➤ Erzeuge dazu eine neue Tabelle. Davon sollen vier Spalten genutzt werden. Gib ihnen die Titel Name, Vorname, Telefon und Handy. Anschließend gib ein paar Daten ein, also Namen und Nummern. Wenn du willst, kannst du auch ein paar von diesen oder alle übernehmen (→ LISTE1.ODS):

Name	Vorname	Telefon	Handy
Hauer	Axel	069/231103	0171/17055432
Bolika	Anna	0221/979080	0156/23099437
Maier	Martin	0541/442165	0151/14203301
Hunger	Irina	030/246800	0151/82880134
Mobil	Otto	0711/110959	0176/44033125
Korrump	Sepp	0228/975319	0162/71023948

Natürlich lässt sich das Ganze noch um weitere Spalten ergänzen (dazu hast du im nächsten Kapitel die Möglichkeit). Doch es geht mir hier jetzt darum, dass ich diese Liste sortiert bekomme.

	A	B	C	D
1	Name	Vorname	Telefon	Handy
2	Hauer	Axel	069/231103	0171/17055432
3	Bolika	Anna	0221/979080	0156/23099437
4	Maier	Martin	0541/442165	0151/14203301
5	Hunger	Irina	030/246800	0151/82880134
6	Mobil	Otto	0711/110959	0176/44033125
7	Korrump	Sepp	0228/975319	0162/71023948

Klar, ich hätte sie auch gleich schon nach dem Alphabet eintippen können, aber in der Regel fügt man die Namen hinzu, wie sie kommen. Und dann ist eine Liste erst mal unsortiert. Die Arbeit, da jetzt eine alphabetische Ordnung hineinzubringen, können wir aber OpenOffice Calc überlassen.

➤ Markiere die ganze Tabelle. Dann klicke auf DATEN und SORTIEREN.

Kapitel

Tabellen und Diagramme

8

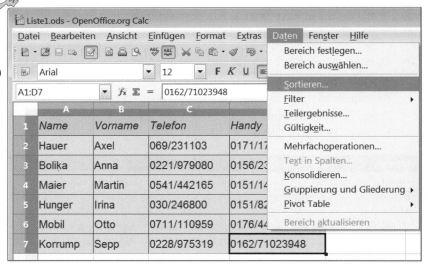

≫ Im Dialogfeld kannst du nun Bedingungen einstellen, nach denen sortiert werden soll. Hier genügt es, hinter SORTIEREN NACH Name einzustellen. Falls du aber mal zwei oder mehr Eintragungen mit gleichem Nachnamen hast, könntest du hinter ANSCHLIESSEND NACH noch Vorname einstellen. Klicke dann auf OK.

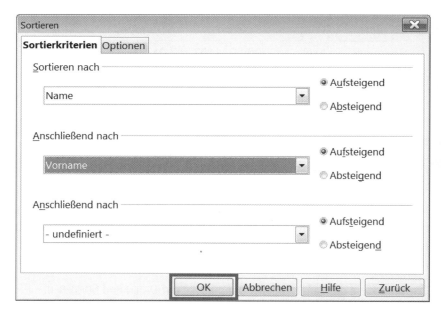

Und schon ist die markierte Liste neu sortiert (→ LISTE2.ODS).

Sortieren und Suchen

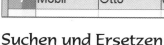

	A	B	C	D
1	Name	Vorname	Telefon	Handy
2	Bolika	Anna	0221/979080	0156/23099437
3	Hauer	Axel	069/231103	0171/17055432
4	Hunger	Irina	030/246800	0151/82880134
5	Korrump	Sepp	0228/975319	0162/71023948
6	Maier	Martin	0541/442165	0151/14203301
7	Mobil	Otto	0711/110959	0176/44033125

Suchen und Ersetzen

So eine Liste kann schon sehr groß werden, wenn man viele Freunde und Bekannte hat. Um dann nach einem Namen zu suchen, könnte man die Liste durchblättern. Oder man nutzt die Such-Funktion, mit der man auch Werte ersetzen kann.

Probieren wir das einmal aus, indem wir alle führenden Nullen der Nummern für Festnetz- und Mobil-Telefon durch die international für Deutschland übliche Vorwahl +49 ersetzen.

➢ Klicke auf BEARBEITEN und SUCHEN & ERSETZEN.

➢ Das Dialogfeld kennst du bereits von OpenOffice Writer. Unter SUCHEN NACH gibst du eine Null ein und unter ERSETZEN DURCH +49.

Kapitel 8 — Tabellen und Diagramme

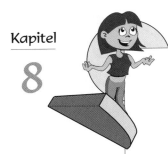

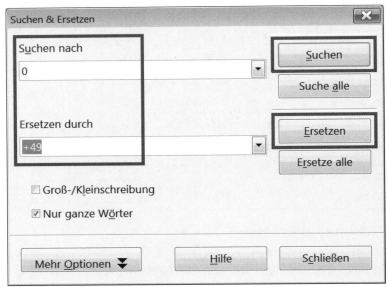

» Dann klickst du (abwechselnd) auf SUCHEN und immer dann auf ERSETZEN, wenn du eine führende 0 gefunden hast. (Keinesfalls solltest du ERSETZEN ALLE benutzen, denn dann werden wirklich sämtliche Nullen ersetzt.)

Ja, und dann könnte die Liste schließlich so aussehen (→ LISTE3.ODS):

	A	B	C	D
1	Name	Vorname	Telefon	Handy
2	Bolika	Anna	+49221/979080	+49156/23099437
3	Hauer	Axel	+4969/231103	+49171/17055432
4	Hunger	Irina	+4930/246800	+49151/82880134
5	Korrump	Sepp	+49228/975319	+49162/71023948
6	Maier	Martin	+49541/442165	+49151/14203301
7	Mobil	Otto	+49711/110959	+49176/44033125

Zelle D7: +49176/44033125

Zusammenfassung

Und damit reicht es erst einmal mit Zahlen, Formeln und sonst was für Daten. Ein bisschen Neuwissen hat sich auch in diesem Kapitel wieder angesammelt.

Du hast noch mehr Erfahrung mit der Adressierung von Zellen:

Spalte	Zeile	Beispiel	Spalte	Zeile	Beispiel
relativ	relativ	A1	relativ	absolut	A$1
absolut	absolut	$A$1	absolut	relativ	$A1

Und du weißt etwas über bedingte Formatierung, Sortieren, Suchen und Diagramme:

Zellen abhängig von Bedingungen formatieren	Klicke auf FORMAT/BEDINGTE FORMATIERUNG (erstelle neue Formatvorlage).
Zelleninhalte sortieren	Klicke auf DATEN/SORTIEREN.
Zelleninhalte suchen	Klicke auf BEARBEITEN/SUCHEN & ERSETZEN und SUCHEN (SUCHE ALLE).
Zelleninhalte ersetzen	Klicke auf BEARBEITEN/SUCHEN & ERSETZEN und ERSETZEN (ERSETZE ALLE).
Diagramm einfügen	Klicke auf EINFÜGEN/DIAGRAMM.

Das war es dann mit OpenOffice Calc. Es gibt noch vieles, was dieses Modul kann, aber nur ein Teil lässt sich hier vorstellen. Ganz lassen wir die Finger nicht von Tabellen, im nächsten Kapitel sammeln wir weiter Daten.

Fragen und Aufgaben

1. Welche Datenbereiche werden in einem Diagramm ausgewertet?
2. Ändere in der Zinsen-Tabelle die Zinssätze in Einer-Schritten (starte mit 2%).
3. Erweitere in einem der Zinsen-Dokumente die bedingte Formatierung, ändere die erste auf zwischen 2000 und 4000 und erzeuge eine zweite Bedingung für ein Endkapital größer als 4000.
4. Ändere das Sparprogramm so um, dass diesmal ein Zielkapital von 5000 € vorgegeben ist. Mit welchem Startkapital musst du bei einem Zinssatz zwischen 5% und 10% beginnen, wenn du 5 bis 50 Jahre sparen willst?

Kapitel 8 — Tabellen und Diagramme

5. Angenommen, für dich liegen dein Spareinsatz von 1000 € und dein Zielkapital von 5000 € fest. Das Geld willst du nach 10 Jahren haben. Wie hoch müsste dann der Prozentsatz sein, für den du jährlich Gewinne einfahren willst?

6. Noch mal 1000 € Startkapitel und 5000 € Zielkapital. Jetzt willst du wissen, für wie viele Spar-Jahre du welchen Prozentsatz brauchst. Wie musst du dann die Zinseszins-Formel umstellen?

Teil III: Datensätze mit OpenOffice Base

9 Felder und Formulare

Vielleicht ist es langsam an der Zeit, sich einen Überblick über seine Bestände zu verschaffen. Um damit auch wieder mehr Durchblick zu bekommen: Namen und Adressen, Musik- und Video-Sammlungen, Bücher und nicht zuletzt das, was man alles noch so an Daten auf CD oder DVD gebrannt hat. Mit der Datenbank Base von OpenOffice bietet sich dir eine Möglichkeit, endlich einmal richtig aufzuräumen.

In diesem Kapitel lernst du

- wie man eine Datenbank anlegt,
- was Feldnamen und Feldtypen sind,
- wie man eine Tabelle mit Daten füllt,
- etwas über Formulare,
- wie man eine Abfrage erstellt,
- was Berichte sind.

Kapitel

Felder und Formulare

9

Eintritt in die Bank

Natürlich gehen wir das Ganze gemächlich an: Für den Start nehme ich als Vorlage ein Adressbuch, in dem meine Freunde und Bekannten aufgeführt sind.

Nach dem Start von OpenOffice wählst du diesmal im Auswahlfeld den Eintrag DATENBANK aus und klickst darauf.

Kurze Zeit später versperrt dir ein Dialogfeld den Weg zum Hauptfenster von *OpenOffice Base*.

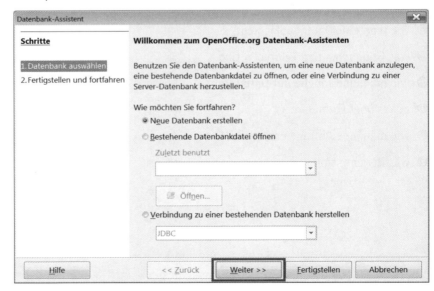

Eintritt in die Bank

Na ja, in eine Bank kommt man eben nicht so leicht, auch wenn dort kein Geld gelagert ist.

➢ Du kannst dir alles durchlesen, lass aber die Einstellungen, wie sie sind, und klicke dann auf WEITER. Damit bist du schon mal im Vorraum.

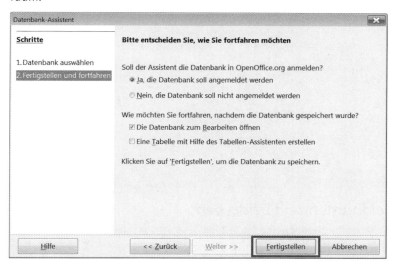

➢ Auch hier kannst du alles lesen, solltest es aber so eingestellt lassen, wie es ist. Klicke auf FERTIGSTELLEN.

➢ Nun musst du die neue Datenbank nur noch speichern. Wenn du willst, kannst du auch einen neuen Namen wählen, z.B. Dbank1. Dann klicke auf SPEICHERN.

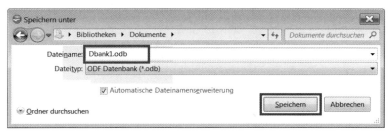

Und dir wird Eintritt gewährt. Endlich landest du im Hauptfenster von OpenOffice Base.

Kapitel 9  Felder und Formulare

Feldnamen und Feldtypen

Sieht noch ziemlich leer aus hier, und im Vergleich zu den Fenstern von Writer und Calc auch irgendwie fremd.

Ehe wir weitergehen, müssen wir wissen, was wir in unserer Datenbank unterbringen wollen. Da wäre zum einen die Möglichkeit, Namen und Adressen samt Telefonnummern zu sammeln. Andere Beispiele für Datenbanken wären Musik- und Büchersammlungen. Auch die Daten aller Schwerverbrecher (und nicht nur deren Daten) liegen in einer Datenbank.

Bleiben wir bei den Daten von Menschen, die uns vertraut sind. Ich habe vor, die Namen und Adressen meiner Freunde in einer eigenen Datei anzulegen. Sozusagen als Backup (oder Sicherung) der Daten, die ich auch auf meinem Smartphone und in meinem E-Mail-Programm gespeichert habe.

Dazu sind mir folgende Angaben wichtig: Name und Vorname, der Wohnort und die Straße, ein bis zwei Telefonnummern, eine E-Mail-Adresse. Und vielleicht noch ein Plätzchen für ein paar Bemerkungen (→ DBANK1.ODB).

> Die Kennung *ODB* steht für »Open Data Base«, das Format, in dem du deine Datenbank-Dateien abspeichern kannst.

Eintritt in die Bank

≫ Klicke auf den Eintrag TABELLE IN DER ENTWURFSANSICHT ERSTELLEN.

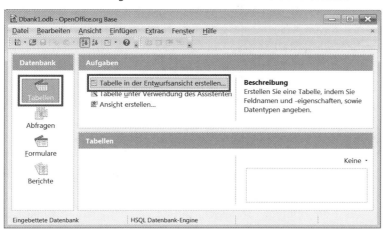

Ein neues Fenster öffnet sich. Dort kannst du nun unter FELDNAME deine Einträge (wie Name, Vorname usw.) festlegen.

≫ Tippe untereinander die Feldnamen ein, für die du später Daten sammeln willst.

Feldname	Feldtyp	Beschreibung
Name	Text [VARCHAR]	
Vorname	Text [VARCHAR]	
Straße	Text [VARCHAR]	
PLZ	Text [VARCHAR]	
Wohnort	Text [VARCHAR]	
Telefon	Text [VARCHAR]	
Handy	Text [VARCHAR]	
E-Mail	Text [VARCHAR]	

Kapitel 9 — Felder und Formulare

Bei jedem Eintrag kannst du mitverfolgen, dass auch unter FELDTYP etwas erscheint. Hier ist es Text [VARCHAR]. Was heißt, dass OpenOffice erst mal davon ausgeht, dass du für »Name«, »Vorname« usw. einen Text eingeben willst. Statt Feldtyp kann man auch Datentyp sagen.

> Wenn du es ganz genau wissen willst: Das in eckigen Klammern stehende VARCHAR kürzt »Variable Character« ab und bedeutet frei übersetzt so viel wie »Veränderbare Zeichenkette«. Was ja auch stimmt: Denn du kannst für den Namen eine Kette von beliebigen Zeichen eingeben (und diese natürlich später auch ändern). Das mit der Eingabe kommt aber erst später, noch sind wir beim Entwurf unserer Tabelle.

Du kannst die Feldtypen so lassen, kannst sie aber auch an einigen Stellen in Zahlen ändern:

➢ Dazu klickst du hinter dem betreffenden Eintrag auf das kleine Dreieck und öffnest damit ein Menü, in dem du unter zahlreichen Datentypen wählen kannst. Ich habe für die Postleitzahl als Feldtyp Zahl [NUMERIC] gewählt. Muss man aber nicht.

➢ Bist du mit deinen Einträgen für Feldnamen und -typen fertig, kannst du unter BESCHREIBUNG noch etwas eintippen.

Das ist sinnvoll, wenn ein Feldname sich nicht genügend selbst erklärt. Hier ist es aus meiner Sicht überflüssig. Aber tu dir keinen Zwang an: Wenn du etwas eintragen willst, nur zu!

Tabelle in Datenbank speichern

Die Einträge unter Feldeigenschaften würde ich so lassen und nicht weiter beachten. Zum Schluss muss die Tabelle gespeichert werden.

➢ Klicke dazu auf DATEI und SPEICHERN.

Eintritt in die Bank

> Den Namen Tabelle1 kannst du stehen lassen. Klicke auf OK.

Es wird aber noch nichts gespeichert, sondern ein weiteres Dialogfeld taucht auf: »Kein Primärschlüssel«. Darunter steht die Erklärung, die du dir unbedingt durchlesen solltest.

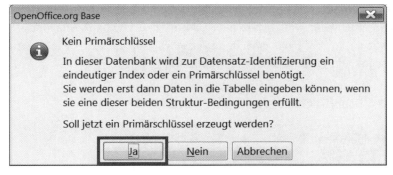

> Anschließend bleibt dir keine andere Wahl, als auf JA zu klicken.

Und in der Tabelle taucht (ganz oben) eine weitere Zeile auf. Mit »ID« ist eben der Primärschlüssel gemeint (auch Identifikations-Schlüssel genannt). Er besteht aus einer einfachen ganzen Zahl, deshalb der Feldtyp Integer (was »Ganzzahl« heißt).

Kapitel

Felder und Formulare

Nun endlich ist die Tabelle gespeichert. Und wir können Daten eingeben.

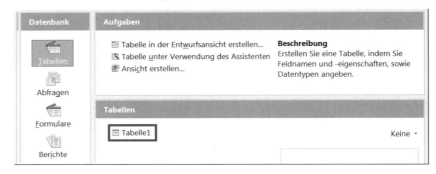

Hier bedeutet das Speichern nicht, dass die Tabelle in einer Extra-Datei untergebracht wird, sondern sie wird in die Datenbank eingebettet. Womit du am Ende nur eine Datei für jedes Projekt hast – wie du es auch schon von Writer und Calc gewohnt bist.

≫ Doppelklicke auf den Eintrag TABELLE1.

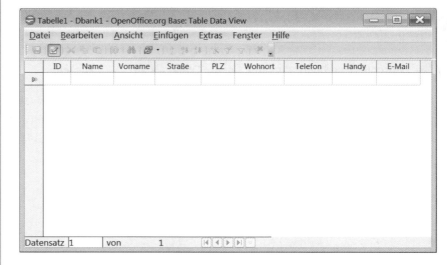

Eintritt in die Bank

Dateneingabe

Die erste Zeile wartet nun auf deine Eingaben. Zum Beispiel könnten dort diese Daten stehen, die ich hier (aus Platzgründen) untereinander angeordnet habe:

- Hauer
- Axel
- Schlagring 7
- 60329
- Frankfurt
- 069/231103
- 0171/17055432
- AxelHauer@gmail.com

Wie du siehst, habe ich mich bei der Tabelle bedient, die wir im letzten Kapitel erstellt haben, und diese Daten noch ein bisschen erweitert.

	ID	Name	Vorname	Straße	PLZ	Wohnort	Telefon	Handy	E-Mail
	1	Hauer	Axel	Schlagring	60329	Frankfurt	069/231103	0171/1705	AxelHauer
※									

➣ Als ID gibst du eine ganze Zahl ein, am besten beginnst du mit 1. (Das ist nicht fest vorgeschrieben, du kannst eigentlich jede beliebige Zahl verwenden.) Dann trägst du unter Name den Nachnamen der ersten Person in deiner Liste ein usw.

Wenn du keine ID eingibst, weigert sich OpenOffice Base, weitere Daten anzunehmen.

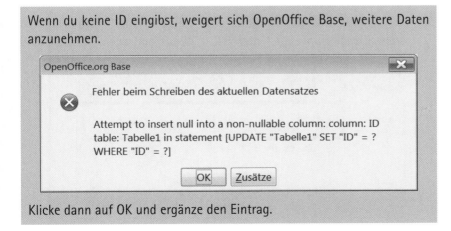

Klicke dann auf OK und ergänze den Eintrag.

Kapitel 9 — Felder und Formulare

Deine Eingaben korrigierst du auf dieselbe Weise, wie du es von Writer oder Calc her kennst. Wenn du fertig bist, solltest du die Tabelle erst einmal speichern.

Willst du eine ganze Datenzeile wieder entfernen, dann musst du sie markieren und dann auf [Entf] drücken.

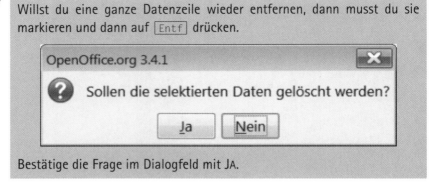

Bestätige die Frage im Dialogfeld mit JA.

Als Nächstes sollten wir uns um die Spaltenbreite kümmern, die ändert sich nämlich nicht von selbst.

> Klicke mit der rechten Maustaste auf den Feldnamen einer Spalte. Im Kontextmenü klickst du auf SPALTENBREITE.

	ID	Name	Vorname	Straße	PLZ	Wohnort	Telefon	Handy	E-Mail
	1	Ha	Spaltenformatierung...		60329	Frankfurt	069/231103	0171/1705	AxelHauer
	2	Bol	Spaltenbreite...		50670	Köln	0221/97908	0156/2309	annabolika
	3	Ma			40223	Düsseldorf	0541/44216	0151/1420	MMaier95(
	4	Hu	Spalte ausblenden		12435	Berlin	030/246800	0151/8288	irina.hunge
	5	Mobil	Otto	Rennbahn	70597	Stuttgart	0711/11095	0176/4403	Ottomobil
▷	6	Korrump	Sepp	Waschanla	10115	Berlin	0228/97531	0162/7102	SeppKorr@
✱									

> Im Dialogfeld sorgst du dafür, dass vor AUTOMATISCH kein Häkchen steht. Dann kannst du hinter BREITE etwas eintragen. Abschließend klickst du auf OK.

Formulare

Du kannst aber die Breite der einzelnen Spalten auch mit der Maus direkt einstellen. Dazu musst du auf die Trennlinie zwischen den Feldnamen klicken und ziehen, wenn der Mauszeiger sich in ein Kreuz verändert. Wenn du die passende Breite gefunden hast, lass die Maustaste wieder los.

ID	Name	Vorname	Straße	PLZ	Wohnort	Telefon	Handy	E-Mail
1	Hauer	Axel	Schlagring	60329	Frankfurt	069/231103	0171/1705	AxelHauer
2	Bolika	Anna	Auf dem Ol	50670	Köln	0221/97908	0156/2309	annabolika
3	Maier	Martin	Monatsweg	40223	Düsseldorf	0541/44216	0151/1420	MMaier95
4	Hunger	Irina	Frittenallee	12435	Berlin	030/246800	0151/8288	irina.hung
5	Mobil	Otto	Rennbahn	70597	Stuttgart	0711/11095	0176/4403	Ottomobil
6	Korrump	Sepp	Waschanla	10115	Berlin	0228/97531	0162/7102	SeppKorr@

Meine Tabelle sieht schließlich so aus:

ID	Name	Vorname	Straße	PLZ	Wohnort	Telefon	Handy	E-Mail
1	Hauer	Axel	Schlagring 7	60329	Frankfurt	069/231103	0171/17055432	AxelHauer@gmail.com
2	Bolika	Anna	Auf dem Olymp 88	50670	Köln	0221/979080	0156/23099437	annabolika@web.de
3	Maier	Martin	Monatsweg 15	40223	Düsseldorf	0541/442165	0151/14203301	MMaier95@gmx.net
4	Hunger	Irina	Frittenallee 6	12435	Berlin	030/246800	0151/82880134	irina.hunger@web.de
5	Mobil	Otto	Rennbahn 111	70597	Stuttgart	0711/110959	0176/44033125	Ottomobil@outlook.de
6	Korrump	Sepp	Waschanlage 1000	10115	Berlin	0228/975319	0162/71023948	SeppKorr@gmail.com

Stimmt, das sind noch nicht so viele, aber nicht jeder hat 100 Freunde, und da kommen ja mit der Zeit noch ein paar dazu. Genauer gesagt bald.

Formulare

Jetzt aber kümmern wir uns um das Datenbank-Tuning. Das Ganze soll ja auch möglichst benutzerfreundlich sein. Man kann zwar die Tabelle zur Eingabe neuer Daten verwenden, aber geht das nicht ein bisschen edler?

Das, was wir bis jetzt in OpenOffice Base getan haben, lässt sich eigentlich auch in Calc erledigen. Bis auf die IDs, die ja hier unbedingt nötig zu sein scheinen. Also schauen wir mal, was es noch so gibt. Dabei stoßen wir im Hauptfenster links unter TABELLEN auf Schaltflächen für Anfragen, Formulare und Berichte.

> Für dich am interessantesten sollte jetzt ein passendes FORMULAR für die Daten deiner Personensammlung sein. Deshalb klicke auf die entsprechende Schaltfläche.

Kapitel

9

Felder und Formulare

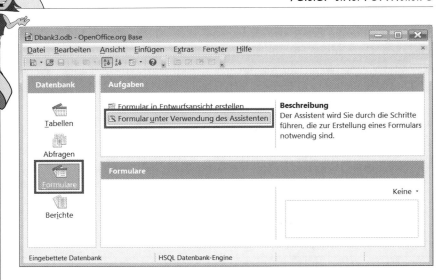

› Diesmal lassen wir uns von einem Assistenten helfen. Klicke auf den Eintrag FORMULAR UNTER VERWENDUNG DES ASSISTENTEN ERSTELLEN.

Gleich zweimal öffnet sich etwas, erst ein neues Fenster, von dem wir aber noch nicht viel sehen können, weil es gleich von einem Dialogfeld überdeckt wird.

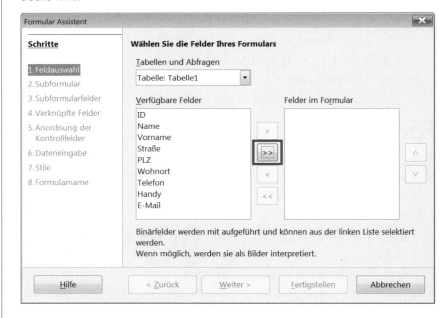

Formulare

Felder einfügen

Unter TABELLEN UND ABFRAGEN ist die von uns erstellte Tabelle schon aufgeführt. Und darunter stehen alle Feldnamen dieser Tabelle.

» Weil wir sie hier alle im Formular verwenden wollen, klickst du in der Mitte zwischen VERFÜGBARE FELDER und FELDER IM FORMULAR auf die »>>«-Schaltfläche.

Nun sind alle Felder für das Formular verwendbar. Es gibt aber auch Fälle, wo in einem Formular nicht alle Daten zur Bearbeitung zur Verfügung stehen sollen. Das könnte zum Beispiel bei Bemerkungen oder bei besonderen Merkmalen zutreffen, die man noch seinen Datensätzen hinzufügen möchte. Dann muss man die Felder einzeln anklicken und mit der ersten Schaltfläche hinüber transportieren.

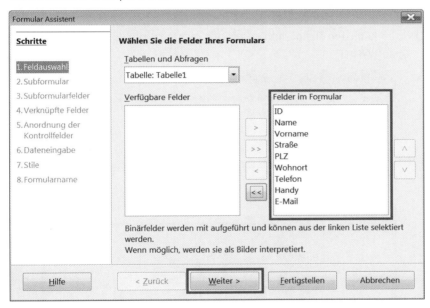

» Wenn du alles von links nach rechts verschoben hast, was du im Formular verwenden willst, klicke auf WEITER.

Kapitel 9 — Felder und Formulare

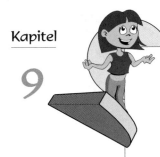

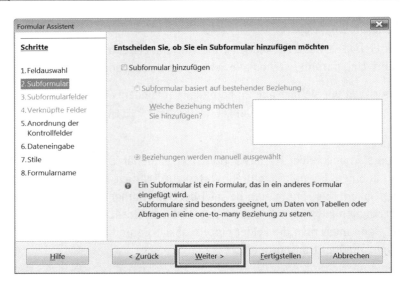

≫ Im nächsten Dialog gibt es für uns nichts zu tun, klicke also noch mal auf WEITER.

Formgebung

Nun kannst du dich schon mal um die grobe Anordnung der Datenfelder kümmern. Dabei gibt es hauptsächlich zwei Arten: Entweder die Feldnamen stehen *neben* oder *über* den Eingabefeldern für die Daten. (Daneben gibt es auch noch eine normale Tabelle als Formular.)

Formulare

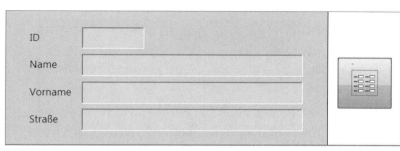

Hier stehen die Feldnamen neben den Eingabefeldern.

Bei dieser Anordnung befinden sich die Feldnamen oberhalb der Eingabefelder.

Wenn du das Dialogfeld etwas zur Seite schiebst, kannst du zumindest einen Teil des Formularfensters sehen und mitverfolgen, wie welche Anordnung etwa aussieht. (Denn da lässt sich später noch einiges an deine Vorstellungen anpassen.)

➢ Such dir etwas aus und klicke dann auf WEITER.

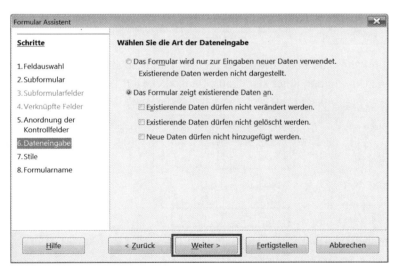

Im nächsten Dialog würde ich alles so belassen, denn ich gehe davon aus, dass auch bereits vorhandene Daten angezeigt werden sollen, um sie zu bearbeiten.

Kapitel 9 — Felder und Formulare

Das ist nicht immer erwünscht. So kann es manchmal sinnvoll sein (etwa wenn man jemand anderen an seine Datenbank heranlässt), dass nur neue Daten eingetragen werden können. Die anderen sind entweder gar nicht zu sehen oder man kann sie nicht verändern.

Viele Datenbestände werden von vielen Personen gesichtet und bearbeitet. Da muss dann schon ein Unterschied gemacht werden, ob die betreffende Person z. B. Daten über Kriminelle oder Verdächtige nur anschauen oder sie auch beliebig verändern kann. Oder eine Zeugnisdatei: Nicht jeder Lehrer darf alle Zeugniszensuren ändern können. Anschauen ja, aber nicht anfassen.

➤ Klicke also einfach auf WEITER.

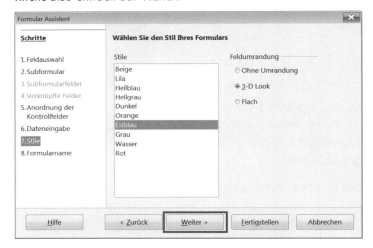

➤ Nun kannst du noch etwas für die Optik tun. Such dir einen Stil und eine Umrandung (oder keine) aus. Dann klicke auf WEITER.

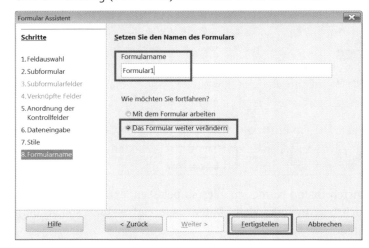

Formulare

Und nun wird's etwas komplizierter. Denn du musst gleich ein paar Dinge beachten. Zuerst solltest du dem Formular einen anderen Namen geben als der Tabelle – musst du aber nicht. Auch wenn beide Male derselbe Namen verwendet wird, Tabelle und Formular werden in der Datenbank als getrennte Elemente betrachtet (→ DBANK2.ODB).

➤ Wenn du den Namen ändern willst, tippe Formular1 ein.

➤ Weil wir das Formular nicht gleich benutzen, sondern es erst noch weiter bearbeiten wollen, sorgst du dafür, dass der Eintrag DAS FORMULAR WEITER VERÄNDERN aktiviert ist. Dann klicke (endlich) auf FERTIGSTELLEN.

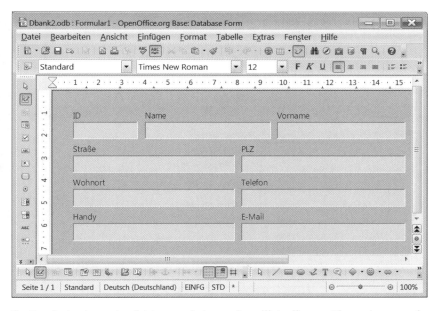

Fertig sind wir noch nicht, es sei denn, du willst alles so übernehmen, wie es sich ergeben hat.

Feldarbeit

Ich finde, dass dieses oder jenes Feld zu viel Platz einnimmt. Außerdem wäre es sinnvoll, die Reihenfolge bzw. Position einiger Datenfelder zu ändern. Deshalb ist bei mir jetzt Handarbeit angesagt.

➤ Klicke auf das ID-Feld. Damit wird es markiert. Du kannst es nun mit der Maus verschieben und seine Größe ändern. Willst du es auf den Punkt genau haben, dann klickst du mit der rechten Maustaste auf das markierte Feld und öffnest ein Kontextmenü.

Kapitel 9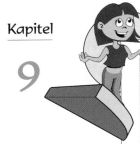

Felder und Formulare

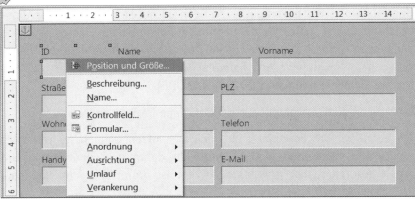

≫ Dort klickst du auf POSITION UND GRÖSSE.

Im gleichnamigen Register des Dialogfeldes kannst du nun die Breite und die Höhe eines Feldes genau einstellen. (Ich habe hier das ID-Feld etwas schmaler gemacht.)

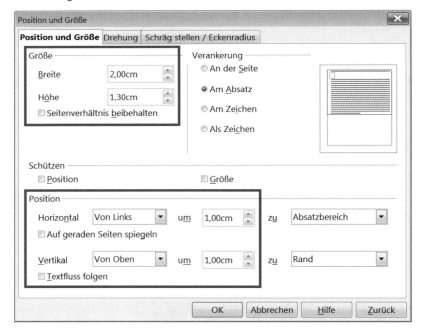

Außerdem lässt sich hier die Position ändern (auch relativ zu einem Rand oder einem Bereich).

≫ Probier einfach aus, was so geht. Dann klicke auf OK.

Formulare

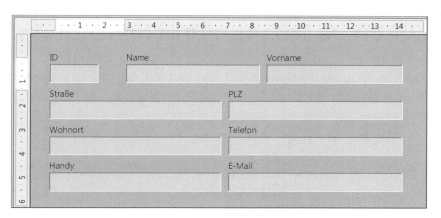

Und dann nimmst du dir jedes weitere Feld vor, das du verändern möchtest. Und denk daran: Du kannst die Felder auch mit der Maus verschieben oder in Breite und Höhe ändern.

Bei mir sieht das ganze Formular schließlich so aus:

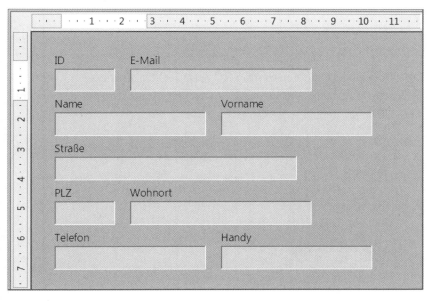

> Wenn du fertig bist, speichere den Formularentwurf über DATEI und SPEICHERN. Dann kannst du das Fenster schließen (→ DBANK3.ODB).

Kapitel

Felder und Formulare

9 Daten bearbeiten und anschauen

Nun bist du wieder im Hauptfenster. Von dort aus starten wir nun erneut ins Formularfenster, doch jetzt wollen wir Daten eingeben.

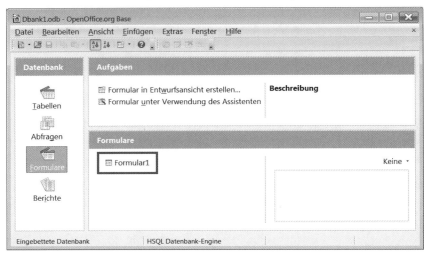

> Doppelklicke auf den Eintrag FORMULAR1. Oder du klickst mit der rechten Maustaste darauf und suchst im Kontextmenü den Eintrag ÖFFNEN.

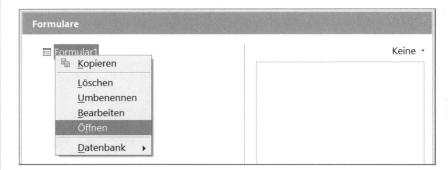

Direkt darüber befindet sich im Kontextmenü der Eintrag BEARBEITEN. Falls du am Formularentwurf noch etwas verändern willst, klickst du darauf.

Ja und nun landest du mitten im ersten Datensatz.

Daten bearbeiten und anschauen

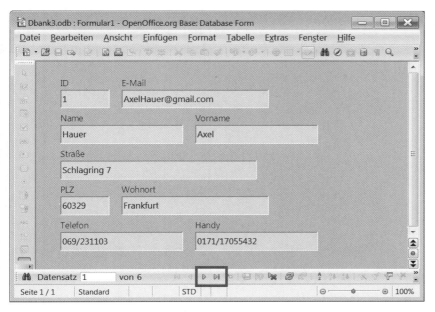

Weil es hier wie auch bei den folgenden Daten wohl aktuell nichts zu ändern gibt, kannst du dich bis zum letzten Datensatz durchblättern. Ganz unten sind einige kleine Symbole. Mit denen kommt man entweder von Satz zu Satz oder zurück. Oder man klickt sich ganz an den Anfang oder das Ende des Datenbestandes.

≫ Sorge dafür, dass du beim letzten Datensatz landest. Klickst du anschließend nochmals auf die Schaltfläche für NÄCHSTER DATENSATZ, dann bist du in einem neuen noch leeren Satz.

Ein neuer Datensatz

Hier kannst du nun neue Daten eingeben. Ich habe noch zwei neue Freunde gefunden (→ DBANK4.ODB).

≫ Ergänze die Datenbank um diese zwei Datensätze. (Du kannst natürlich auch Personen nehmen, die *du* als neue Freunde gewonnen hast.)

Kapitel 9 — Felder und Formulare

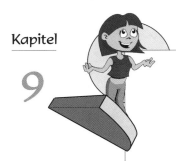

7	MarthaM89@gmail.com
Meyer	Martha
Hühnergasse 51	
30669	Hannover
0511/725066	0152/60543203

8	HassanXXL@gmx.de
Nassah	Hassan
Dreieck 2	
80331	München
089/571173	0171/66010234

Noch mal zur ID: Du musst die Datensätze nicht durchnummerieren, kannst also jede beliebige Zahl verwenden. Sie muss nur eindeutig sein, darf nicht mehr als einmal vorkommen, sonst erntest du eine solche Fehlermeldung:

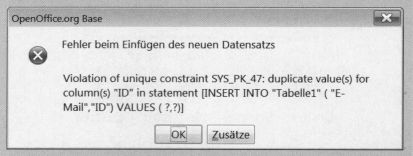

OpenOffice Base verwendet die ID zur eindeutigen Identifizierung eines Datensatzes. Die ID ist seine Kennnummer (so wie die Nummer auf deinem Personalausweis zum Beispiel).

Du kannst jeden Datensatz nach einer Eingabe speichern, wenn du eine der Schaltflächen benutzt, die direkt neben den Symbolen für das Blättern durch die Datensätze stehen.

Daten bearbeiten und anschauen

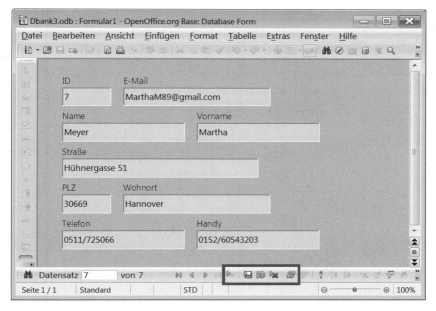

Auch beim Aktualisieren und Entfernen von Datensätzen könnten dir diese Schaltflächen nützlich sein:

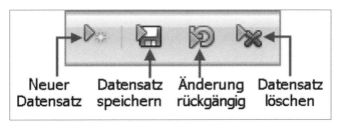

Eine Abfrage erstellen

Nun haben wir einige Datensätze zusammen und würden uns diese auch mal gern in einer geordneten Reihenfolge anschauen. Wie schon erwähnt, ist die ID (auch Primärschlüssel genannt) nur zur eindeutigen Wiedererkennung eines Datensatzes (durch OpenOffice) geeignet, wir hätten also von vornherein z. B. auch drei- oder vierstellige Zahlen benutzen können.

Um Datensätze wie gewünscht anzuzeigen, dafür sind die ABFRAGEN zuständig (→ DBANK5.ODB).

➔ Deshalb klicke auf die entsprechende Schaltfläche.

Kapitel

Felder und Formulare

9

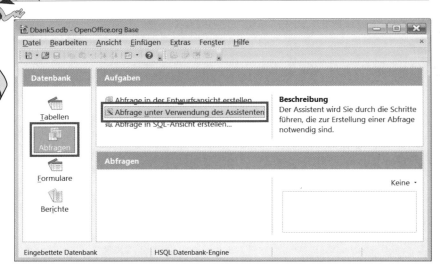

> Auch hier nehmen wir die Hilfe eines Assistenten in Anspruch. Klicke auf den Eintrag ABFRAGE UNTER VERWENDUNG DES ASSISTENTEN ERSTELLEN.

Das Dialogfeld kommt dir bekannt vor? Es sieht ein bisschen anders aus, doch der Aufbau dürfte dir vertraut sein.

Unter TABELLEN UND ABFRAGEN siehst du wieder die von uns erstellte Tabelle. Von den Feldnamen in der Liste darunter werden wir nicht alle brauchen. So sollten wir auf die Anzeige der ID verzichten.

> Klicke auf jedes Feld unter VERFÜGBARE FELDER, dessen Inhalt du angezeigt haben willst. Dann klicke jeweils auf die »>«-Schaltfläche, um sie in die Liste unter FELDER IN DER ABFRAGE zu verschieben.

Daten bearbeiten und anschauen

Ich habe mich hier auf die Telefonnummern und die E-Mail-Adresse beschränkt, Wohnort und Straße lasse ich aus dieser Abfrage weg.

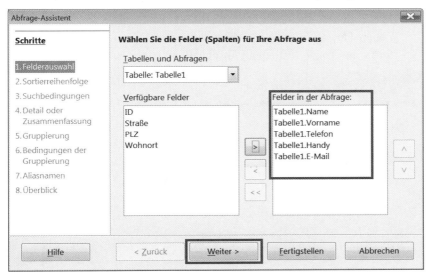

» Wenn du die gewünschten Felder von links nach rechts verschoben hast, klicke auf WEITER.

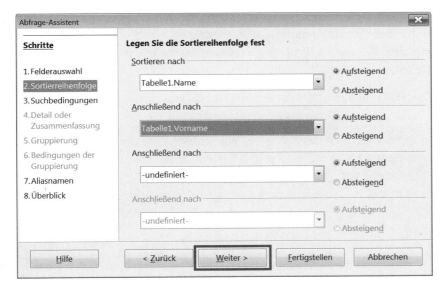

Sortiert oder unsortiert?

Im nächsten Dialog legen wir die Sortierreihenfolge fest. Hier kannst du endlich angeben, dass alle Personen alphabetisch nach ihrem Namen geordnet angezeigt werden sollen. Falls es mehrere Personen mit dem glei-

Kapitel 9 — Felder und Formulare

chen Nachnamen gibt, legen wir als zweites Sortiermerkmal die Vornamen fest.

≫ Klicke neben den Eintrag -UNDEFINIERT- und wähle im Menü einen neuen Eintrag aus. (Wenn du willst, kannst du auch mehr als zwei Sortiermerkmale festlegen.) Anschließend klicke auf WEITER.

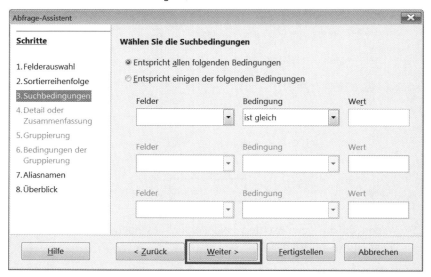

Unter den Suchbedingungen gibt es derzeit nichts, was wir einstellen müssten. Wir wollen uns ja alle Personen anschauen, die in der Datenbank stehen.

≫ Klicke also einfach nur auf WEITER.

Ganz anders sieht das z. B. in einer Datenbank der Polizei aus. Da könnte man dann Suchkriterien eingeben, nach denen alle Personen, die mit Vornamen Erna heißen, zwischen 20 und 30 Jahre alt sind, blondes Haar haben und in Hamburg wohnen, gesammelt und angezeigt werden. Oder alle Lkw-Fahrer, die zwischen 2010 und 2012 in München gewohnt haben und nicht älter als 55 Jahre alt sind.

Wählen Sie die Suchbedingungen
- Entspricht allen folgenden Bedingungen
- Entspricht einigen der folgenden Bedingungen

Felder	Bedingung	Wert
Abfrage1.Name	ähnlich	M??er

Daten bearbeiten und anschauen

Auch in unserer bescheidenen Datenbank kann man das ausprobieren. Dazu könntest du unter FELDER den Namen angeben, als BEDINGUNG ähnlich wählen und unter WERT M??er eingeben.

Klickst du anschließend auf FERTIGSTELLEN, dann bekommst du diese Tabelle (mit nur zwei Personen):

Name	Vorname	Telefon	Handy	E-Mail
Maier	Martin	0541/442165	0151/14203301	MMaier95@gmx.net
Meyer	Martha	0511/725066	0152/60543203	MarthaM89@gmail.com

Martin Maier und Martha Meyer sind die Personen, die dem Suchkriterium entsprechen.

Nun hast du die Wahl, Aliasnamen zu vergeben. Was heißt das? Du könntest z. B. statt `Name` `Nachname` schreiben oder statt `Telefon` `Festnetz`, statt `Handy` `Mobiltelefon` usw.

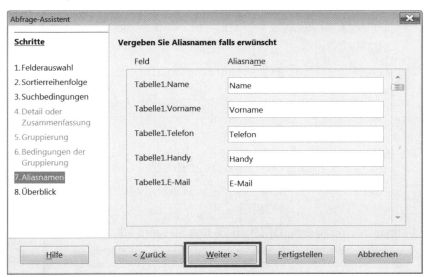

➣ Wahrscheinlich willst du wie ich alles so stehen lassen, deshalb klicke hier also nur auf WEITER.

Nun bekommst du noch mal einen Überblick. Außerdem solltest du deiner Abfrage einen Namen geben, unter dem sie in der Datenbank gespeichert wird.

Kapitel

9

Felder und Formulare

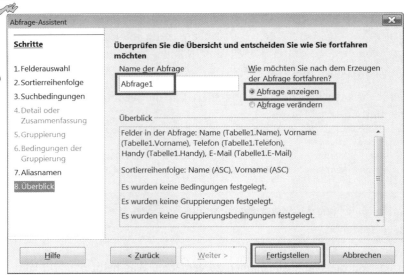

> Wenn du den Namen ändern willst, tippe Anlage1 ein.

> Unter WIE MÖCHTEN SIE NACH DEM ERZEUGEN DER ABFRAGE FORTFAHREN? aktivierst du ABFRAGE ANZEIGEN – es sei denn, du willst noch einiges verändern.

> Ja und dann klicke (endlich) auf FERTIGSTELLEN.

Nun müsste die Tabelle mit den vorher festgelegten Daten schön sauber nach Namen sortiert angezeigt werden. (Wie man die Spaltenbreite anpasst, weißt du ja.)

Name	Vorname	Telefon	Handy	E-Mail
Bolika	Anna	0221/979080	0156/23099437	annabolika@web.de
Hauer	Axel	069/231103	0171/17055432	AxelHauer@gmail.com
Hunger	Irina	030/246800	0151/82880134	irina.hunger@web.de
Korrump	Sepp	0228/975319	0162/71023948	SeppKorr@gmail.com
Maier	Martin	0541/442165	0151/14203301	MMaier95@gmx.net
Meyer	Martha	0511/725066	0152/60543203	MarthaM89@gmail.com
Mobil	Otto	0711/110959	0176/44033125	Ottomobil@outlook.de
Nassah	Hassan	089/571173	0171/66010234	HassanXXL@gmx.de

Abfrage oder Bericht?

So richtig überzeugen kann dich diese Tabelle nicht? Sieht irgendwie aus wie die allererste, nur dass hier die Anzeige auf die Namen, Vornamen, Telefonnummern und die E-Mail-Adressen beschränkt ist. Ach ja: Und sortiert ist die Tabelle jetzt auch. Aber lässt sich da denn optisch noch etwas machen?

Abfrage oder Bericht?

Schauen wir doch mal, was die letzte Schaltfläche im Hauptfenster von OpenOffice Base zu bieten hat. Die trägt den Namen BERICHTE (→ DBANK6.ODB).

≫ Klicke auf diese Schaltfläche.

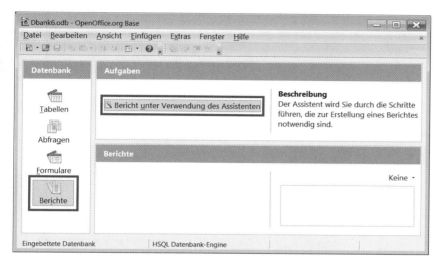

≫ Hier gibt es nur einen einzigen Eintrag. Klicke also auf BERICHT UNTER VERWENDUNG DES ASSISTENTEN ERSTELLEN. Kein Problem, da wir mit dem Assistenten gute Erfahrungen gemacht haben.

Wie schon beim Formular öffnet sich wieder zweimal etwas, ein neues Fenster und gleich darüber ein Dialogfeld.

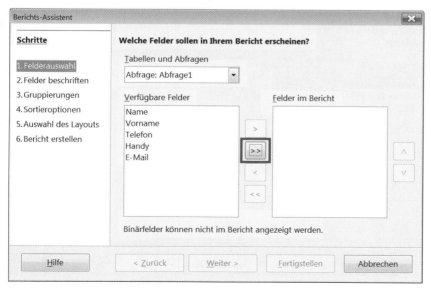

Kapitel 9 — Felder und Formulare

Unter TABELLEN UND ABFRAGEN wird diesmal die Abfrage-Datei (die ja auch eine Tabelle ist) aufgeführt. (Du kannst aber auch die Original-Tabelle benutzen.)

➤ Klicke jeweils auf die »>>«-Schaltfläche, um alle Einträge in die Liste unter FELDER IM BERICHT zu verschieben. Dann klicke auf WEITER.

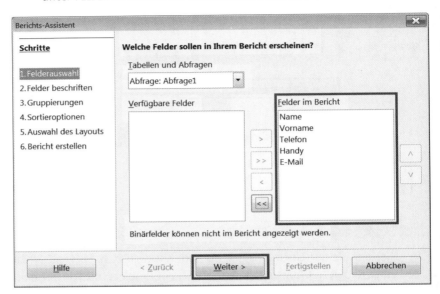

Im nächsten Dialog kannst du den eigentlichen Feldnamen übernehmen oder die Felder auch anders beschriften. Ich habe das an einigen Stellen getan.

➤ Wenn du willst, ändere die Einträge oder lass sie stehen. Dann klicke auf WEITER.

Abfrage oder Bericht?

» Bei den GRUPPIERUNGEN gibt es nichts einzustellen. Klicke also nur auf WEITER.

» Bei den SORTIEROPTIONEN solltest du dann etwas einstellen, wenn die Tabelle alphabetisch sortiert angezeigt werden soll. Dann klicke auf WEITER.

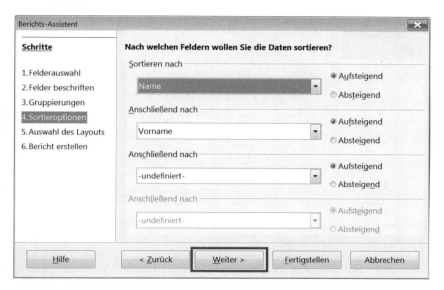

Nun kommt das Layout: Wie soll der Bericht aussehen? Auch hier ist eine Vorschau möglich, wenn du das Dialogfeld ein bisschen verschiebst, damit das darunterliegende Fenster etwas mehr zu sehen ist.

Kapitel 9 — Felder und Formulare

> Such dir ein Layout aus und klicke dann auf WEITER, um in den letzten Dialog zu gelangen.

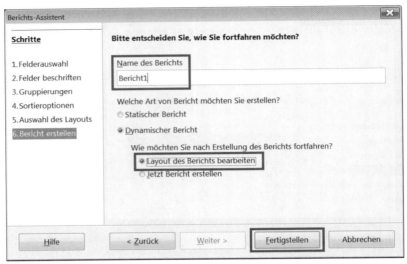

> Hier gibt es einiges einzustellen. Wenn du willst, ändere den Datei-Namen in `Bericht1`.

> Unter WIE MÖCHTEN SIE NACH DEM ERZEUGEN DES BERICHTES FORTFAHREN? aktivierst du LAYOUT DES BERICHTES BEARBEITEN. Dann klickst du auf FERTIGSTELLEN.

Bericht als Textdokument

Nun finden wir uns – du hast richtig hingeschaut – in OpenOffice Writer wieder.

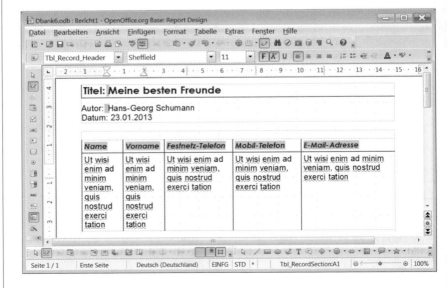

Zusammenfassung

Der Bericht ist also nichts weiter als eine Tabelle in einem Textdokument. Alle Änderungen, die du darin vornimmst, finden innerhalb von Writer statt. Und wie man da etwas bearbeitet, weißt du ja. (Die seltsamen »Beispiel-Wörter« hat mir OpenOffice vorgesetzt, die Sprache kenne ich nicht. Ist es Atlantisch? Oder Esoterisch?)

➢ Wenn du mit dem Layout fertig bist, speichere den Bericht über DATEI und SPEICHERN. Dann kannst du das Fenster schließen.

➢ Doppelklicke nun auf den Eintrag BERICHT1. Oder du klickst mit der rechten Maustaste darauf und suchst im Kontextmenü den Eintrag ÖFFNEN.

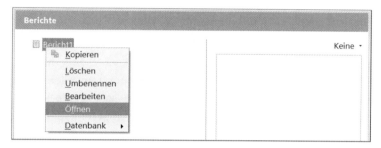

Und du landest in einer Tabelle mit den wichtigsten Daten der dir wichtigsten Freunde, genannt Bericht.

Titel: Meine besten Freunde

Autor: Hans-Georg Schumann
Datum: 23.01.2013

Name	Vorname	Festnetz-Telefon	Mobil-Telefon	E-Mail-Adresse
Bolika	Anna	0221/979080	0156/23099437	annabolika@web.de
Hauer	Axel	069/231103	0171/17055432	AxelHauer@gmail.com
Hunger	Irina	030/246800	0151/82880134	irina.hunger@web.de
Korrump	Sepp	0228/975319	0162/71023948	SeppKorr@gmail.com
Maier	Martin	0541/442165	0151/14203301	MMaier95@gmx.net
Meyer	Martha	0511/725066	0152/60543203	MarthaM89@gmail.com
Mobil	Otto	0711/110959	0176/44033125	Ottomobil@outlook.de
Nassah	Hassan	089/571173	0171/66010234	HassanXXL@gmx.de

Zusammenfassung

Besonders groß ist unsere Datenbank nicht geworden, aber du hast einen Einblick ins »Datenwesen« bekommen. Dabei ist einiges zusammengekommen, das zu merken sich lohnt.

Kapitel 9 — Felder und Formulare

Du weißt, dass man zuerst eine Datenbank erstellen muss. Dann hat man die Wahl zwischen vier Grund-Typen, die OpenOffice Base anbietet. Wie man diese erstellt und bearbeitet, weißt du:

Tabelle erstellen	Klicke auf TABELLE IN DER ENTWURFSANSICHT ERSTELLEN oder auf TABELLE UNTER VERWENDUNG DES ASSISTENTEN ERSTELLEN.
Abfrage erstellen	Klicke auf ABFRAGE IN DER ENTWURFSANSICHT ERSTELLEN oder auf ABFRAGE UNTER VERWENDUNG DES ASSISTENTEN ERSTELLEN.
Formular erstellen	Klicke auf FORMULAR IN DER ENTWURFSANSICHT ERSTELLEN oder auf FORMULAR UNTER VERWENDUNG DES ASSISTENTEN ERSTELLEN.
Bericht erstellen	Klicke auf BERICHT UNTER VERWENDUNG DES ASSISTENTEN ERSTELLEN.

Bei jeder Erstellung kann dir ein Assistent helfen, der dich durch eine Reihe von Dialogen leitet.

Um noch mehr Fähigkeiten von OpenOffice Base kennen zu lernen, müssten wir eine umfassende Datenbank (oder sogar mehrere) erstellen. Das würde jedoch den Rahmen dieses Buches sprengen. Deshalb werde ich es dabei belassen, dass du mal in OpenOffice Base hineingeschnuppert hast. Im nächsten Kapitel geht es um das Erstellen und Bearbeiten von Bildern.

Fragen und Aufgaben

1. Was ist der Unterschied zwischen Tabellen, Formularen, Abfragen und Berichten?
2. Erstelle für die Personen-Datenbank aus diesem Kapitel eine Abfrage mit den Adressen aus Straße, Postleitzahl und Wohnort.
3. Erstelle eine kleine Datenbank (in einer Tabelle) mit deiner Lieblingsmusik, bestehend aus Interpret (Einzeln oder Gruppe), Titel des Musikstücks, das Jahr seiner Entstehung und seine Laufzeit (in Minuten und Sekunden).
4. Erweitere deine Datenbank um ein Formular.
5. Ist ein Formular nur nützlich für die Eingabe?
6. Erstelle eine Abfrage, in der alle Stücke zusammengestellt werden, die in einem bestimmten Jahr entstanden sind.

Teil IV: Linienmuster mit OpenOffice Draw

10
Zeichnen und Gestalten

Allzu kreativ durftest du bisher nicht sein? Na gut, auch einen Text kann man gestalten und dort sogar einiges an Farbe unterbringen, doch insgesamt sind reine Texte doch recht nüchtern. Gleiches gilt für Tabellen, ob nun mit Zahlen und Formeln oder mit allgemeinen Daten.

Sehr viel mehr Spaß kann das Arbeiten mit Bildern machen. Ein gutes Grafikprogramm hat übrigens auch gegen Text nichts einzuwenden. Was spricht also dagegen, das Zeichnen erst einmal mit einfachen Mitteln zu beginnen, um dann nach und nach ein kleines Kunstwerk zu schaffen?

In diesem Kapitel lernst du

◎ etwas über Pixel- und Vektorgrafik,

◎ wie du Rechtecke und Ellipsen zeichnest,

◎ wie du die Größe von Figuren änderst,

◎ wie du Figuren verschiebst und drehst,

◎ wie du die Form von Figuren änderst,

◎ wie du andere Bilder einbindest,

◎ etwas über Text und Bild.

Kapitel

Zeichnen und Gestalten

10 Pixel oder Vektor

Nachdem du OpenOffice gestartet hast, suchst du dir im Auswahlfeld den Eintrag ZEICHNUNG aus und klickst darauf.

Kurz darauf findest du dich im Hauptfenster von *OpenOffice Draw* wieder.

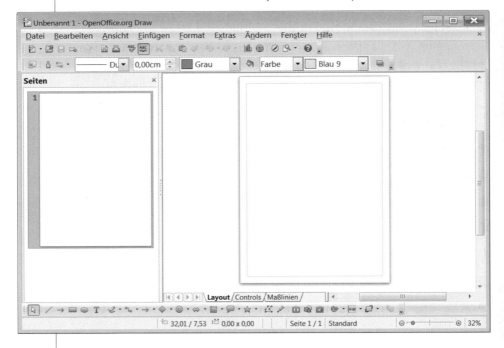

Pixel oder Vektor

Bevor wir mit dem Zeichnen oder Malen (oder beidem) anfangen, möchte ich erst einmal beschreiben, was für Arten von Grafikprogrammen es gibt. Unterschieden wird zwischen Pixelgrafik und Vektorgrafik:

◇ Die *Pixelgrafik* setzt jedes Bild aus lauter einzelnen bunten Punkten zusammen. Diese Punkte werden auch Pixel genannt. So siehst du ein Bild auf dem Bildschirm und so wird ein Bild auch ausgedruckt. Wenn du etwas ausbessern willst, musst du es entfernen (ausradieren) und dann neu malen. Bei Vergrößerungen einer Pixelgrafik verschlechtert sich die Bildqualität immer mehr (weil man die Bildpunkte immer stärker sehen kann).

◇ Bei der *Vektorgrafik* dagegen geht es ganz mathematisch zu. Jedes Bild besteht aus verschiedenen Objekten (Figuren), die nicht als eine Fläche von Punkten gelten, sondern über Formeln beschrieben werden. Ein Rechteck wird u.a. durch die Position der linken oberen Ecke sowie seiner Länge und Breite bestimmt. Du kannst jeden Teil eines Bildes unabhängig vom anderen erstellen und bearbeiten, die Größe ändern, das Objekt verschieben oder wieder entfernen. Die Linien eines Bildobjekts sind durch Knoten miteinander verbunden, über die du die Form fast beliebig verändern kannst. Die Bildqualität bleibt auch bei starker Vergrößerung immer erhalten.

Kapitel Zeichnen und Gestalten

10

Wenn du mit OpenOffice Draw arbeitest, nutzt du die Vektorgrafik. Es lassen sich aber auch Pixelbilder einbinden.

Willst du mit einem reinen Pixelgrafik-Programm arbeiten, dann steht dir das unter Windows bereits vorhandene Programm *Paint* zur Verfügung. Und aus dem Internet lässt sich mit *Paint.net* ein ebenfalls kostenfreies Programm holen, das aus *Paint* entwickelt wurde, aber deutlich leistungsfähiger ist.

Eckig und rund

Widmen wir uns jetzt dem Hauptfenster von OpenOffice Draw. Genau genommen sind es zwei Fenster. Irgendwo muss doch ein Blatt Papier sein oder so etwas. Es liegt nicht ganz in der Mitte, eher etwas rechts und sieht ziemlich mickrig aus. Zuerst einmal schaffen wir uns deshalb etwas mehr Bewegungsfreiheit.

≫ Klicke im linken Fenster mit der Überschrift SEITEN auf das kleine *X* rechts oben.

Eckig und rund

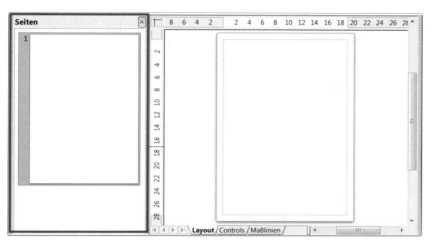

Damit schließt sich dieses Fensterchen und der Arbeitsplatz wird größer. Doch immer noch ist das, was unser Zeichenblatt sein soll, recht klein.

➤ Klicke jetzt auf FORMAT und SEITE.

Kapitel 10   Zeichnen und Gestalten

Dann schalte von HOCHFORMAT auf QUERFORMAT um. Verlasse das Dialogfeld mit Klick auf OK.

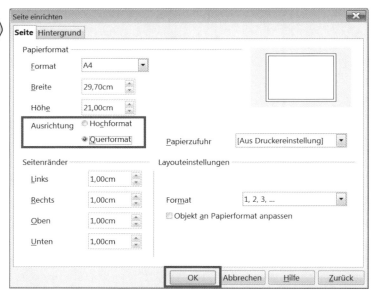

Sieht doch schon besser aus mit dem Platzangebot. Oder?

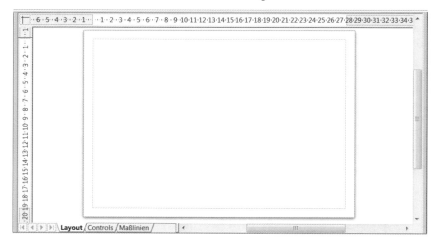

Wenn du willst, kannst du das Zeichenblatt noch mehr ausbreiten. Dazu klickst du ganz unten rechts im Hauptfenster auf das kleine Zoom-Werkzeug und ziehst es in eine Richtung, um die Anzeige zu vergrößern (oder zu verkleinern).

Eckig und rund

Oder du doppelklickst auf die Prozentzahl. Dann öffnest du ein Dialogfeld. In dem lässt sich der Zoomfaktor prozentgenau einstellen oder du wählst eine der Optionen wie z. B. BREITE UND HÖHE ANPASSEN.

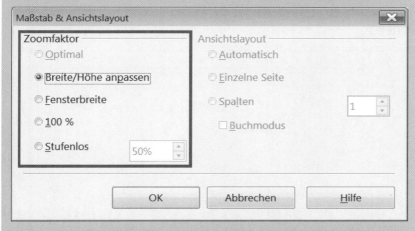

Du kannst dieses Fenster aber auch im ANSICHT-Menü über MASSSTAB erreichen.

Ein Rechteck zeichnen

Nun könnten wir eigentlich beginnen. Wie wär's mit einer Landschaft? Oder einem Porträt? Vielleicht doch ein bisschen viel für den Anfang. Beginnen wir mit etwas ganz Einfachem: einem Rechteck.

Kapitel 10 — Zeichnen und Gestalten

Wenn du in die Zeichenfläche klickst und mit gedrückter Maustaste darin herumfährst, siehst du schon mal so etwas wie ein Rechteck. Es hat gestrichelte Randlinien und es ist leider wieder verschwunden, wenn du die Maustaste loslässt. Was wir brauchen, ist das passende Werkzeug. Und das finden wir in einer Symbolleiste, die ganz unten im Hauptfenster auf uns wartet.

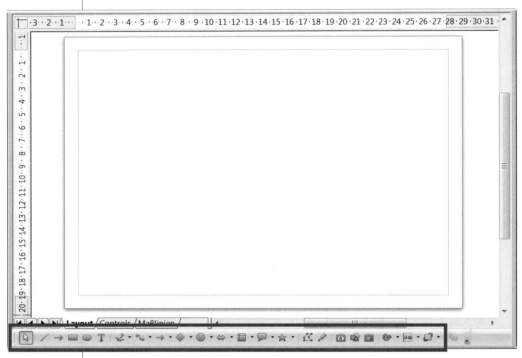

Uns interessiert jetzt nicht die ganze Werkzeugpalette, sondern nur die erste Gruppe (von links).

- Objekt auswählen
- Linie zeichnen
- Pfeil zeichnen
- Rechteck zeichnen
- Ellipse zeichnen
- Text eingeben
- Freihand zeichnen

Eckig und rund

Das erste Werkzeug (ganz links) ist einfach nur dazu da, um eine gezeichnete Figur bzw. ein Objekt auszuwählen und zu markieren. Mit den anderen können wir zeichnen (oder auch Text eingeben).

> Klicke jetzt auf das Symbol mit dem RECHTECK. Dann wandere in die Zeichenfläche und klicke mit der Maus an eine Stelle, halte die Maustaste gedrückt und ziehe sie schräg weg von diesem Punkt.

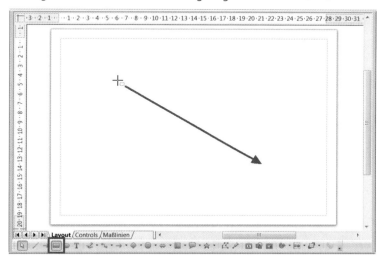

Anschließend hast du ein Rechteck. Wohl nicht das erste Bild, das du gezeichnet hast, aber deine erste Grafik mit OpenOffice Draw (→ GRAFIK1.ODG).

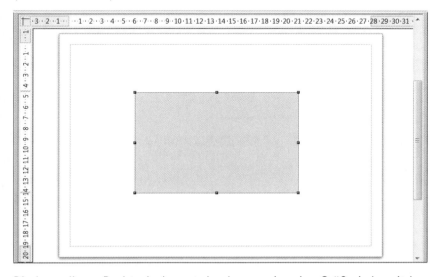

Die Lage dieses Rechtecks kannst du ebenso wie seine Größe jederzeit beliebig ändern. Das geht zum einen mit der Maus allein:

Kapitel 10 — Zeichnen und Gestalten

- ❖ Um es zu verschieben, klickst du in das Rechteck, hältst die Maustaste fest und ziehst.
- ❖ Um seine Größe zu ändern, zeigst du auf einen der sechs kleinen Punkte, hältst die Maustaste fest und ziehst.

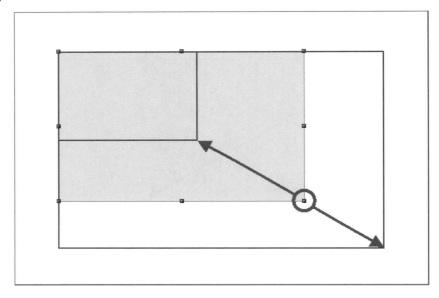

Genauer kannst du Position und Größe auch über ein Dialogfeld einstellen.

➣ Dorthin gelangst du über ein Kontextmenü, das du öffnest, indem du mit der rechten Maustaste in das Rechteck klickst.

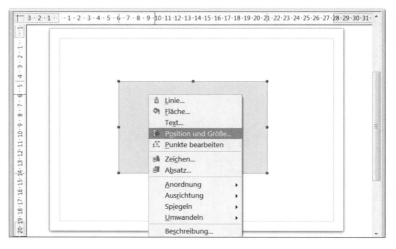

➣ Wenn du da auf POSITION UND GRÖSSE klickst, bekommst du ein Dialogfeld, in dem du die Lage und die Maße des Rechtecks exakt einstellen kannst.

Eckig und rund

Dasselbe Dialogfeld erreichst du auch über das FORMAT-Menü und den Eintrag POSITION UND GRÖSSE.

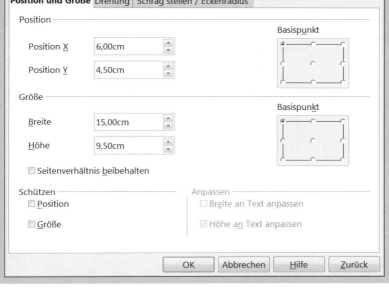

Außerdem kannst du unter BASISPUNKT festlegen, von welchem Punkt aus gemessen werden soll: Stellst du z. B. auf die Mitte ein, dann verschiebt sich die Position vom Mittelpunkt des Rechtecks aus. Oder die Maße dehnen sich gleichmäßig nach allen Seiten. (Eingestellt auf den Eckpunkt links oben vergrößert sich das Rechteck nach rechts und nach unten.)

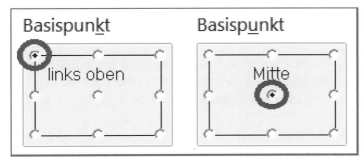

» Probier einfach aus, welche Änderungen möglich sind. Alles lässt sich ja auch wieder rückgängig machen. Zum Abschluss klickst du auf OK.

Kapitel 10 — Zeichnen und Gestalten

Wenn du mal ein Rechteck (oder ein anderes Objekt) drehen willst: Wechsle ins Register DREHUNG. Dort kannst du einen Winkel (in Grad) eingeben, um den das Objekt gedreht werden soll. (Und auch hier lässt sich der Drehpunkt einstellen.)

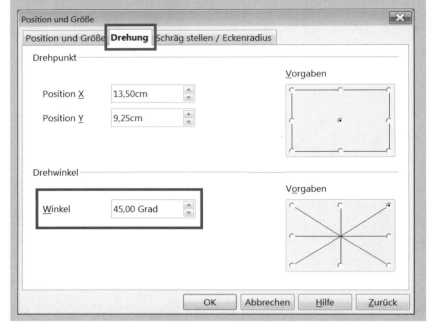

Eine Ellipse zeichnen

Lassen wir unser erstes grafisches Objekt nicht allein, geben wir ihm einen Kameraden. Allerdings brauchen wir dazu etwas Platz. Du kannst nun dein Rechteck etwas schmaler machen oder es irgendwohin in Richtung Seitenrand verschieben.

> Dann klickst du jetzt auf das Symbol mit der ELLIPSE (neben dem RECHTECK). Wechsle in die Zeichenfläche, klicke mit der Maus an eine freie Stelle und ziehe die Maus schräg vom Punkt weg.

Eckig und rund

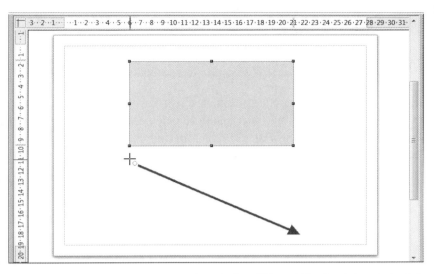

Anschließend hast du ein Rechteck und eine Ellipse. Wie du siehst, habe ich die beiden untereinander angeordnet (→ GRAFIK2.ODG).

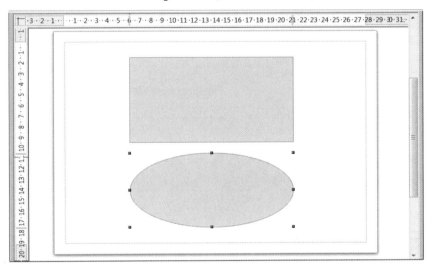

Auch die Ellipse lässt sich natürlich in ihrer Position und Größe beliebig ändern (entweder mit der Maus allein oder per Dialog).

Flächen gestalten

Bis jetzt sind beide Flächen bei mir hellblau, weil das voreingestellt war. Du kannst diese Farbe aber auch ändern. Ebenso die Farbe und die Dicke der Linien, die dein Rechteck und deine Ellipse umgeben. Und zwar direkt, ohne ein Objekt erneut zeichnen zu müssen. Dazu schau dir mal die zweite Symbolleiste unter der Menüzeile an.

Kapitel 10

Zeichnen und Gestalten

Hier ist alles zusammengefasst. Und über ein kleines Extra-Symbol (dem mit dem Farbeimerchen) hast du Zugang zu einem Dialogfeld mit mehreren Reitern, in denen du eine Fläche farblich gestalten kannst (sogar mit aus Dateien geladenen Bildern).

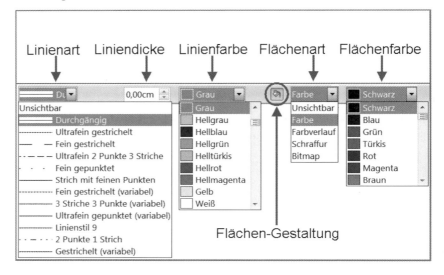

Man nennt die Farbe, in der eine Fläche ausgefüllt ist, auch Malfarbe. Und bei der Farbe der Linien spricht man von Zeichenfarbe.

Ein kleines Projekt

Wir wollen jetzt ein bisschen mehr gestalten und uns ein Bild aus mehreren Objekten zusammenbauen. Nehmen wir als Beispiel ein Motorrad (wie ganz oben in den Bildern) und specken wir seine Form etwas ab. Wenn dir das, was ich vorhabe, nicht genügt, kannst du es später nach Belieben verbessern.

Ein kleines Projekt

Was brauchen wir an Grafikbausteinen? Für die Räder zwei Kreise. Für Rahmen, Tank, Motorblock und Sattel jeweils erst mal ein Rechteck. Später müssen wir einige Objekte noch etwas verformen.

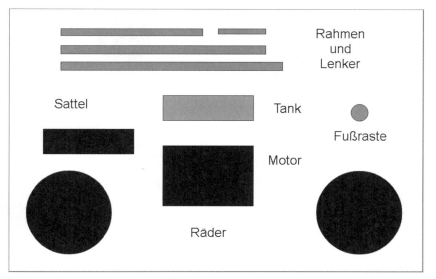

Kapitel 10

Zeichnen und Gestalten

In der Tabelle findest du die Maße und die Farben für die Rechtecke und Kreise. Alles sind natürlich nur Orientierungswerte. Du kannst sie beliebig verändern:

Rechteck	Breite	Höhe	Innenfarbe	Randlinie
Rahmenrohr	13,00 cm	0,50 cm	grau	schwarz
Rahmenrohr	12,00 cm	0,50 cm	grau	schwarz
Rahmenrohr	8,30 cm	0,40 cm	grau	schwarz
Lenker	2,80 cm	0,30 cm	grau	schwarz
Sattel	5,30 cm	1,50 cm	schwarz	schwarz
Tank	5,30 cm	1,50 cm	beliebig	schwarz
Motor	5,30 cm	3,60 cm	schwarz	schwarz

Kreis	Durchmesser		Innenfarbe	Randlinie
Räder	5,00 cm	5,00 cm	schwarz	schwarz
Fußraste	1,00 cm	1,00 cm	grau	schwarz

» Erzeuge drei Kreise und die nötige Anzahl von Rechtecken. Passe die Maße und die Farben entsprechend an (→ GRAFIK3.ODG).

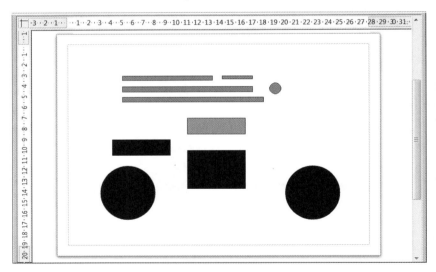

» An dieser Stelle solltest du dein Werk speichern. Denn du hast ja schon einige Arbeit geleistet, die nicht verloren gehen sollte. Vielleicht nennst du deine Grafik Bike1?

Ein kleines Projekt

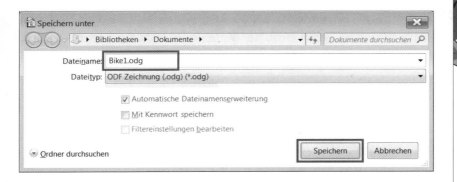

Hier heißt die Datei-Kennung *ODG*. Das ist die Abkürzung für »Open Data Graphics«, das Format, in dem du deine Grafik-Dateien abspeichern kannst.

Objekte verschieben und drehen

Als Nächstes muss alles außer Motor, Sattel und Tank so »zusammengebaut« werden, dass der Rahmen mit den Rädern schon mal steht.

Das Verschieben geht am besten mit der Maus. Soll es auf den Millimeter genau sein, hilft dir das Dialogfeld für POSITION UND GRÖSSE weiter. Und dort im Register DREHUNG lässt sich auch ein passender Winkel (zwischen 0 und 360 Grad) eingeben, um die Rahmenteile und den Lenker noch ein bisschen zurechtzudrehen.

Auch hier lässt sich übrigens die Maus einsetzen. Dazu müssen die Eckpunkte der Rechtecke eine neue Funktion bekommen.

➢ Klicke im Menü auf ÄNDERN und dann auf DREHEN.

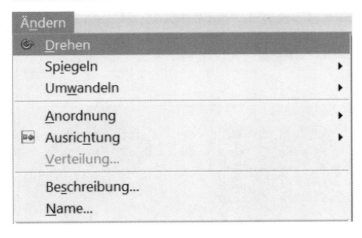

Kapitel 10 — Zeichnen und Gestalten

Die Punkte, die bei mir vorher eckig und grün aussahen, ändern sich jetzt in rund und rot. Außerdem ist in der Mitte des Objekts ein weiteres Symbol, das die vier Richtungen oben-unten und links-rechts andeutet.

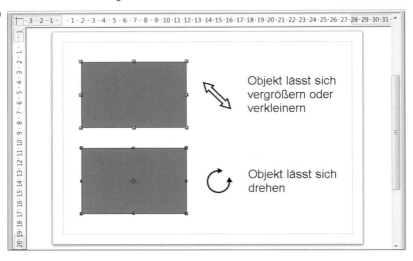

Ja ja, ich weiß: Punkte sind eigentlich weder rund noch eckig, sondern haben gar keine Ausdehnung, wenn man es mathematisch exakt betrachtet: Sie sind also 0 cm lang und 0 cm breit. Oder haben einen Durchmesser von 0 cm. Damit man sie erkennen kann, werden sie zu kleinen Flächen. Und dabei darf man sowohl Quadrate als auch Kreise benutzen. Also sprechen wir hier weiter von eckigen und runden Punkten.

» Fahre mit der Maus auf einen der Eckpunkte. Wenn sich der Mauszeiger in ein kreisartiges Pfeilsymbol ändert, klickst du darauf und ziehst mit der Maus in eine Richtung, bis sich das Objekt so weit gedreht hat, wie du es haben willst.

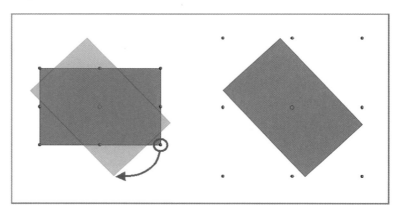

Ein kleines Projekt

≫ Verschiebe und drehe nun alles so lange, bis es endlich sitzt und man ahnt, dass das mal eine Art Motorrad werden soll (→ GRAFIK4.ODG).

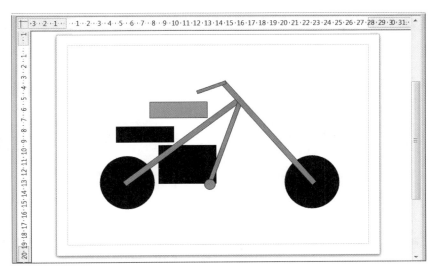

Wenn du genau hinschaust, siehst du, dass alle Objekte nicht auf der gleichen Ebene liegen. Sie sind jeweils unter- oder übereinander angeordnet, was man merkt, wenn man eines zu einem anderen hinschiebt.

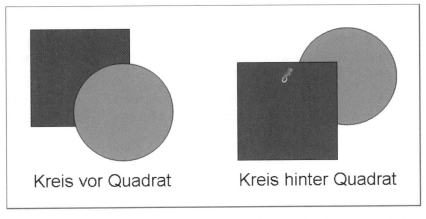

Kreis vor Quadrat   Kreis hinter Quadrat

Links liegt der Kreis über oder vor dem Quadrat, rechts ist es umgekehrt. Bei einigen Teilen des Motorrades musst du also eine Korrektur vornehmen, damit z. B. die Rahmenteile nicht hinter den Rädern verschwinden.

≫ Klicke dazu mit der rechten Maustaste auf das Objekt, dessen Anordnung du verändern willst.

Kapitel 10 — Zeichnen und Gestalten

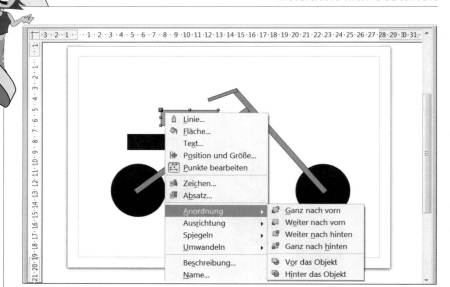

> Im Kontextmenü öffnest du mit Klick auf ANORDNEN ein Zusatzmenü. Dort kannst du nun wählen, wohin dein Objekt wandern soll: weiter nach vorn oder nach hinten in der Reihenfolge. Oder soll es sogar das oberste (erste) oder unterste (letzte) Objekt sein?

Objekte verformen

Man kann nun erkennen, was das Ganze werden soll. Aber der Motor sollte nicht so rechteckig aussehen, Tank und Sattel könnten sogar ein paar Rundungen vertragen. Und schließlich müssen sie dann noch so »angeschraubt« werden, dass alles zusammenpasst.

Beginnen wir mit dem Motorblock. Damit wir das Rechteck in ein anderes Viereck umwandeln können, müssen wir seine »Gelenke« etwas lockern.

> Klicke mit der rechten Maustaste auf das Motor-Rechteck und im Kontextmenü auf UMWANDELN. Dann wähle im Zusatzmenü den Eintrag IN POLYGON. (Zu Deutsch heißt das: Vieleck. Auch ein Viereck ist ein Vieleck.)

Ein kleines Projekt

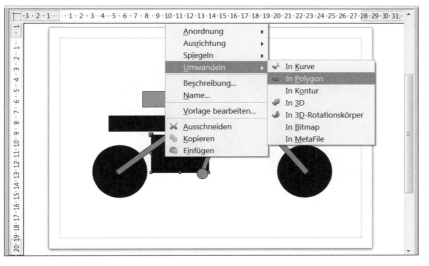

Die Option UMWANDELN erreichst du auch über das ÄNDERN-Menü.

Nun ist Präzisionsarbeit gefragt. Die Pünktchen, die du jetzt siehst, werden auch *Knoten* genannt. Sie sind nicht allzu groß. Werden sie einzeln bewegt, ändert sich die Form des Objekts.

» Du kannst auf jeden Knoten klicken, ihn also packen und verschieben.

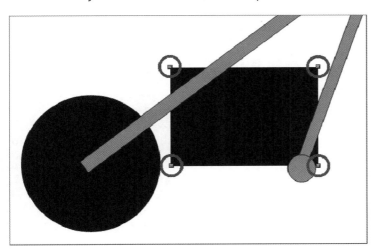

Dadurch machst du aus einem Rechteck ein unregelmäßiges Viereck (→ GRAFIK5.ODG).

Kapitel 10 — Zeichnen und Gestalten

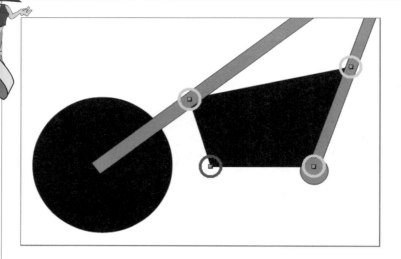

Ganz unten zwischen den vielen Symbolen für die Grafikbearbeitung gibt es eine kleine Schaltfläche. Wenn die aktiviert ist, kann man mit den Knoten bzw. Punkten die Form eines Objekts ändern.

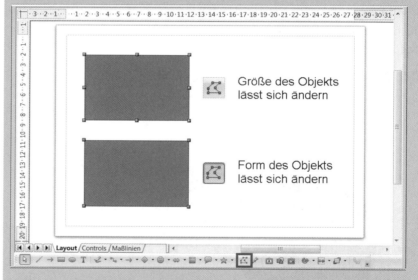

Eine kleine Zusatzleiste im Arbeitsbereich bietet weitere Möglichkeiten. So lassen sich z. B. auch Punkte (Knoten) löschen oder neue hinzufügen.

Ein kleines Projekt

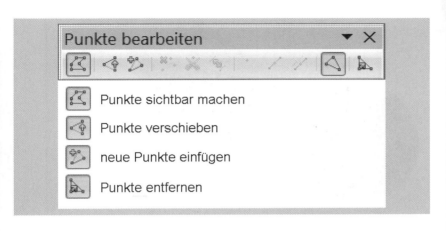

> Klicke auf die Schaltfläche für das Einfügen eines Punktes (sie liegt direkt neben der für das Verschieben).

> Wenn du nun in die Fläche des Objekts oder auf seinen Rand klickst, erscheint dort ein neuer Punkt.

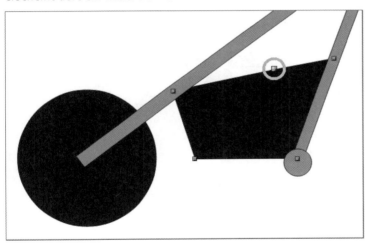

> Pack ihn und zieh ihn schräg nach oben, bis er das Rahmenrohr erreicht hat.

Kapitel 10 — Zeichnen und Gestalten

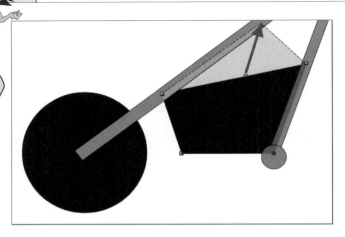

Anschließend kann der Motor als »eingebaut« gelten.

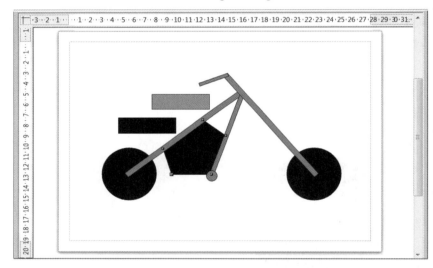

Krumme Linien

Kümmern wir uns jetzt um Tank und Sattel. Womit du anfängst, ist egal, beides sind noch Rechtecke, aus beiden Objekten sollen aber diesmal keine Polygone werden, denn die haben nur gerade Verbindungslinien. Ich fange mal von oben an und nehme mir den Tank als Erstes vor.

> Weil der erst einmal gedreht und dann an seinen Platz geschoben werden soll, klicke auf das Tank-Rechteck, um das Objekt zu markieren.

> Dann schalte über ÄNDERN und DREHEN die Funktion der Eckpunkte um.

> Nun kannst du das Rechteck drehen. Anschließend schiebst du es an die Position, an der es »anmontiert« werden soll.

Ein kleines Projekt

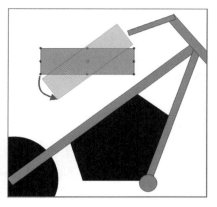
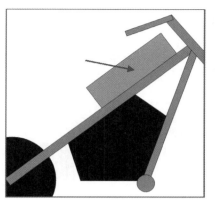

Aus dem Rechteck soll jetzt ein einigermaßen schöner Tank geformt werden (→ GRAFIK6.ODG).

➢ Klicke mit der rechten Maustaste auf das Rechteck und im Kontextmenü auf UMWANDELN. Wähle im Zusatzmenü den Eintrag IN KURVE. (Diesmal handelt es sich um etwas, was rund sein darf – doch nicht unbedingt rund sein muss.)

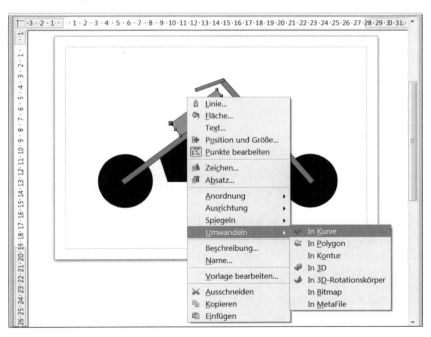

So, und nun wird es krumm. Wenn du jetzt auf einen der Punkte klickst, tauchen zwei neue Punkte auf. Bei genauem Hinsehen siehst du, dass die Hauptpunkte eckig, die Nebenpunkte rund sind.

Wenn du nun einen dieser Nebenpunkte packst und ihn bewegst, fängt die zuvor gerade Linie an, sich zu krümmen.

Kapitel 10 — Zeichnen und Gestalten

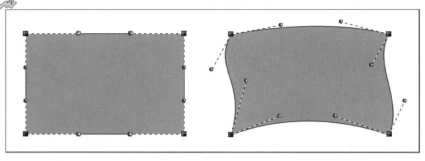

» Forme jetzt den Tank so um, dass er sich an das Rahmenrohr schmiegt. Wenn dir die Form nicht gefällt, die ich gewählt habe, dann lass deiner eigenen Kreativität freien Lauf.

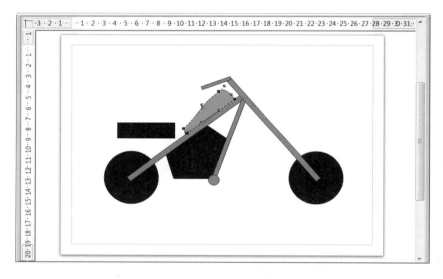

Wahrscheinlich ist es sinnvoll, die Ansicht stark zu vergrößern. Das zugehörige Dialogfeld erreichst du über ANSICHT und MASSSTAB oder über die Prozentzahl ganz unten rechts im Fenster.

Ein kleines Projekt

> Weil die Arbeit mit »kurvigen« Punkten leicht in Stress ausarten kann, empfiehlt sich eine Vergrößerung auf 200 bis 300 Prozent – oder mehr.

Kommen wir nun zum Sattel. Ohne den würde eine Fahrt schnell ungemütlich.

≫ Drehe und schiebe das Sattel-Rechteck zum Rahmen hin.

≫ Wähle jetzt im Kontextmenü den Eintrag UMWANDELN und im Zusatzmenü auch hier den Eintrag IN KURVE. Dann beginne zu formen, bis es dir passt.

Bei mir sieht das Motorrad jetzt so aus (→ GRAFIK7.ODG):

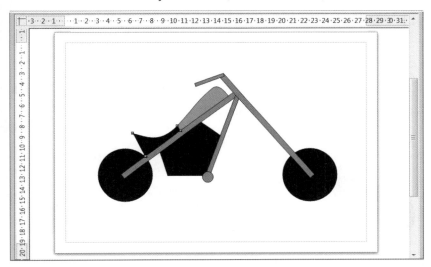

Power-Tuning

Gar nicht so übel, wenn auch noch weit von einem echten Motorrad entfernt. Aber das Ganze muss ja nicht so bleiben. Du kannst noch eine Menge an diesem Ding herumbasteln.

Ich selbst würde gern den Rahmen verschweißen. Das geht so:

≫ Klicke mit gedrückter ⇧-Taste nacheinander alle Rahmenteile (einschließlich Lenker) an. Nun müsste alles markiert sein.

≫ Klicke mit der rechten Maustaste auf eines der markierten Objekte. Wähle im Kontextmenü den Eintrag FORMEN und im Zusatzmenü klicke auf VERSCHMELZEN.

Kapitel 10 — Zeichnen und Gestalten

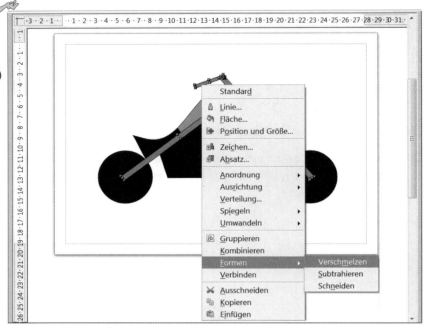

Anschließend hast du einen Rahmen aus einem Guss.

Noch schöner würde das Motorrad, wenn wir ihm jetzt noch einen echt aussehenden Motorblock und zwei hübsche Felgen spendieren. Da sollten wir uns im Internet bedienen. So gibt es z.B. bei Google unter der Einstellung BILDER jede Menge Material. Ich habe mir eine Felge ausgesucht, die man sich als normale Pixel-Grafik downloaden kann. Dazu noch den Block eines Motorrad-Motors.

Man nennt ein Bild, das aus farbigen Punkten besteht, auch Bitmap. Die Kennung für die entsprechende Bild-Datei ist *BMP*. Meistens jedoch findet man im Internet Dateien im *JPG*-Format. Die sind möglichst stark komprimiert, brauchen also weniger Speicherplatz. Solche Bilder lassen sich in OpenOffice Draw einfügen.

Ein kleines Projekt

Wichtig ist, dass die Hintergrundfarbe unserer Bilder nicht weiß, sondern schwarz ist. Dann fallen die »aufgeklebten« Bilder nicht unangenehm auf. Hier ist das, was ich zusammenbekommen habe:

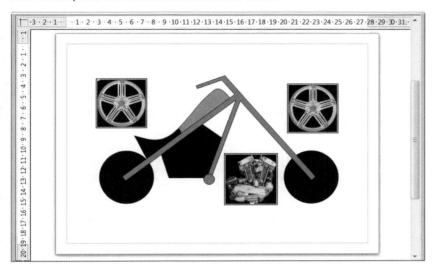

- Um eine »fremde« Grafik in eine Zeichnung einzufügen, klickst du auf EINFÜGEN und dann auf BILD. Im Zusatzmenü wählst du den Eintrag AUS DATEI.

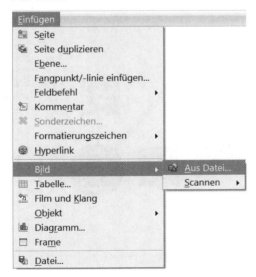

- Nun suchst du dir die Bild-Dateien zusammen, die du brauchst. Mit einem Klick auf ÖFFNEN werden die Bilder geladen und eingefügt.

Kapitel 10 — Zeichnen und Gestalten

Ich habe mir zwei Bilder geholt (und eines davon kopiert). Allerdings waren die in der Größe noch nicht passend. Alle Bilder sind ja Rechtecke; was wir für die Felgen aber eigentlich bräuchten, wären Kreise. Geht leider nicht, doch das macht nichts. Denn wir können ja die Rechtecke bzw. Quadrate mit den eingefügten Bildern so klein machen, dass sie gerade in einen der Kreise für die Räder oder in das Fünfeck für den Motorblock passen.

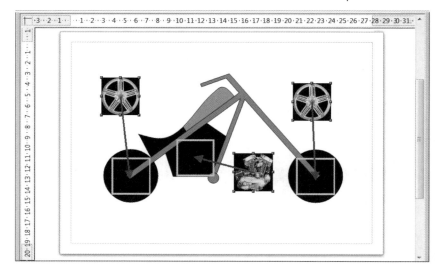

Ein kleines Projekt

≫ Verändere die Maße der Bilder und verschiebe sie dann in Richtung Räder bzw. Motorblock. Wenn du fertig bist, könnte das Ganze dann so aussehen (→ GRAFIK8.ODG):

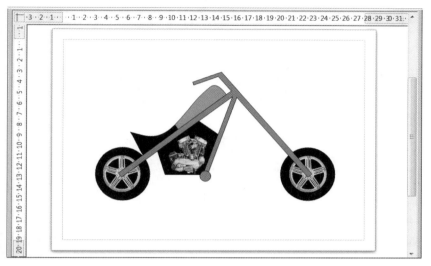

Text einfügen

Es ist zwar nicht unbedingt nötig, die Zeichnung auch noch mit Text zu versehen. Doch du solltest wissen, dass Draw natürlich auch mit Text umgehen kann.

Probieren wir das gleich mit dem aktuellen Bild aus.

≫ Zuerst umrahmst du alle Objekte mit der Maus. Dann schiebst du sie ein bisschen nach oben (oder stellst das über FORMAT und POSITION UND GRÖSSE ein).

≫ Als Nächstes klickst du ganz unten in der Werkzeugleiste auf das Symbol mit dem großen »T« (für Text). Dann wandere in die Zeichenfläche und klicke mit der Maus an eine Stelle links unter dem Motorrad, halte die Maustaste gedrückt und ziehe sie schräg nach rechts unten. Dann lass sie los.

Kapitel   Zeichnen und Gestalten

10

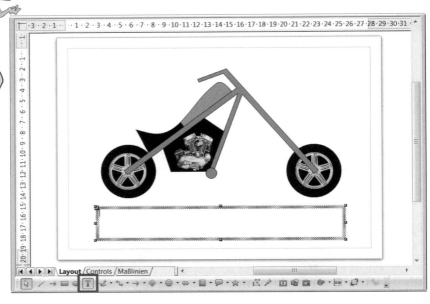

Nun hast du ein kleines Feld, in das du Text eintragen kannst. Natürlich lässt sich auch von außen kopierter Text dort einfügen.

➢ Tippe irgendeinen Satz ein, z.B. den: `Das ist mein neues selbstgebautes Bike`.

Und schon wissen deine Freunde Bescheid, wenn du ihnen mal diese Zeichnung zeigst (→ GRAFIK9.ODG).

Zusammenfassung

Das war jetzt zwar nur ein Zeichen-Projekt, aber es ist komplett und sieht nicht übel aus. Dabei hast du viel über das Erzeugen und Verändern von Figuren bzw. Objekten erfahren:

Figur zeichnen	Klicke auf das Symbol (z. B. für Rechteck oder Ellipse oder Linie) und ziehe mit der Maus über die Zeichenfläche.
Figur-Größe ändern	Ziehe mit der Maus an den Eckpunkten oder klicke im Kontextmenü auf POSITION UND GRÖSSE.
Figur verschieben	Ziehe mit der Maus auf der Fläche oder klicke im Kontextmenü auf POSITION UND GRÖSSE.
Figur drehen	Klicke auf ÄNDERN/DREHEN. Ziehe mit der Maus an den Eckpunkten. Oder klicke im Kontextmenü auf POSITION UND GRÖSSE.
Figur verformen	Klicke im Kontextmenü auf UMFORMEN. Ziehe mit der Maus an den Eckpunkten (Knoten).
Bild einfügen	Klicke auf EINFÜGEN/BILD.
Text einfügen	Klicke auf das Symbol für Text und ziehe mit der Maus über die Zeichenfläche. Dann tippe ein.

Auch hier hast du nur mal in OpenOffice Draw hineinschnuppern dürfen. Aber weil du experimentierfreudig bist, wirst du sicher jede Menge weiterer Bild-Projekte erstellen (und dabei vielleicht zu einem kleinen Künstler). Im nächsten Kapitel kommen wir zur Präsentation von Text und Bildern.

Fragen und Aufgaben

1. Wie ist das noch mal mit Pixel- und Vektorgrafik?
2. Wie zeichnet man ein Quadrat und wie einen Kreis?
3. Was ist der Unterschied zwischen Zeichenfarbe und Malfarbe?
4. Wie kann man die Form eines Rechtecks verändern?
5. Ist es sinnvoll, auch mal eine Ellipse zu verformen?
6. Versuche mal, ein einfaches Gesicht zu zeichnen.

Teil V: Folienstapel mit OpenOffice Impress

11
Präsentationen

Nun kennst du dich eigentlich mit fast allem aus, was man in einem Office so wissen sollte, oder? Du kannst schreiben und zeichnen, Tabellen mit Zahlen, Formeln oder anderen Daten ausfüllen. Da wird es Zeit, dein Wissen mal zu präsentieren, in einer kleinen Bilder-Show. Dabei muss nicht jedes Element ein Foto oder eine Zeichnung sein, Text ist natürlich auch erlaubt und erwünscht.

In diesem Kapitel lernst du

◉ wie man eine Foliensammlung anlegt,

◉ wie man Texte und Bilder einfügt,

◉ wie man den Folienübergang einstellt,

◉ etwas über Masterseiten und Layouts.

Kapitel

11

Präsentationen

Kleiner Zeichenkurs

Nach dem Start von OpenOffice wählst du diesmal im Auswahlfeld den Eintrag PRÄSENTATION aus und klickst darauf.

Kurze Zeit später ist da wieder mal so ein Dialogfeld, das den Weg zum Hauptfenster von *OpenOffice Impress* verdeckt.

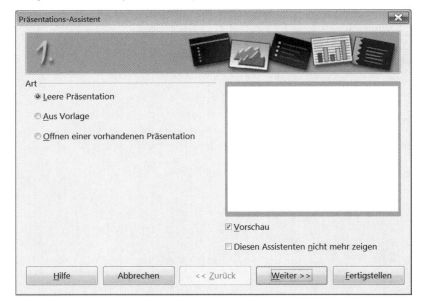

➤ Schau dir alles an, wenn du willst. Lass aber die Einstellungen, wie sie sind, und klicke dann auf WEITER.

Kleiner Zeichenkurs

Im nächsten Dialog gibt es einiges, womit du deine Präsentation optisch aufmotzen kannst. Sogar ein anderes Ausgabemedium ist wählbar. Meist ist aber der Bildschirm die richtige Wahl, zumal darüber auch ein Beamer angesteuert werden kann (z. B. bei einem Vortrag in der Schule oder der Firma).

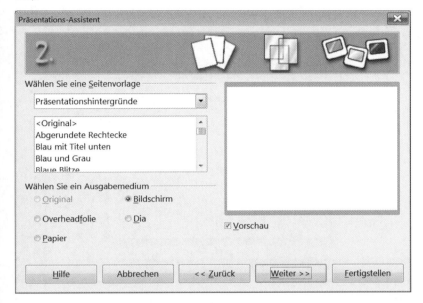

» Probier ein bisschen aus, was dir an Seitenvorlagen gefallen könnte. Du kannst auch für deine erste Präsentation erst mal alles so lassen, wie es dir angeboten wird. Klicke dann noch mal auf WEITER.

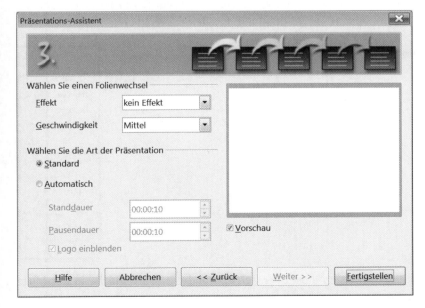

Kapitel 11 — Präsentationen

Und schließlich gibt es ein letztes Mal etwas zum Anschauen. Auch das lässt sich unverändert übernehmen. Beende diesen Dialog mit einem Klick auf FERTIGSTELLEN.

Und du landest endlich im Hauptfenster von *OpenOffice Impress*.

Eigentlich sind es auch hier mehrere Fenster, von denen das mittlere unser Arbeitsplatz ist. Weil es da etwas eng zugeht, schaffen wir uns ein bisschen mehr Freiraum.

➤ Klicke im rechten Fenster mit der Überschrift AUFGABEN (vollständig heißt es AUFGABENBEREICH) auf das kleine *X* rechts oben.

Damit schließt sich dieses Fensterchen und die Arbeitsfläche in der Mitte kann größer werden.

Kleiner Zeichenkurs

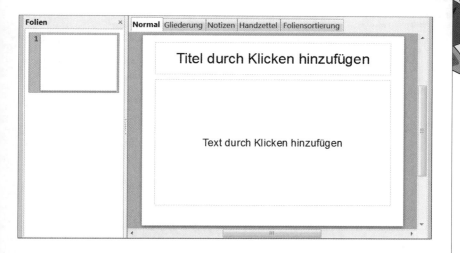

Ein besserer Ausdruck für die Arbeitsfläche ist hier der Begriff *Folie*. Damit wird deutlicher, worum es geht: Du erstellst eine Anzahl Folien, die hintereinander gezeigt werden. Früher nannte man so etwas Dia-Show. Etwas übertrieben wäre es, von einem Film zu sprechen. Doch wenn man hier Bilder schnell genug hintereinander zeigen würde, käme dabei ein kleines Video heraus. Auch das ist mit Impress möglich.

Die erste Folie

Ja, und nun kann es eigentlich gleich losgehen. Natürlich solltest du wissen, was du präsentieren willst. Eine Möglichkeit wäre es, den Zuschauern zu zeigen, wie man ein Motorrad zeichnet. Das hast du ja gerade im letzten Kapitel erledigt. Eine weitere Möglichkeit für eine Präsentation wäre das Referat, das du zuletzt mit OpenOffice Writer erstellt hast. Das muss dann aber kräftig gekürzt und umgearbeitet werden. Und ein paar Bilder sollten auch dazukommen.

Ich wähle hier die erste Möglichkeit. Ein möglicher Titel für unsere Präsentation wäre »Kleiner Zeichenkurs«.

➤ Klicke in das Feld, in dem TITEL DURCH KLICKEN HINZUFÜGEN steht. Dann tippe diesen Titel dort ein.

Kapitel 11 — Präsentationen

In die größere Fläche darunter würde jetzt gut ein Bild passen. Wie wäre es mit den aus der Datei GRAFIK8.ODG? Versuchen wir's.

➢ Klicke auf EINFÜGEN und auf BILD und dann im Zusatzmenü auf AUS DATEI.

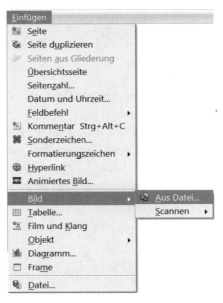

Kommt dir schon vom letzten Kapitel her bekannt vor? Auch hier öffnet sich wieder ein Dialogfeld, das dir eigentlich Bilder anbieten soll.

Kleiner Zeichenkurs

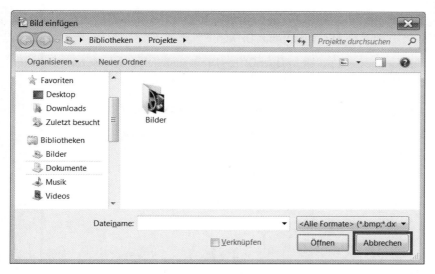

Die gesuchte Datei liegt bei mir im *Projekte*-Ordner. Da gibt es zwar auch ein paar Bilder, das sind aber nur die, die ich im Projekt für das Motorrad benutzt habe. Doch wo ist GRAFIK8.ODG?

Von Draw zu Impress

Natürlich liegt die schön brav in ihrem Ordner. Allerdings lässt sie sich nicht als Bild verwenden. Was wir hier brauchen, ist eine Pixel-Datei. Und die müssen wir erst mit Hilfe von OpenOffice Draw erzeugen.

≫ Klicke im Dialogfeld also auf ABBRECHEN, um es wieder zu schließen.

≫ Dann klickst du im DATEI-Menü auf ÖFFNEN und landest in einem (fast) gleichen Dialogfeld. Nur siehst du hier zusätzlich zum *Bilder*-Ordner noch sämtliche Projekte, die wir mit Draw erstellt haben.

Kapitel 11 — Präsentationen

> Wähle die Datei, in der du dein letztes Zeichen-Projekt gespeichert hast, und klicke dann auf ÖFFNEN.

Nun befindest du dich in OpenOffice Draw und siehst das Motorrad vor dir, das du vor nicht allzu langer Zeit (mehr oder weniger) vollendet hast.

> Klicke dort im DATEI-Menü auf EXPORTIEREN.

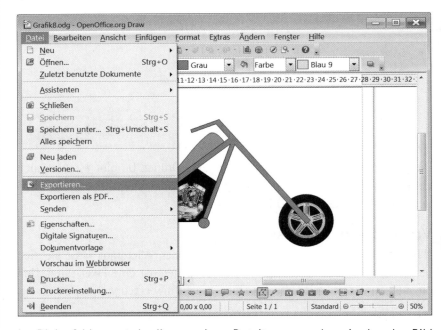

Im Dialogfeld musst du dir nun einen Dateityp aussuchen, in den das Bild umgewandelt werden soll. Ich schlage den Typ *JPG* vor, der ist sehr weit verbreitet und mit dem hat das Impress-Modul auf jeden Fall keine Probleme.

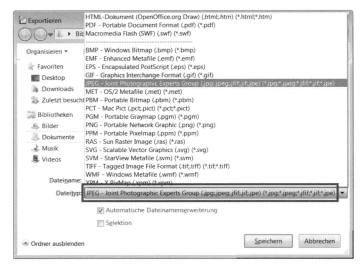

Kleiner Zeichenkurs

≫ Wähle den Typ *JPG* (oder einen anderen wie z.B. BMP). Wenn du willst, ändere den Dateinamen, z.B. in Motorrad.jpg. Dann klicke auf SPEICHERN.

≫ Die folgenden Einstellungen kannst du einfach so lassen. (Es sei denn, du willst etwas verändern, weil du dich mit JPG-Bildern auskennst, z.B. vom Fotografieren her.) Dann bestätige alles mit Klick auf OK.

Anschließend wird das Bild in denselben Ordner exportiert, in dem auch die Datei mit der Zeichnung liegt.

Nun kannst du einen erneuten Versuch machen, in OpenOffice Impress ein Bild einzufügen. Vorher sollte das Draw-Modul wieder geschlossen werden.

≫ Klicke (in Impress) wieder im EINFÜGEN-Menü auf BILD und auf AUS DATEI.

≫ Wähle deine Pixel-Datei und klicke auf ÖFFNEN.

Kapitel 11

Präsentationen

Ein Bild anpassen

Das Bild landet auf der aktuellen Arbeitsfläche bzw. Folie. Nun muss es nur noch in seiner Größe eingepasst werden.

Das geht zum einen in derselben Art, wie du es von OpenOffice Draw her kennst: Mit der Maus oder über POSITION UND GRÖSSE. Diese Option findest du im Kontextmenü oder über das Format-Menü.

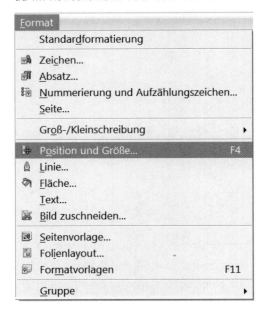

Kleiner Zeichenkurs

Dann könnte das Ergebnis so aussehen (→ KURS01.ODP):

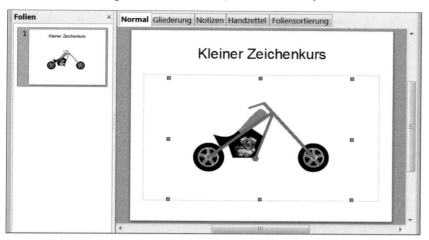

Zum anderen lässt sich ein Bild auch zuschneiden, vor allem wenn es einen hier überflüssig großen weißen Rand hat.

≫ Klicke dazu über das Kontextmenü oder über FORMAT auf BILD ZUSCHNEIDEN.

≫ Stelle für die Ränder einen Wert zwischen 1,50 und 2,20 cm ein. Das wird dann sozusagen wie mit einer Schere vom Bild abgeschnitten. Klicke abschließend auf OK.

Kapitel

Präsentationen

11

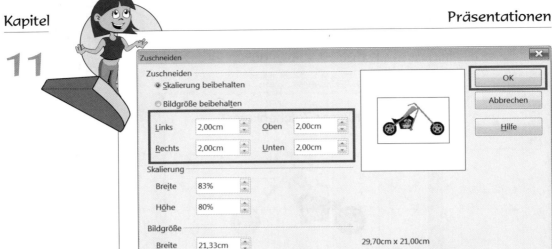

Dann solltest du das Bild (bzw. den Bildausschnitt) noch so weit vergrößern, dass er knapp in den vorgegebenen Rahmen der Folie passt.

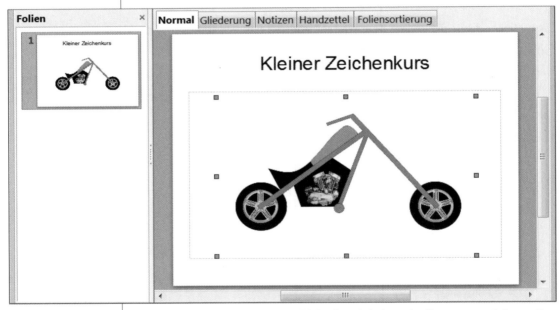

Nun ist es an der Zeit, die bisherige Arbeit unbedingt zu speichern. Das geht auf dem dir schon bekannten Wege:

≫ Klicke auf DATEI und SPEICHERN UNTER. Gib der Datei einen Namen (z. B. KURS1.ODP), dann bestätige mit SPEICHERN.

Kleiner Zeichenkurs

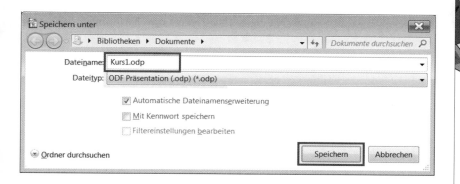

Wieder eine neue Datei-Kennung: *ODP* ist die Abkürzung für »Open Data Presentation«, in diesem Format werden deine Dateien für Präsentationen gespeichert.

Du kannst aber hinter DATEITYP auch das Format des weitverbreiteten Programms Microsoft PowerPoint wählen, womit dein Text dann im *PPT*-Format gespeichert wird.

Eine neue Folie

Nachdem nun das Titelblatt fertig ist (es lässt sich natürlich jederzeit nachbearbeiten oder komplett ändern), blättern wir weiter.

➤ Klicke auf EINFÜGEN und dann auf SEITE.

Kapitel 11 — Präsentationen

Und schon hast du eine frische Seite (oder Folie) zum Gestalten.

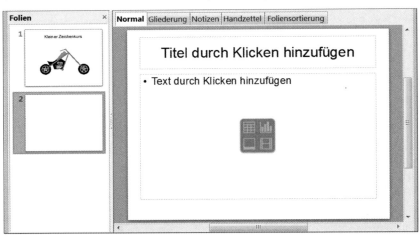

» Gib Das brauchen wir als Titel ein. (Oder einen besseren, wenn dir einer einfällt.)

» Im Feld mit dem Eintrag TEXT DURCH KLICKEN HINZUFÜGEN gibst du diesmal zuerst einen Text ein: 7 Rechtecke und 3 Kreise.

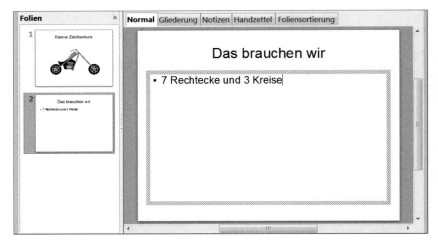

» Nun suchst du dir über OpenOffice Draw die Datei, in der die Objekte (Figuren) für das Motorrad noch unbearbeitet herumliegen (→ GRAFIK3.ODG), und wandelst alles in ein Pixelbild um, das du z. B. unter dem Namen BAUTEILE.JPG exportieren kannst.

» Anschließend importierst du das Bild (über OpenOffice Impress) wieder – z. B. über EINFÜGEN und BILD –, so dass es in der aktuellen Folie landet (→ KURS02.ODP).

Kleiner Zeichenkurs

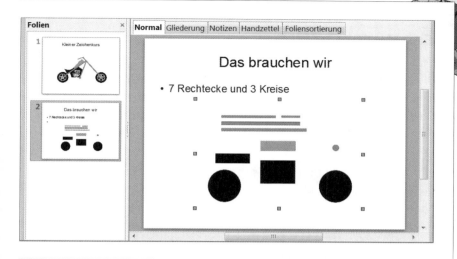

Du kannst ein Bild auch direkter einfügen, wenn du willst. Dazu musst du dich auf das graue Rechteck in der Mitte der Arbeitsfläche konzentrieren. Fährst du mit der Maus langsam darüber, bekommst du Hinweise, was die einzelnen Symbole bedeuten. Klickst du auf das linke untere Symbol, öffnet sich direkt das passende Dialogfeld zum Laden eines Bildes.

≫ Passe das Bild ein, indem du je nach Bedarf Position und Größe änderst oder das Bild zuschneidest.

Kapitel

Präsentationen

11 Es wird gebaut

Die ersten Schritte sind getan. Der Zuschauer hat den Titel erfahren und kennt das Material, das er einsetzen soll bzw. kann. Nun geht es daran, die Objekte so zu bewegen und zu formen, dass daraus dann Schritt für Schritt das gewünschte Motorrad wird.

Ich werde diesen Kurs sehr kurz halten, aber für dich empfiehlt es sich, etwas mehr Text einzubauen. Dort sollte in knappen Worten erklärt werden, wie man diese Teile erzeugt.

Der erläuternde Text enthält etwas über den Start von OpenOffice Draw, wie man der Zeichenfläche mehr Platz verschafft. Wie man über die Werkzeug-Symbole für Rechteck und Ellipse Objekte erzeugt. Wie man Objekte verschiebt, dreht und ihre Größe und Farbe ändert. Und schließlich, wie man Objekte verformt und neue Bildelemente einfügt.

Das wäre deine Aufgabe, dabei kannst du dich in Kapitel 10 bedienen – aber nur für den Privatgebrauch. Ich beschränke mich hier auf das Entstehen des Motorrades und setze einfach mal voraus, dass alle Zuschauer sich gut mit einem Grafik-Programm auskennen. Sonst würde das Ganze hier zu lang.

> Füge eine neue Folie (Seite) ein und gib für den Titel diesen Text ein: `Zuerst legen wir uns die Teile zurecht`. Damit der Satz in eine Zeile passt, verkleinere die Schriftart (das geht wie bei OpenOffice Writer).

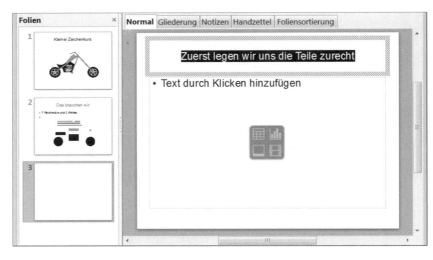

Es wird gebaut

≫ Darunter fügst du das erste Bild (→ BAU01.JPG) von einer Bildreihe ein, die im Ordner *Bilder* (auf der CD) liegt. Du kannst natürlich deine eigenen Kreationen einsetzen (→ KURS03.ODP).

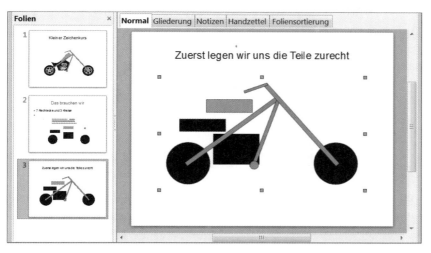

≫ Vergiss auf keinen Fall, dein Projekt immer wieder zu speichern.

Foliensammlung

Ich habe die Texte für die Titel und die Bilder für die Fläche darunter, die ich für die folgenden Folien (Seiten) der Präsentation verwendet habe, in dieser Tabelle zusammengestellt:

Titeltext	Bild-Datei
Zuerst legen wir uns die Teile zurecht	BAU01.JPG
Der Motorblock wird geformt	BAU02.JPG
Als Nächstes kommt der Tank	BAU03.JPG
Schließlich wird der Sattel eingepasst	BAU04.JPG
Nun kommen noch die Felgen ...	BAU05.JPG
Nun kommen noch die Felgen ...	BAU06.JPG
... und zum Schluss das Herzstück	BAU07.JPG

≫ Erzeuge entsprechend viele neue Seiten (Folien) und fülle sie dann mit Text und Bildern (→ KURS04.ODP, KURS05.ODP).

Und nun wollen wir uns das Ganze mal im Überblick ansehen. Dazu musst du in eine andere Ansicht bzw. das Register wechseln.

≫ Klicke oben am Folienfenster auf FOLIENSORTIERUNG.

Kapitel 11

Präsentationen

Und schon liegen alle Folien bzw. Seiten der gesamten Präsentation vor dir »auf dem Tisch«.

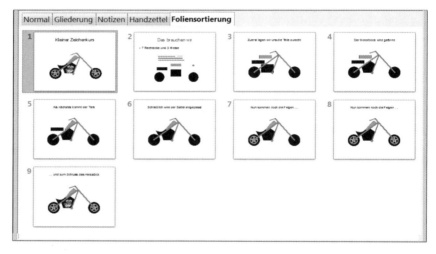

Damit hast du alles im Blick und kannst auch die einzelnen Klein-Folien mit der Maus packen und verschieben, also die Reihenfolge ändern. Das ist nützlich, wenn du später deine Präsentation um neue Folien erweitern willst. Da ist es hin und wieder nötig, nicht nur Text zu ändern, sondern auch mal die Abfolge neu zu ordnen.

Die Show beginnt

Ja, und nun sollten wir uns mal anschauen, wie das Ganze sich präsentieren lässt.

≫ Klicke auf BILDSCHIRMPRÄSENTATION und dann noch mal auf den Eintrag BILDSCHIRMPRÄSENTATION.

Es wird gebaut

```
Bildschirmpräsentation
  Bildschirmpräsentation                      F5
  Bildschirmpräsentationseinstellungen...
  Bildschirmpräsentation mit Zeitnahme

  Interaktion...
  Benutzerdefinierte Animation...
  Folienübergang...

  Folie einblenden
  Folie ausblenden
  Individuelle Bildschirmpräsentation...
```

Und die Bilder-Show startet. Durch Mausklick blätterst du weiter von einer zur nächsten Folie. Ganz zum Schluss genügt ein letzter Mausklick, um die Show wieder zu beenden.

Mir wäre es lieber, wenn die Bildfolge automatisch ablaufen würde. Auch wünsche ich mir, dass ich die Ablaufgeschwindigkeit wählen kann: Am Anfang langsam, am Schluss eher zügig. Mal schauen, was sich da machen lässt.

➢ Klicke auf BILDSCHIRMPRÄSENTATION und dann auf FOLIENÜBERGANG.

```
Bildschirmpräsentation
  Bildschirmpräsentation                      F5
  Bildschirmpräsentationseinstellungen...
  Bildschirmpräsentation mit Zeitnahme

  Interaktion...
  Benutzerdefinierte Animation...
  Folienübergang...

  Folie einblenden
  Folie ausblenden
  Individuelle Bildschirmpräsentation...
```

Rechts neben der aktuellen Folie taucht das Fenster wieder auf, das wir ganz zu Anfang mal weggeklickt haben.

➢ Markiere im linken Fenster die ersten drei Folien, indem du bei gehaltener ⇧ - oder Strg -Taste mit der Maus darauf klickst.

Kapitel 11 — Präsentationen

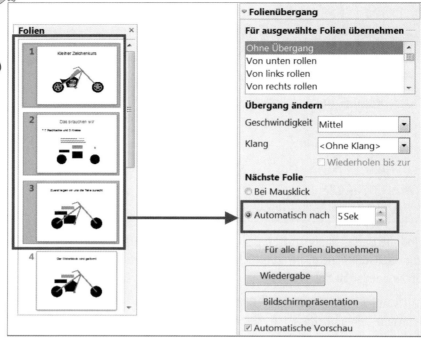

» Klicke dann im rechten Fenster unter Nächste Folie auf Automatisch nach und gibt dahinter eine Zeit (in Sekunden) ein. Ich schlage für die ersten Folien 5 Sekunden vor.

» Als Nächstes markierst du alle restlichen Folien. Dann stellst du hinter Automatisch nach diesmal nur 2 (bis 3) Sekunden ein (→ KURS06.ODP).

» Klicke nun nochmals auf Bildschirmpräsentation und Bildschirmpräsentation. Schau dir an, ob es dir so passt. Wenn nicht, ändere die Übergangszeiten.

Der letzte Schliff?

Nun liegt es an dir, noch ein paar weitere Verfeinerungen vorzunehmen. So kannst du unter Für ausgewählte Folien übernehmen einen bestimmten Übergang wählen: Von einer zur nächsten Folie wird dann in einer bestimmten Weise weitergeblättert. Probier aus, was dir davon für deine Präsentation gefallen könnte.

Es wird gebaut

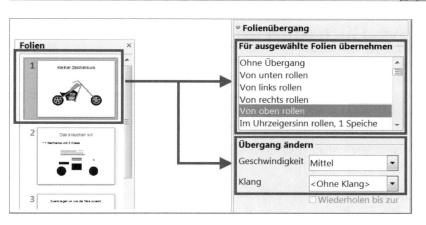

Vielleicht möchtest du auch die Geschwindigkeit ändern, in der eine Folie in die andere übergeht? Oder einen Klang hinzufügen?

Und dann gibt es noch die Möglichkeit, das gesamte Aussehen einer Folie zu ändern. Dazu gibt es so genannte MASTERSEITEN. Das sind Vorlagen, mit denen deine Texte und Bilder unterlegt werden. Zum Beispiel könnte man so etwas wie einen Notiz- oder Zeichenblock als Unterlage (Masterseite) nehmen.

➢ Probier einfach alles aus, und auch bei der Option LAYOUT kannst du dich mal umschauen. Dann wirst du sehen, dass nicht alle Seiten so gestaltet sein müssen wie die unseres aktuellen Projekts.

Auch wenn du auf BILDSCHIRMPRÄSENTATION und dann auf den noch längeren Eintrag BILDSCHIRMPRÄSENTATIONSEINSTELLUNGEN klickst, kannst du noch etwas einstellen.

Kapitel 11

Präsentationen

Text-Bild-Allerlei

Auch aus dem Referat, das wir mit OpenOffice Writer erstellt haben, lässt sich eine Präsentation machen. Allerdings würde es nichts bringen, einfach nur den vielen Text auf zahlreiche Folien zu verteilen, sondern da müssten schon einige Bilder her. Anstatt aber jetzt das Gleiche wie oben noch einmal zu wiederholen, möchte ich das Referat als Textdokument wieder aufgreifen (→ SOFT1.ODT).

Der Text soll kräftig gestutzt, dann aber wieder mit Bildern angereichert werden. Anschließend kümmern wir uns darum, wie wir aus dem Referat eine Präsentation machen.

➢ Starte erst einmal OpenOffice Writer oder lade eine Textdatei aus deiner Referat-Reihe. Dann kürze sie so, dass nur noch Einleitung und der erste Abschnitt bleiben. (Ich empfehle ein Dokument, das noch kein Inhalts- und Stichwortverzeichnis hat und noch keine Fuß- oder Endnoten.)

Software

Einleitung

Alles an und in einem PC, was du anfassen kannst, wird als Hardware bezeichnet. Und das, was dafür sorgt, dass der Computer läuft bzw. die Anwendungen, die du darauf starten kannst, nennt man Software.

Oder anders ausgedrückt: *"Während die harte Ware sozusagen Knochen, Fleisch und Blut deines Computers ist, so kann man die weiche Ware als Geist und Seele eines Computers ansehen."* (G. Zhong, Yang-Yin im PC, S.33) Ein PC ohne Software ist also nicht viel wert (auch wenn er eine Menge Geld gekostet hat).

Es ist ratsam, sich zuerst ein paar Bilder zurechtzulegen, die zum Thema passen könnten. Sicher wirst du beim Suchen im Internet fündig.

Beginnen wir mit der Einleitung. Hier könnte man gleich nach dem ersten Absatz ein Bild einfügen, das auf Hard- und Software hinweist.

➢ Klicke nun (in Writer) auf EINFÜGEN und BILD und AUS DATEI.

Text-Bild-Allerlei

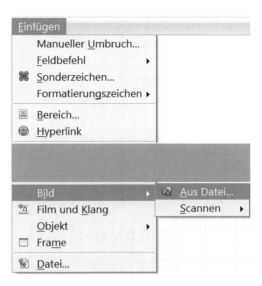

→ Suche dir über das Dialogfeld ein passendes Bild aus und klicke dann auf ÖFFNEN.

→ Passe die Größe an, dann könnte das Ganze so aussehen (→ `Soft2.odt`):

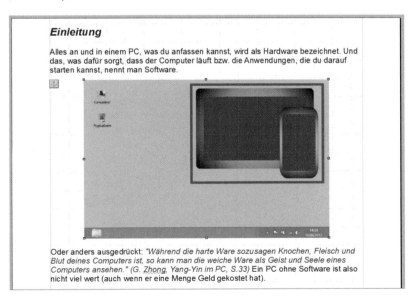

Auch für den folgenden Abschnitt, in dem ich die Software in drei Bereiche unterteile, habe ich für jeden ein Bild gefunden.

→ Füge weitere Bilder in den Referat-Text ein. Über DATEI und SEITENANSICHT kannst du dir dann das Ergebnis ansehen (→ SOFT3.ODT).

Kapitel 11 — Präsentationen

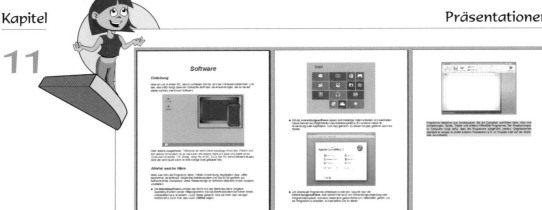

Vom Dokument zur Präsentation

Nachdem du das Gesamtdokument gespeichert hast, wechselst du jetzt zu OpenOffice Impress. Lass das Writer-Modul (mit dem aktuellen Dokument) aber geöffnet.

> Erzeuge über DATEI und NEU und PRÄSENTATION und über die Dialogfelder eine neue (leere) Präsentation.

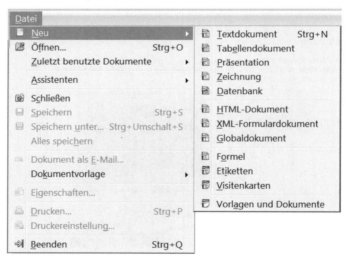

> Nun markierst du im Writer-Dokument den Titel Software und kopierst ihn in das obere Folienfeld von Impress.

Das geht zum einen über KOPIEREN im BEARBEITEN-Menü von OpenOffice Writer und über EINFÜGEN im BEARBEITEN-Menü von OpenOffice Impress. Und wenn du INHALTE EINFÜGEN benutzt, wird nur der reine unformatierte Text eingefügt.

Text-Bild-Allerlei

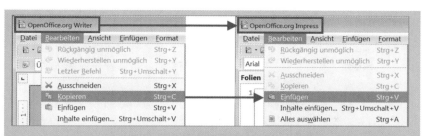

Die Optionen KOPIEREN und EINFÜGEN gibt es auch im jeweiligen Kontextmenü der beiden Module.

≫ Dort kannst du noch die Schriftgröße ändern, wenn du willst.

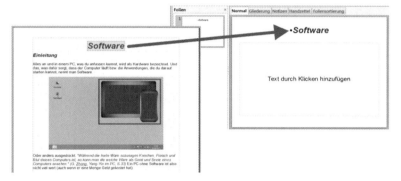

≫ Dann markierst du (in Writer) den ersten Absatz unter der Überschrift Einleitung und kopierst den Inhalt ins untere Folienfeld von Impress.

≫ Anschließend musst du hier noch etwas nachbessern. Die Begriffe Software und Hardware solltest du optisch hervorheben.

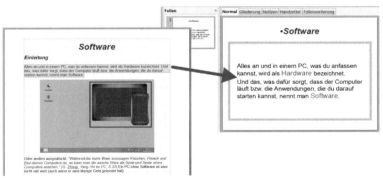

≫ Als Nächstes kommt das Bild vom Writer-Dokument in die Präsentation. Du kannst es kopieren wie den Text, kannst aber auch das Bild über das EINFÜGEN-Menü aus der *JPG*-Datei holen.

Kapitel 11 — Präsentationen

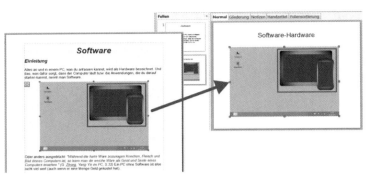

Hier kann der Titel ganz fehlen. Oder du nimmst wie ich einen Verlegenheitstext, der irgendwie auf das Bild hinweist (→ SOFT1.ODP).

Beachte, dass du nicht auf das aktuelle Layout angewiesen bist. Über FORMAT und FOLIENLAYOUT öffnest du wieder das rechte Zusatzfenster.

Dort kannst du dir aus einer ansehnlichen Menge von Layouts eines auswählen, wenn dir das aktuelle nicht gefällt. Du kannst auch jeder Folie ein eigenes Layout verpassen.

Zusammenfassung

Vervollständigung

Und so geht es munter weiter: Du markierst das, was du aus dem Textdokument in die Präsentation übernehmen willst, und »schaufelst« es vom einen zum anderen Modul. Dabei steht es dir frei, Teile ganz auszulassen, den Inhalt und das Format von Text zu ändern. (Wie das bei mir gelaufen ist, siehst du in den Dateien SOFT2.ODP und SOFT3.ODP.)

- Vergiss auf keinen Fall, dein Projekt immer wieder zu speichern.
- Zuletzt könntest du dir noch bei den Masterseiten einen schönen Hintergrund aussuchen und dir überlegen, ob hier die Folienübergänge mit der Maus gesteuert werden oder automatisch ablaufen sollen (→ SOFT4.ODP).

Zusammenfassung

Zwei Präsentationen sind uns hier gelungen, nicht unbedingt sehr originell, aber original. In beiden Fällen konnten wir aus dem schöpfen, was es schon gab. Was nicht heißt, dass du künftig auch so verfahren sollst, wenn dir ein Vortrag z. B. mit Hilfe von OpenOffice Impress bevorsteht.

Du weißt grundsätzlich, wie man die Folien (Seiten) einer Präsentation zusammenstellt und nutzt.

Folie erstellen	Klicke auf EINFÜGEN/SEITE.
Bild einfügen	Klicke auf EINFÜGEN/BILD/AUS DATEI.
Folienübergang einstellen	Klicke auf BILDSCHIRMPRÄSENTATION/FOLIENÜBERGANG.
Folienshow starten	Klicke auf BILDSCHIRMPRÄSENTATION/BILDSCHIRMPRÄSENTATION.

Und du weißt etwas mehr über zwei dir schon bekannte Module:

OpenOffice Writer	
Bild einfügen	Klicke auf EINFÜGEN/BILD/AUS DATEI.
OpenOffice Draw	
Bild exportieren	Klicke auf DATEI/ EXPORTIEREN.

Das hier war das Wesentliche von OpenOffice Impress, dem letzten Modul, das wir behandelt haben. Ein nächstes Kapitel gibt es daher nicht.

Kapitel 11 — Präsentationen

Fragen und Aufgaben

1. Erweitere den (sehr) knappen »Zeichenkurs« so, dass der Zuschauer die einzelnen Schritte auch wirklich nachvollziehen kann, selbst wenn er noch nie mit einem Grafik-Programm gearbeitet hat.
2. Versuche, aus einer Folge von Bildern eine kleine Animation zu erstellen.

Schluss

Ich gebe es ja zu, da ist noch einiges im OpenOffice-Paket, was interessant ist oder sein könnte, ich aber ausgelassen habe. Du wirst vieles davon entdecken, wenn du dich intensiver mit OpenOffice und seinen Modulen beschäftigst.

Über die drei kleinen Symbole ganz unten im Hauptmenü für die Module gelangst du zu weiteren Informationen und Nützlichkeiten von OpenOffice.

Jetzt folgt nur noch der Anhang. Aber auch da könnte es sich für dich lohnen, mal hineinzuschauen.

Anhang A

Für Eltern ...

Dass Computer inzwischen aus dem Alltag nicht mehr wegzudenken sind – wem sage ich das? Es sind ja nicht nur Eltern oder Schulen, die Computer haben, sondern immer mehr Kids haben schon sehr früh ein Handy oder Smartphone, einen Laptop gibt es meist erst später. Aber schon früh sind es die Jüngeren, die sich mehr trauen als die Älteren.

Allerdings ist die Verlockung an diesen »Dingern« nicht gerade dort, wo es nach Arbeit aussieht. Um Office-Pakete machen Kids in der Regel meistens einen (großen) Bogen. Bis irgendwann Schule und Ausbildung ihren Tribut fordern. Da muss plötzlich ein Aufsatz oder eine Bewerbung verfasst werden, manchmal sogar »irgendwas mit Bildern«. Oder es geht darum, einen Überblick über Daten und Finanzen zu bekommen, da könnte doch eine Tabelle ganz nützlich sein.

Nicht wenige Eltern greifen da am liebsten zu Papier und Kugelschreiber. Praktischer ist da schon OpenOffice. Das ganze Paket gibt es umsonst (auch auf der CD zum Buch) und wenn man eine Zeit lang mit den Modulen arbeitet, fragt man sich, warum man nicht schon früher damit angefangen hat.

Sie als Eltern werden das schneller erkennen als Kids, denn dazu benötigt man Weisheit, dafür sind die Kids flinker, wenn es um den Umgang mit einem Programm geht. Tun Sie sich zusammen, hat jede(r) etwas davon.

Und wenn Sie oder Ihre Kids nicht mehr weiterwissen, können Sie ja in den Anhang B schauen. Dort finden Sie vielleicht ein bisschen Hilfe. Noch mehr davon gibt es im großen weiten Internet.

Auch für »Small Kids«

Es gibt tatsächlich auch eine Version von OpenOffice für die Kleineren. Oder für »normale« Kids, die sich noch nicht so recht an das große Paket herantrauen.

Anhang

... und für Lehrer

Die kleine OpenOffice-Version bietet zwar nur Module zum Schreiben und Zeichnen, Kalkulieren und Präsentieren, und das in abgespeckter Form. Aber es ist eine gute Möglichkeit zum Einstieg in die Office-Welt. (Auch das Paket *OOo4Kids* ist ebenso wie die große Version auf der CD zum Buch zu finden.)

... und für Lehrer

Dieses Buch versteht sich auch als Lernwerk für den Informatikunterricht in der Schule. Auch wenn Sie vielleicht lieber das kostenpflichtige Office-Paket von Microsoft verwenden, kann das hier gebotene Material nützlich sein. Die meisten Projekt-Dateien lassen sich auch in Modulen wie Word, Excel und PowerPoint öffnen. Bei anderen sind kleinere Umwege nötig, um den Inhalt verwerten zu können.

Das *OpenOffice*-Paket ist weniger vielseitig als MS Office, bietet aber mit dem Draw-Modul ein echtes »Schmankerl«, weil man damit Vektorgrafiken erstellen kann, wie man sie sonst z. B. nur von CorelDraw kennt. Ein Hauptargument für den Einsatz von OpenOffice auch in der Schule ist, dass das Paket kostenlos ist, also jeder Schüler auch zu Hause darüber verfügen kann.

Und das gilt auch für künftige Versionen. Eine Gruppe von Programmierern sorgt dafür, dass sich OpenOffice immer weiterentwickelt und mit immer

... und für Lehrer

mehr Fremdformaten umgehen kann. Es mal mit den Modulen von OpenOffice zu versuchen, lohnt sich also auf jeden Fall.

Und wenn es besonders einfach sein soll, dann werfen Sie einen Blick auf die Version *OOo4Kids* für die jüngeren Schüler. Damit könnte man beginnen und später problemlos auf das große Paket umsteigen. Die Projekte, die mit OOo4Kids erstellt wurden, lassen sich direkt übernehmen.

Auch nicht unerwähnt bleiben soll ein Angebot, das sich parallel zu OpenOffice entwickelt: *LibreOffice*. Während die beiden Pakete sich aktuell noch sehr ähnlich sind, ist damit zu rechnen, dass sie sich mit der Zeit verschieden entwickeln – oder wiedervereinigen.

Regelmäßig sichern

Es kann nicht schaden, die Projektdateien, an denen gerade gearbeitet wird, etwa alle *zehn* Minuten zu speichern. Denn Computer pflegen gern gerade dann »abzustürzen«, wenn man seine Arbeit längere Zeit nicht gespeichert hat.

Anhang

Anhang B

Kleine Hilfe bei der OO-Orientierung

Hier findest du die aus meiner Sicht wichtigsten Aktionen und Optionen von OpenOffice im Überblick.

Allgemeine Aktionen

Die folgenden Aktionen lassen sich unter allen Modulen nutzen und auf alle Projekte anwenden, die du bearbeitest:

Was willst du?	Klicke auf
Etwas Neues anfangen	DATEI/NEU
Ein Dokument speichern	DATEI/SPEICHERN
Ein Dokument öffnen (laden)	DATEI/ÖFFNEN
Ein Dokument drucken	DATEI/DRUCKEN
Ein Dokument schließen	DATEI/SCHLIESSEN
OpenOffice beenden	DATEI/BEENDEN

Wenn du die Wahl hast, kannst du etwas bestätigen oder ablehnen:

Was willst du?	Benutze
Eine Menüauswahl oder einen Dialog bestätigen	↵, Enter
Eine Menüauswahl oder einen Dialog abbrechen	Esc
Um Hilfe rufen	F1

So manches geht auch schneller, wenn du die passenden Symbole kennst:

Kleine Hilfe bei der OO-Orientierung

Kopieren/Verschieben

Willst du Teile eines Textes, einer Tabelle, einer Zeichnung oder Präsentation verschieben oder kopieren, dann gibt es diese Möglichkeiten:

Was willst du?	Klicke auf
Teile von Texten, Tabellen oder Zeichnungen markieren	die Stelle und umrahme sie
Stellen suchen und ersetzen	BEARBEITEN/SUCHEN & ERSETZEN
Den gesamten Dokumenteninhalt markieren	BEARBEITEN/ALLES MARKIEREN
Etwas ausschneiden und in Zwischenablage übernehmen	BEARBEITEN/AUSSCHNEIDEN
Etwas in Zwischenablage kopieren	BEARBEITEN/KOPIEREN
Etwas aus Zwischenablage einfügen	BEARBEITEN/EINFÜGEN
Bearbeitungsschritte rückgängig machen	BEARBEITEN/RÜCKGÄNGIG

Kopierst oder schiebst du lieber nur mit den Tasten, dann geht das so:

Was willst du?	Benutze
Teile von Texten, Tabellen oder Zeichnungen markieren	⇧ und die Pfeiltasten
Den gesamten Dokumenteninhalt markieren	Strg + A
Text ausschneiden und in Zwischenablage übernehmen	Strg + X
Text in Zwischenablage kopieren	Strg + C
Text aus Zwischenablage einfügen	Strg + V
Bearbeitungsschritte rückgängig machen	Strg + Z

Bearbeiten und löschen

Diese Tasten-Kombinationen lassen sich fast überall anwenden:

Was willst du?	Benutze
Durch Texte oder Tabellen wandern	die Pfeiltasten
Text schreiben	alle Zeichen-Tasten
Etwas löschen	⟵ , Entf

Neue Elemente einfügen

In allen Dokumenten und Präsentationen lassen sich auch »fremde« Teile verwenden:

Was willst du?	Klicke auf
Bild einfügen	EINFÜGEN/BILD/AUS DATEI
Tabelle einfügen	EINFÜGEN/TABELLE
Diagramm einfügen	EINFÜGEN/DIAGRAMM

Formate benutzen/ändern

Formate bestimmen nicht nur das Aussehen von Textteilen, Zellen und Objekten:

Was willst du?	Klicke auf
Absatz- oder Zeichenformat bearbeiten	FORMAT/ABSATZ oder FORMAT/ZEICHEN
Linien- oder Flächenformat bearbeiten	FORMAT/LINIE oder FORMAT/FLÄCHE
Zellenformat bearbeiten	FORMAT/ZELLE
Vorlagenliste für Formate öffnen	FORMAT/FORMATVORLAGE
Vorlage ändern	ÄNDERN (Kontextmenü)
Neue Vorlage erstellen	NEU (Kontextmenü)

Mit Tabellen arbeiten

Tabellen bestehen aus Zellen, und die lassen sich nicht nur füllen:

Was willst du?	Klicke auf
Eine Tabelle einfügen	TABELLE/EINFÜGEN/TABELLE
Die Spaltenbreite ändern	TABELLE/SPALTE/BREITE
Die Zeilenhöhe ändern	TABELLE/ZEILE/HÖHE
Zelle markieren	Zelle
Zelle aktivieren, um Inhalt bearbeiten zu können	Zelle (doppelt) – oder F2
Spalten einfügen	EINFÜGEN/SPALTEN
Spalten löschen	SPALTEN LÖSCHEN (Kontextmenü)
Zeilen einfügen	EINFÜGEN/ZEILEN
Zeilen löschen	ZEILEN LÖSCHEN (Kontextmenü)

Grafiken bearbeiten

Ein Bild (auch Zeichnung genannt) kann aus vielen Figuren bzw. Objekten bestehen:

Figur zeichnen	das Symbol (z. B. für Rechteck oder Ellipse oder Linie)
Text einfügen	das Symbol für Text
Figur-Größe ändern	FORMAT/POSITION UND GRÖSSE
Figur verschieben	FORMAT/POSITION UND GRÖSSE
Figur drehen	ÄNDERN/DREHEN
Figur verformen	UMFORMEN (Kontextmenü)

Stichwortverzeichnis

#DIV/0! 158
#NUM! 210
#REF! 186
#WERT! 189

A

Abfrage 252
Absatz 38
    Abstand 92
    Einzug 91
    Format 89
    Hintergrund 104
    Standard 89
Abstand 92
Adresse
    absolut 193
    gemischt 194
    relativ 193
Adressierung, gemischt 210
Aliasname 255
Aufzählung
    Einzug 108
    Nummern 106
    Symbole 110
Ausrichtung 61
    Blocksatz 62
    linksbündig 61
    rechtsbündig 62
    zentriert 62
Ausschneiden 51
    mit Tasten 56
Auswahlfeld 48
Automatisch ausfüllen 160

B

Base 21, 230
    Abfrage 251
    Bericht 256
    Datenbank 232
    Feldname 233
    Formular 239
    Tabelle 234
Bericht 257
Bild in Text 318
Blocksatz 62

C

Calc 20, 146
    Adressen 164, 190, 210
    Diagramm 217
    Format 148, 174, 214
    Formel 155, 174
    Sortieren 222
    Suchen 225
    Zellen 146, 174
Copy & Paste 56
Cursortaste 25
Cut & Paste 49

D

Datei
    drucken 45
    Neu 46
    öffnen 47
    Seitenansicht 43
    speichern 40
    suchen 42
Dateiformat
    DOC 41
    JPG 290, 304
    ODB 232
    ODG 279
    ODP 309
    ODS 164
    ODT 41
    PPT 309

Stichwortverzeichnis

XLS 164
Dateiname 42
Datenbank
   Abfrage 252
   Bericht 257
   erstellen 230
   Feldname 233
   Feldtyp 234
   Formular 240
   ID 235
   Spaltenbreite 238
Diagramm
   erstellen 217
   Legende 219
Draw 21, 264
   bewegen 279
   Farben 275
   Objekte 271
   Text 293
   Vektor in Pixel 303
   verformen 282
   Werkzeuge 269

E

Einfügen 52
   mit Tasten 56
Eingabetaste 24, 38
Einzug 91
Ellipse
   verschieben 275
   zeichnen 274
Endnote 123
Entertaste 24, 38
Entferntaste 24
Ersetzen 141, 225
Esc-Taste 27

F

Fehler 36
   #DIV/0! 158
   #NUM! 210
   #REF! 186
   #WERT! 189
   Rückgängig 52
Feldname 233
Feldtyp 234
Feststelltaste 23
Figur
   Anordnung 281
   Farbe 276
   Form 282
   Knoten 283
   Position und Größe 272
   zeichnen 271
Folie 301
   hinzufügen 309
   Übergang 315
Format
   ändern 96
   Neu 102
Formatierung 70
   bedingt 214
Formatvorlage 89
Formeln kopieren 166
Formular 240
Fußnote 121

G

Grafik
   Bild einfügen 291
   Bitmap 290
   exportieren 303
   Werkzeugpalette 269
   Zeichenblatt 267
   zuschneiden 307

H

Hilfe 328
Hilfefenster 28
Hilfetaste 28

Stichwortverzeichnis

I

Impress 21, 298, 300
    Folie 301
    Folienshow 314
    Foliensortierung 313
    Folienübergang 315
    Layout 322
    Masterseite 317
Index 135
Inhaltsverzeichnis 129
Installation 14

K

Knoten 283
Kopieren 54
    mit Tasten 56
Korrekturhilfe 66

L

Laden 47
Leertaste 22
Legende 219
LibreOffice 327
Löschtaste 23, 36

M

Malfarbe 276
Markieren
    mit der Maus 51
    mit Tasten 50
Masterseite 317
Math 21
Mittelwert 158

N

Neue Datei 46

O

Objekt
    Anordnung 281
    Drehpunkt 280
    Drehung 274
    Farbe 276
    Form 282
    Knoten 283
    Position und Größe 272
    Text 293
    zeichnen 271
ODB 232
ODG 279
ODP 309
ODS 164
ODT 41
Öffnen 47
OOo4Kids 327
OpenOffice
    installieren 14
    Kids-Version 325
    starten 18
OpenOffice.exe 14
Orientierung 328

P

Pfeiltaste 25, 35
Pixelgrafik 265
Potenzieren 204
Präsentation
    Bild einfügen 303
    erstellen 298
    Text einfügen 301
Primärschlüssel 235

Stichwortverzeichnis

R

Rechteck
 drehen 274
 Größe 272
 verschieben 271
 zeichnen 271
Rückgängig 52
Rücktaste 24

S

Schrift ändern 100
Seite
 Neu 133
 Ränder 81
Seitenumbruch 133
Serifen 69
Spaltenbreite 148
Speichern 40
Statusleiste 126
Stichwortverzeichnis 135
Suchen 139, 225

T

Tabelle 74
 Sortieren 222
 Spalten 146
 speichern 164
 umwandeln 117
 Zeilen 146
Tab-Stopp 73
Tabulator 73
Tastatur 21
Text
 Abschnitt 106
 alles markieren 38
 ausschneiden 51
 drucken 45
 einfügen 52
 Einzug 91
 kopieren 54
 Neu 46
 öffnen 47
 Seitenansicht 43
 speichern 40
 Teile markieren 50
Text in Zeichnung 293
Textcursor 35

U

Überschrift 87
Umbruch
 Seiten 133
 Zeilen 133
Umschalttaste 23

V

Vektorgrafik 265

W

Writer 20, 34
 Aufzählung 106
 Bild einfügen 318
 Formatierung 61, 69, 72, 89
 Fuß-End-Noten 120
 Index 135
 Inhalt 129
 Kopf-Fuß-Zeilen 126
 Korrektur 49
 Schrift 38
 Suchen 139
 Tabelle 74
 Texteingabe 36

Z

Zeichen, Format 95
Zeichenfarbe 276
Zeilenabstand 93
Zeilenhöhe 150
Zeilenumbruch 133
Zellen 76, 146

Stichwortverzeichnis

aktivieren 156
Ausrichtung 154
Automatisch ausfüllen 160
Bereiche verschieben 176
Bezüge 164
Breite 148
Höhe 150
Inhalt löschen 156
markieren 156

Nachkomma 168
Schrift 153
Summe 170
Verbindung auflösen 183
wechseln 155
Zinsfaktor 201
Zirkumflex 204
Zwischenablage 51